国际城市规划比较论坛文集

U0366307

人口收缩背景下
村镇可持续发展的国际经验

International Experience on Sustainable
Rural Development Under the Circumstances of
Population Shrinkage

《国际城市规划》编辑部　主编

By Editorial Department of
Urban Planning International

中国建筑工业出版社

图书在版编目（CIP）数据

人口收缩背景下村镇可持续发展的国际经验 =
International Experience on Sustainable Rural
Development Under the Circumstances of Population
Shrinkage /《国际城市规划》编辑部主编. —北京：
中国建筑工业出版社，2022.11
（国际城市规划比较论坛文集）
ISBN 978-7-112-28019-3

Ⅰ.①人… Ⅱ.①国… Ⅲ.①乡镇—可持续发展—经
验—世界 Ⅳ.①F313

中国版本图书馆CIP数据核字（2022）第181409号

《国际城市规划》编辑部参编人员：
孙志涛　王　枫　张祎娴　许　玫　顾春雪　高淑敏

责任编辑：刘　丹
书籍设计：锋尚设计
责任校对：王　烨

国际城市规划比较论坛文集
人口收缩背景下村镇可持续发展的国际经验
International Experience on Sustainable Rural Development
Under the Circumstances of Population Shrinkage
《国际城市规划》编辑部　主编
By Editorial Department of *Urban Planning International*

*

中国建筑工业出版社出版、发行（北京海淀三里河路9号）
各地新华书店、建筑书店经销
北京锋尚制版有限公司制版
北京富诚彩色印刷有限公司印刷

*

开本：787毫米×1092毫米　1/16　印张：16½　字数：395千字
2023年1月第一版　　2023年1月第一次印刷
定价：**188.00**元
ISBN 978-7-112-28019-3
（40057）

序

  《国际城市规划》是国内唯一一本全面解读国际城市规划理论与实践的学术刊物。在期刊关注的主要领域中，比较研究是一个重要方向，它是当前乃至今后相当长的时期内，中国城乡规划行业需要重点关注的一个领域，也是长期以来显得有些"空白"的领域。经过几年酝酿，我刊于2022年5月推出了"2022国际城市规划比较论坛"。论坛期冀为中国城乡规划行业提供一个比较研究的平台，汇聚相关研究领域的知名专家与学者就不同议题展开研讨，汇集众智，为中国乃至世界美好的、可持续的人居环境建设贡献一份光和热。

  本届比较论坛聚焦于"人口收缩背景下村镇的可持续发展之路"，这是对李克强总理2020年提出的"加强新型城镇化建设"以及"十四五"规划纲要提出的"走中国特色社会主义乡村振兴道路，全面实施乡村振兴战略"的一次积极思考与回应。

  本书汇集了两部分成果。特邀栏目文章是在我们邀请的四位论坛发言人演讲稿基础上整理而来，他们都是国内长期关注乡村发展的知名学者；其他文章皆是从我刊2021年6月发起的"国际城市规划比较论坛征文"活动中优选而来。该活动共收到征文24篇，经过我刊编委评审，17篇文章经过作者修改后得以入选本书；同时，又从其中精选出7篇文章，以"人口收缩背景下村镇的可持续发展"为主题，在我刊2022年第3期刊登。

  此外，我们特别邀请南京大学罗震东教授为本书撰写了导言，厘清了当下中国城镇化进程的阶段，阐明了此次学术活动的重要意义和学术共识，也为未来探索了方向，为本次活动画上了圆满的句号！

《国际城市规划》编辑部

2022年7月

目录

序

导言：“城乡中国”阶段的空间探索

特邀

综合研究

东亚经验

欧美经验

导言："城乡中国"阶段的空间探索

　　人的行动受观念支配，社会行动发生的根源往往在于集体观念的转变。那么什么是观念？观念是指人用某一个（或几个）关键词所表达的思想[①]。一旦这些关键词被社会化，形成公认的普遍意义，便具有影响社会行动的力量。在中国城镇化进程中，"乡土中国""城市中国"无疑是最重要的关键词，而"城镇化就是要从乡土中国走向城市中国"也一直以来被认为是必然的、正确的。这一观念对中国的城乡发展、城乡规划与建设的影响深刻而长远。

　　诚然，发达国家的历程和世界各地的经验都告诉我们，经济社会发展水平与城镇化率高度正相关，推进城镇化、走向"城市中国"是中国现代化的必由之路。然而无数事实也告诉我们，城镇化从来不是一蹴而就的事情，"乡土中国"不可能一转身就成为"城市中国"，从物质到精神的城镇化必然是一个漫长的过程，尤其对于中国这样一个具有超大人口与空间规模的国家。统计数据可以更清晰地反映这一过程。1978年中国的城镇化率只有17.9%，2020年中国常住人口的城镇化率已经达到63.9%，四十余年来的城镇化进程基本以每年超过一个百分点的速度快速提升，带来了城乡社会翻天覆地的变化。然而2020年户籍人口城镇化率只有45.4%，低于常住人口城镇化率18.5个百分点，涉及2.61亿人，而且从近年的趋势来看两者的差距还在不断扩大[②]，即"进不了城也回不了乡"的人口仍在持续增多。这些在城乡之间流动的巨量人口提醒我们，从"乡土中国"走向"城市中国"的过程中必然有一个过渡阶段——"城乡中国"阶段，并且是今后相当长时期的一个阶段[③]。

　　如果我们认识到从"乡土中国"走向"城市中国"还有一个"城乡中国"阶段，那么就应该意识到"城乡中国"作为一个长期的过渡阶段，必然是一个复杂的、动态的城乡互动阶段，因此中国的城镇化进程不应当是单向的、单一目标的。而要尊重城乡互动与要素对流的趋势与规律，就必须以城乡平等发展为基础。只有城乡的平等发展才能实现城乡两个文明的共生、共融与共荣，才能真正推动城乡的良性互动，让生产要素在城乡有效配置，从而更好地抵达"城市中国"[④]。"城乡中国""城乡平等"——当我们用这两个关键词重新表达我们的思想的时候，城镇化的观念已经悄然改变。那么在这一新的观念中，我们又该如何看待人口收缩和村镇发展呢？从忽视到重视，从重视到忧虑，今天我们能否形成正确的认知呢？答案应该是肯定的。正如这本书中汇聚的内容，不仅具有正确的认知，同时

① 金观涛，刘青峰. 观念史研究：中国现代重要政治术语的形成［M］. 北京：法律出版社，2010.
② 参见本书魏后凯教授的文章。
③ 刘守英，王一鸽. 从乡土中国到城乡中国——中国转型的乡村变迁视角［J］. 管理世界，2018，34（10）：128-146，232.
④ 同③。

还有供"城乡中国"阶段参考借鉴的实践经验。梳理大家的集体智慧，大致可以看到以下几个方面的共识。

首先，乡村人口收缩是城镇化进程的必然结果，人口数量减少并不可怕，人口结构失衡才是问题。城镇化的实质就是乡村人口进入城镇。城镇化率提升的速度越快，乡村人口减少的程度就越大。如果城镇化只是这样一个简单的数学问题，就根本没有讨论的必要。显然，中国改革开放以来的城镇化进程远没有这么简单。由于城乡二元结构的长期存在，以及一系列体制机制问题，这四十余年的城镇化进程更像是一个筛选过程。把乡村地域的"精英"人口吸引进高等级、高能级的城市，把缺乏进城能力或者能力消退后的人口留在乡村或小城镇，老龄化是后者人口最典型的特征。因此，城镇化率所呈现的数字在城与乡其实代表着两类不同能力和活力的人口，即城与乡的人口（知识、年龄、收入等）结构是不同的。而当前乡村的几乎所有问题，可能都源于人口结构的失衡。

其次，乡村人口收缩是人口在城乡空间的转移，应当是有序的撤退，而不是无序的溃败。增长与收缩、集聚与分散都不仅仅是量的问题，质的问题可能更为重要。我们已经意识到城乡平等是"城乡中国"良性发展的基础，那么乡村收缩的过程就应当同城市增长的过程一样是精明的、有序的，必须积极引导和应对。收缩后的空间应当同样是高品质的人居空间，以及更高品质的生态和农业发展空间。留在这一空间的人群应当与进城的人群一样享受基本均等的公共服务，城乡收入差距进一步缩小，最终实现城乡等值。因此，"城乡中国"阶段必然是精明增长与精明收缩并存的阶段。增长需要科学合理的规划，收缩同样需要。直面收缩的挑战，创新空间载体建设与优化的理论与方法，中国城乡规划有可能为世界作出原创性贡献。

再次，乡村人口收缩同样存在空间差异，城市群与都市圈内外的区位影响日益凸显。不同于传统的东中西和东北的区域发展格局，随着以城市群和都市圈为主体的城镇化战略的持续推进，乡村人口收缩在群圈内外呈现日益明显的不同[1]。群圈内部城乡互动与要素对流的程度更高，乡村人口收缩的程度通常较低，村镇与中心城市常常形成紧密的经济社会关系，是提供公共产品的重要场所，如度假区、退休社区、文化或历史遗址、国家公园和休闲区等[2]；群圈外部乡村人口收缩的程度则较为明显，村镇发展需要从农业生产和生态保护的角度调整发展定位与路径，在人口收缩的同时实现劳动生产率和人均收入的双提升。

有了这样的共识，"城乡中国"阶段的村镇可持续发展道路逐渐清晰起来。那就是，基于不同空间区位，通过科学规划与积极引导，有序解决人口收缩带来的结构问题，最终实现城乡融合发展。让城乡关系由对立竞争转变为融合互补，让信息、资本、人口等要素将城市和乡村紧密联系在一起，让乡村重新进入经济和文化主流[3]。而以移动互联网、人工智能、虚拟现实等为代表的科技创新所推动

---

[1] 参见本文集罗震东教授的文章。
[2] 参见本书刘守英教授的文章。
[3] 同[2]。

的第四次工业革命[1]，将为新时期的城乡融合发展提供重要手段。随着网络基础设施的大规模建设与移动通信技术的飞速发展，当今中国城乡互联网普及率大幅提升，相对封闭的向心型城乡等级结构开始解体。曾经普遍担忧的城乡数字鸿沟开始消弭，曾经得不到关注的县城、小城镇和乡村开始获得充分展示自身的渠道。它们可以凭借自身的生态优势、产业优势和文化优势与城市形成更加互补交融的格局，让城镇化载体更加丰富，让宽谱系的多元城镇化模式日益浮现[2]。

作为迄今人类历史上规模最大的城镇化进程，中国的城镇化是拥有巨大人口与空间规模的悠久文明进行现代化转型的伟大实践。纵观世界历史，成功的文明转型实践都是开放的，是海纳百川、兼收并蓄的过程。中国的城镇化道路虽然绝不会是先发国家历程的简单复制，也绝非既有的以先发国家经验为基础的城镇化理论的再次验证，但先发国家乃至世界各国的实践经验与理论总结都非常宝贵，值得我们超越简单的"拿来"，以更加开放的心态向更为深入的比较研究与借鉴推进。黄宗智先生敏锐地指出："我们应该把理论当作问题而不是答案来使用。"[3]当今中国的城乡规划研究有必要形成这样的问题意识，只有如此我们才能真正看清自己的道路，建构原创的、适用的中国理论。汇集"2022国际城市规划比较论坛——人口收缩背景下村镇的可持续发展之路"优秀论文的这本书，既有理论探索，也有国内外实践经验的比较借鉴，为"城乡中国"阶段应对人口收缩的空间探索拉开了序幕。沿着这样一条开放的、扎实的比较研究道路，我相信中国的研究者和实践者一定能够开创出属于中国的城乡融合新理论和新路径。

罗震东

南京大学建筑与城市规划学院 教授、博士生导师

南京大学空间规划研究中心 执行主任

"2022国际城市规划比较论坛" 特邀主持人

① 施瓦布. 第四次工业革命 [M]. 李菁，译. 北京：中信出版社，2016.

② 罗震东. 基于真实意愿的差异化、宽谱系城镇化道路 [J]. 国际城市规划，2013，28（3）：45.

③ 黄宗智. 中国的新型非正规经济：实践与理论 [M]. 桂林：广西师范大学出版社，2020.

特邀

SPECIAL
INVITATION

代际革命与乡村振兴路径
Intergenerational Revolution and Rural Revitalization Path

刘守英
Liu Shouying

当前，城市问题和乡村问题实际上是一个整体问题，需要整体考虑。

1 代际革命的牵引力量

中国的城镇化进程离不开农村人口向城市的转移。中国的"农二代"[①]已经开始改变整个中国原来人口城镇化的路径，这场代际革命对中国城乡关系、对乡村的影响实际上是最重要的牵引力量，最重要的表现就是经济特征和社会特征都发生了革命性转变。

在经济特征方面，"农二代"希望更好地融入城市经济，表现为对工作类型与职业更重视、与城市人存在人力资本积累方式的差异以及职业选择的去农化与入城化。在社会特征方面，"农二代"体现出很强的入城不回村倾向：在迁移模式上，更多跨省流动，至东部地区、大中城市务工经商；对在城里的家庭生活和子女教育重视，增强社会流动的期望提高；在城里购房与在乡下建房呈此涨彼落之势；文化价值观方面普遍更认同城市文化价值。

劳动力迁移率和年龄呈倒U形，20岁劳动力的迁移概率最高，是现在主要的牵引力量（图1）。所以近些年的人口迁移，是以"农二代"为主体，他们是对城乡关系演变影响重大的牵引力量。

与"农一代"[②]相比，"农二代"出现了更多新特征。"农一代"原来每年还要回村几次，因为还有农田要务农。现在"农二代"外出务工是常态，有数据显示，2003年外出务工平均8.16个月，2012年平均8.74个月。

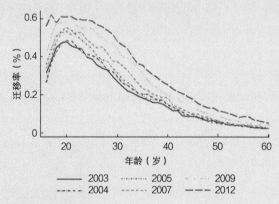

图1 劳动力迁移率

图例：
—— 2003   ······ 2005   —·— 2009
---- 2004   —··— 2007   — — 2012

刘守英，中国人民大学经济学院党委书记兼院长，教授、博士生导师，教育部"长江学者奖励计划"特聘教授。

① "农二代"是指20世纪80年代后期出生的、户口在农村但工作在城镇的一代人。
② "农一代"是指最早到城市打工的农民工。

"农二代"的另一个特征是"举家迁移"，子女跟父母一起走。"农一代"原来是把老人留在家种地，孩子留在家由老人看护，这就是所谓的留守儿童。现在"农二代"基本上是举家迁移，孩子带在身边，这也是一个非常重要的变化。

还有其他一些新特征：外出务工者受教育程度普遍提高，2003年平均受教育8.86年，2012年为9.52年；务农活动时间越来越少；还有一个有意思的现象，建筑业原来是他们从农村到城市从事的主要职业，但是现在从事建筑业的人员大幅度减少，从事制造业和服务业的人数上升，就业的特征转变非常明显（图2）。

留城的倾向也是非常明显的，如60后的"农一代"会把60%的收入汇到家乡，

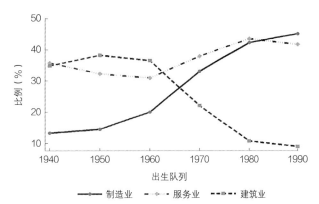

图2　外出务工者所从事的行业

城市中的关系网络　　　　　　　　　表1

途径	"农一代"	"农二代"
政府/中介/招聘会等正式途径	5.61%	9.07%
熟人关系	42.67%	49.07%
网络或传媒广告	1.10%	2.24%
自己	50.39%	39.41%
其他	0.23%	0.21%

而80后的"农二代"仅将30%的收入汇到家乡；"农二代"在城市挣的钱主要是在城市里消费，跨省婚姻增加。在城市的关系网络，"农二代"比"农一代"进一步增强（表1）。

这些现象带来的结果是什么？那就是"农二代"跟乡村的疏离。2011年流动人口动态监测调查数据显示，超过一半的"农二代"近一年回家次数少于1次。回去以后也不是住在乡村，而是住在县城和城镇的宾馆。回家以后不讲家乡话，乡村的礼治秩序濒临瓦解。所以总结来说，现在"农二代"是不回村的。这是第一点，整个这一轮的乡村问题和城市现在面临的政治经济问题，实际上是如何应对"农二代"在政治、经济和社会行为上的变化，如何来应对这场变局。

2　乡村变局：抵近观察

第二点是在这种代际革命的牵引下乡村到底发生了什么样的变化。

2.1　中国乡村正经历千年之变

就个人的观察来说，笔者认为整个中国的乡村正在经历千年之变。整个乡镇系统现在面临的是从乡到城的转型，这是城乡中国的一个大的格局。当下的乡村变化明显不是传统乡村的破败，也不是集体化时期的整体无效率和贫困，而是大历史转型下乡村系统的功能失衡和活力丧失。

2.2 乡村整体进步了，源于农民的出村

整个中国的乡村现在整体是进步的。例如，农民的物质生活条件状况明显好转；农民面色比原来好；农民的收入是过得去的；老百姓的平均寿命延长了；住房，除少数困难户和家里主要成员落居城市的，都明显改善；农村的公共基础设施比原来明显进步。

2.3 乡村的问题

现在乡村的问题，绝不是一个简单的贫困问题，也不是像有些人说的乡村是彻底的衰败。它的问题在哪？笔者认为要从"人、业、住、地"这整个系统的功能失衡来看。

第一个问题是"人"。人是核心，牵引这场变迁的力量就是"农二代"，"农二代"不改离土、出村不回村的趋势，不搞农业，回村不住村，城里买房，婚姻模式也发生了变化。但是笔者坚定地认为，在实施乡村振兴的过程中，一定不要理想主义地认为现在主要需要解决的问题是把这些在城市有发展机会的青壮年赶回农村去。"人"的问题首先是要认识"农二代"城镇化的基本趋势。

在这种情况下，"人"的第一个问题实际上是60后以后的人——70后、80后的归属问题。假设他们的归宿也还是乡村，但他们没怎么从事过农业，至少参与不多，而且跟土地的关系也发生了很大变化。所以，即便回去，也挽救不了整个中国的农业，挽救不了整个中国的乡村。70后、80后未来落脚点在哪里，对整个中国的城镇化进程、对城乡关系的转型影响是非常大的，是非常重要的问题。

"人"的第二个问题是孩子，即"农二代"的孩子，就是"农三代"。这些孩子跟"农一代"的孩子也就是"农二代"最大的差别在哪？就是这一代人基本上是"农二代"带在身边生活的，事实上这些孩子的生活方式、价值观念已经基本城镇化。但是这些孩子面临最大的问题在哪？就是最终还是要回去，初中教育要回到本镇，高中教育要回到本县，这是现在面临的非常大的一个问题，教育本身阻断了他们城镇化的进程。再就是孩子的心灵层面，从小在城市看到、接触的是城市对他们的不平等，从而有可能带来心理问题。"农三代"是出生在城里、学习和生活在城里、与乡村家乡割断的一代。

"人"的第三个问题就是老人的问题，这也是笔者认为现在乡村最大的问题。最代表中国当下农业和农民的，是40后、50后和60后，他们是真正搞农业的，爱土地、乡土情结很重，也不会离开村庄。这批人现在的问题是——绝望，这种绝望是转型带来的。农活停掉以后，存在感、自身价值没了，传统的代际情感纽带断了，精神和心灵上是孤单的，他们的养老会成为非常大的问题。"人"的最大问题就是60后之前的人，未来在哪里老去？

第二个问题是"业"。乡村振兴首先就是要产业振兴，但现在多数乡村产业凋敝，越来越单一，产业的回报越来越低。在农村搞农业的规模越大、投入越大越亏损。外面的要素进不来，乡村产业多样化存在困难。

第三个问题是"住"。现在整个乡村的住房问题得到了非常大的改善，即便是最贫困地区的住房问题也得到了基本的改善。但现在的问题是中国的城镇化模式带来一个结果，农民在乡村盖很多漂亮

的房子，但是利用率极低，很多好房子都是紧锁着的。所以现在很多人讲乡村的衰败，不是说它破，而是没有活力。另一个更值得深思的问题就是中国农民积累的资本最后都变成沉淀资本，因为农民不能在城市很好地落脚、在城市积累资本，所以最后资本会落到乡村，回到乡村盖房、装修，不断添加房子里的东西，目的是备着他以后回来，但这些资本的利用率非常低，几近闲置。

第四个问题是"地"，土地的问题。现在基本上是老人和极少数没有到城里的人在耕地，规模户不盈利，乡村建房子占了大量土地，坟地越来越奢华，宅基地使用无序，乡村发展无地可用。

2.4　村庄整体图景

通过上述问题，可以拼出一个村庄整体图景。

第一，年轻人出村进城大势不改；

第二，农业本身越来越单一、回报率越来越低，年轻人越不搞农业，外来要素越不会进入；

第三，农民无法落城，乡村成归宿，老人留村，农民积累的资本用于农村盖房；

第四，人地不分离，（老）小农用地格局破不了，村庄形态变不了；

第五，村庄的局面是，没有人气，没有竞争力的行业，占了农民全部积蓄但闲置的房子，利用效率低下的地，没有发展的村。

3　破局回村城镇化模式

怎样应对这种状况？要破局整个中国现在的回村城镇化模式，就要对中国城乡转型的形态进行重新认识。有人说把中国城镇化率提到80%、90%，整个中国乡村问题不就解决了吗？笔者觉得不是那么简单，不是说城镇化率高，乡村问题就没有了。从乡到城的转型过程中，城镇化率快速提高以后，城镇化的进程会放慢，放慢以后实际上就会出现城乡融合的形态。

3.1　城乡融合形态：美国案例

3.1.1　形成都市区（中心城市、郊区）和非都市区（乡村和小城镇）

从美国来看，城乡可分为中心城市、城市外围郊区和非都市区。这三个形态实际上是非常明显地展现了从城到村的过渡形态。这种过渡形态，就是城乡融合的阶段（图3）。

3.1.2　郊区发展迅速

郊区发展迅速最重要的表现是郊区人口总量和人口增长率高于中心城市和乡村地区；城市中心成为人口净迁出地，而郊区成为净迁入地；大都市区内的非中心区就业占比上升；中心城区和郊区的收入差距开始发生扭转，发展最好的郊区人均收入高于发展最好的城市中心地区。

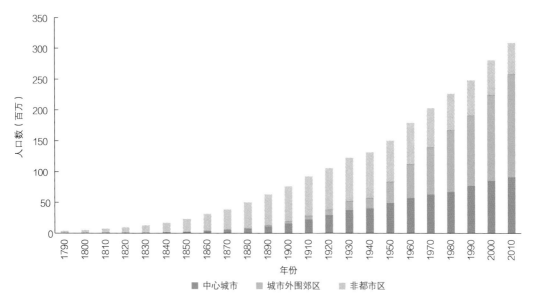

图3　美国各区域人口分布

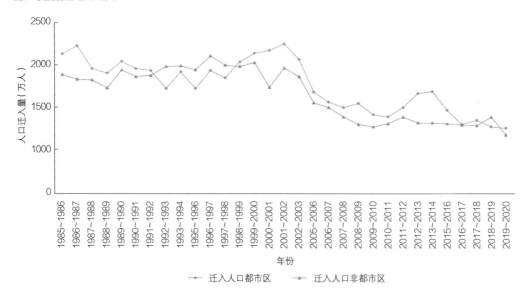

图4　美国非都市区的人口迁入量与都市区的人口迁入量

3.1.3　乡村与小城镇的发展

美国乡村和小城镇的发展是非常明显的。

首先表现在非都市区的人口迁入量与都市区的人口迁入量基本趋同（图4）。

其次是美国乡村经济的多样性。现在整个中国乡村的经济单一性问题如果不解决，乡村问题是解决不了的。

再次就是美国乡村产业的非农化非常明显，这样才能带来城乡居民收入差距的减小（表2）。

项目＼年份	1974年	1989年	2004年	2015年
农业依赖型	29.31%	24.43%	19.64%	19.79%
制造业依赖型	25.42%	22.23%	28.51%	17.61%
采矿业依赖型	6.34%	6.41%	5.51%	9.31%
政府依赖型	9.54%	10.73%	10.82%	12.10%
服务业依赖型	—	14.19%	5.56%	11.59%
未分类	16.29%	21.27%	29.97%	29.61%

最后是美国城乡居民收入差距减小。都市区与非都市区居民的收入之比约为1.3，非都市区居民收入的年增长率略高于都市区。

3.2 城乡融合的内涵与特征

如果认定有城乡融合这样一个阶段，就一定要对城乡融合的内涵和特征进行认真研究。

3.2.1 城乡融合的内涵

（1）城市与乡村之间存在一个连续的层次，完全农村地区与完全城市化地区之间存在一个以连续等级呈现的连续体。

（2）乡村与城市之间并非相互对立，而是相互联系。

（3）乡村与城市之间没有优劣，仅仅是发展程度的区别和功能的分别。

（4）农村地区出现变化。出现乡村工业、服务业，非农人口出现在乡村，社会设施和自然设施相融合。

（5）城乡社会特征重叠，城乡边界模糊。

（6）城乡关系的变化。一是乡村功能变化，乡村不仅是食物的重要生产地，同时也是提供公共产品的重要场所（如度假区、退休社区、文化或历史遗址、国家公园和休闲区）；二是城乡关系由对立竞争转为融合互补。信息、资本、人口在城乡流动，将城市和乡村紧密联系在一起；三是空间相互依存性将乡村纳入经济和文化主流。

3.2.2 城乡融合的主要特征

（1）人口向郊区和乡村流动。

（2）城乡经济相互依存。

（3）城乡产业结构差异减少。

（4）城乡收入水平缩小。

3.3 中国快速城镇化下的失衡

中国现在的城镇化率已经达到64%，从规律和趋势来说，中国现在应该进入城乡融合的阶段。但是现在很难走到城乡融合的状态，原因在哪儿？就是在快速城镇化以后出现了巨大失衡。

失衡的第一个主要表现是1997~2009年是整个中国城镇化率最快的阶段，这个阶段也是我们城乡差距最大的阶段。2009年城乡居民收入比达到3.33（图5）。我们现在面临的困境是巨大的城乡差距，这是城乡关系转型过程中理念和政策导致的结果。

快速城镇化下的失衡还导致了中国的回村城镇化模式。图6显示的是中国两个城镇化率即户籍人口城镇化率和常住人口城镇化率。对进城的几亿人，在公共服务、基本权利这些方面没有给予同等的对待，就会造成这几亿人最后的归宿是乡村。

第七次全国人口普查的数据显示，现在不是在弥合这种差距，而是在加剧人户分离的情况。2020年，全国人户分离人口4.93亿，其中市辖区内人户分离人口1.17亿，流动人口3.76亿。流动人

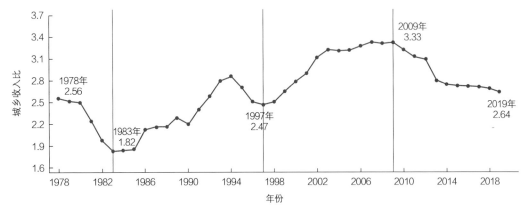

图5　改革开放以来中国城乡居民收入比
（资料来源：《新中国六十年统计资料汇编》《中国统计年鉴》）

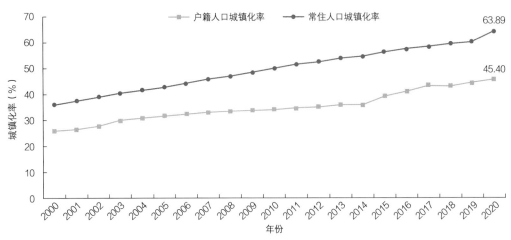

图6　中国两个城镇化率

口中，跨省流动人口1.25亿，省内流动人口2.51亿。与2010年第六次全国人口普查相比，人户分离人口增长88.52%，市辖区内人户分离人口增长192.66%，流动人口增长69.73%。这种回村城镇化的模式，造成整个中国农业要素重组的困难。

整个中国的农业竞争力下降，劳动生产力没有得到显著提高，农业的回报率进一步下降。

中国已经进入"城乡中国"的格局，城镇化率已经到了64%，也就是说，一半农村一半城市，是一个非常显著的"城乡中国"的形态。但这种形态下，人口迁移还是不可逆转的态势。一是人口继续向东部沿海、城市群、都市圈集聚；人口继续跨省和省内迁移，省内流动更快；以农民工为主的流动人口加快回流。但是，县城人口增长缓慢。

3.4　城乡融合的路径

中国要改变回村城镇化模式，最重要的是找到城乡融合的路径。首先，要摒弃两个极端思维，既不是单向的城镇化，也不是简单地把要素全部赶回乡村进行乡村建设；其次，在城乡融合的形态下，要尽快弥合现在城乡隔绝的状态，要将城乡融合的区域作为空间载体，这里包括都市圈的城乡融合、大城市郊区和城区的融合、县城及其延伸区的融合；最后，就是以土地为核心的要素配置改革，包括以都市圈为尺度的土地功能和空间配置，构建中国统一的土地权利体系，形成统一的土地市场。

4　乡村振兴的路径

4.1　重塑村庄体面：江西余江案例

现在大多数乡村如何寻求体面？以江西余江这个案例来说，就是做"宅改"。

4.1.1　"一把手工程"

区、乡、村把宅改作为"一把手工程"。"区挂乡、乡驻村、村包组"。乡镇整合农粮、国土、规划、城管等力量，聘请信息员综合执法；纪检、监委、"两办"加强督导，传导压力，形成了"党委领导、政府负责、部门协同、公众参与、上下联动"的农村宅基地管理新格局。

4.1.2　规划先行，有了图景和规则

目前余江编制的1040个自然村村庄规划，包括村庄发展空间、产业和形态。村民建房严格遵循统一规划、统一布局、统一风格、统一面积。彻底改变了农民建房无规可循、有法不依、有新房无新貌的旧格局。

强化规划执行。区级层面23项制度机制，乡镇层面11个运行办法，村组层面9个制度办法。基层有依据、有标准、有参照。建房审批"四公开""四到场"及挂牌公示。违章建房"发现在初始、解决在萌芽"。

村里的事村民自己办。成立自然村村民事务理事会，赋予理事会12项权力清单和15项职责清单，采用共商、共识、共建、共担、共享的"五共"工作法。群众在资金使用上有知情权、村庄规划上有话语权、村庄建设上有表决权、项目招标上有监督权。宅改补偿资金由村民事务理事会自筹，村小组集体内自求平衡，宅改的工作补助经费和拆除清运支出由区财政拨付。

宅基地使用按制度来。"一户一宅、面积法定"，统一的面积标准、"一把尺子"量到底。有偿、无偿退出以及有偿使用有依据。促使村民退出超占宅基地和多宅部分；对历史形成的超占、多占且确实无法退出的，一律由村民事务理事会依据"有偿使用办法"进行收费调整。各村对有偿使用费收取、退出的户数面积、资金管理使用等张榜公布。开展农村"房地一体"确权登记，划清集体土地和农民宅基地边界，明晰和显化集体、个人财产权益。

宅改与村改结合。整合农业开发、土地整理、农房改造、增减挂钩、新农村建设、人居环境整治等方面资源资金。以农村土地制度改革试点为主线，系统推进农业发展现代化、基础设施标准化、公共服务均等化、村庄面貌靓丽化、转移人口市民化、农村治理规范化"一改促六化"的美丽乡村建设。

4.2 乡村产业

4.2.1 农业两个份额的同步

中国农村的产业，前提是农业的两个份额一定要同步。现在农业占GDP的份额只有5%～6%，但是农业占就业的份额是20%～30%，这在全世界都是极其反常的现象。所以回村城镇化模式不能再继续，如果继续，农业的两个份额就不可能同步。如果两个份额不可能同步，整个中国乡村的要素就不可能重组，所以前提一定是农业的两个份额的同步，要将人的城镇化和农业的要素重组两者结合起来推进，如果没有人的城镇化进程，"农二代"和"农三代"继续再回到乡村，中国的农业是没有希望的，因为整个农业的要素重组就不可能发生。农业本身的观念也要发生重大变化。

4.2.2 农业工业化：贵州湄潭案例

我们讲农业的工业化过程，一定要找到跟其他产业工业化一样的出路。农业工业化，就是农业的要素重组的过程。

湄潭的情况就是要素的重组，产业基本上集中到以茶产业为主。农业的生产力不断提高，最后城乡的收入差距开始缩小。

农业工业化的过程中，湄潭政府起什么样的作用？一是持续的制度创新与制度供给。二是茶主导产业的选择与培育。农业工业化中要素组合的变化，包括土地和人。土地基本上集中到一或两个产业；人是说农村的农民不要都出去，专注茶叶种植的人是在增加的。三是乡村的组织非常活跃。技术的变化，茶产业中的机械使用；市场的发展推动了整个乡村产业的发展。

4.2.3 农业竞争力的秘诀：提高单位土地回报

农业要提高竞争力，最重要的不是扩大土地的规模，而是提高单位土地的回报。在此以山东寿光为例，寿光很重要的一点就是它能够将单位土地的产出不断地提高，如莴笋，从播种到收割需要52天，1年种7轮，效率大大提高（图7）。中国是一个土地资源稀缺的国家，不可能靠大规模的土地扩大来解决农业的规模和现代化问题，一定是靠提高单位土地的回报来提高土地的产出。

图7　寿光的农业

4.2.4 人地村重构

有了产业的变化，人就会改变，出村的人会有部分回来，搞农业的企业家就会进来，另外喜欢乡村生活方式的人就会被吸引，对乡村有想法的人就会进来。有了这些变化，传统农业的人力资本也会得到改造和利用。

地的改变，很重要的就是人际关系需要重构。乡村的土地需要重划，乡村现在不是没地，最大的问题是支离破碎，需要规划层面对乡村土地进行重划，要努力进行宅基地的改革。

4.3　村庄

现代农业的发展方式变化以后，村落的半径也在发生变化；现在村庄的功能，已经不是原来农业的功能和自然、安全的功能，在很大程度上带有文化的功能。村庄的基本公共服务一定要均等化，未来村落一定要跟老人的归属结合起来，因为这些人不可能再走，肯定是乡村最主要的主体；把乡村变成乡愁寄托的地方，让外面的人回村；村庄一定要开放，让要素进到乡村。

减速期中国城镇化转型与村镇发展

Urbanization Transition and Village Development in China during the Deceleration Period

魏后凯

Wei Houkai

1　中国已进入城镇化全面减速新时期

早期美国学者诺瑟姆提出的城镇化S形曲线显示，城市化率在30%～50%属于加速时期，50%～70%属于减速时期。对于从加速到减速的拐点，学界持有不同看法，有的认为是50%，有的认为是60%。总的来说，城市化率过了50%～60%，城市化就会减速（图1）。

2013年笔者在《关于城市型社会的若干理论思考》中将中国的城市型社会分成四个阶段，即初级城市型社会、中级城市型社会、高级城市型社会、完全城市型社会。2021年我国的城镇化率是64.72%，实际上已经进入了中级城市型社会。从美国1790年到2050年的城市化率看出，1840～1880年城市化率在30%以内，在此区间内美国的城市化率平均每年提高0.43个百分点；1880～1920年，美国城市化率在30%～50%，城市化率平均每年提高0.58个百分点，处于加速阶段；自此，城市化速度趋于下降，1920～1960年，城市化率在50%～70%时，平均每年增长0.47个百分点。由此看出，美国城市化速度相对比较均匀，但是随着时间的推移，城市化率超过50%后开始减速（图2）。

从中国的城镇化来看，19世纪的中国城镇化率一直未超过10%。1820年的城镇化率大概是6.47%，1893年提高到8.22%。20世纪上半叶，中国城镇化率一直在10%左右徘徊。1901年提高到9.79%，1920年是10.60%，1936年也仅有11.25%，城镇化基本上处于一个稳定或者停滞不前的状态。新中国成立以后，城镇化率出现了波动，尤其在"大跃进"时期，城镇化率大幅度提升，1960

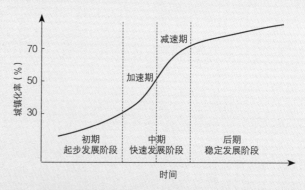

图1　城镇化的S形曲线
（资料来源：中国社会科学院农村发展研究所）

魏后凯，中国社会科学院农村发展研究所所长、研究员；十三届全国人大农业与农村委员会委员；国务院学位委员会农林经济管理学科评议组成员；中国社会科学院大学特聘课程主讲教授、博士生导师。

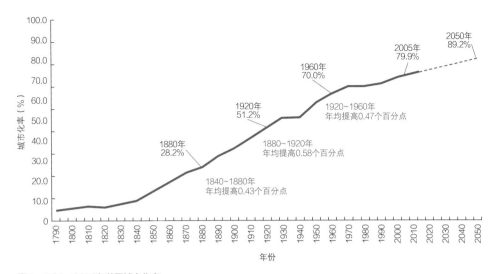

图2　1790～2050年美国城市化率
（资料来源：中国社会科学院农村发展研究所）

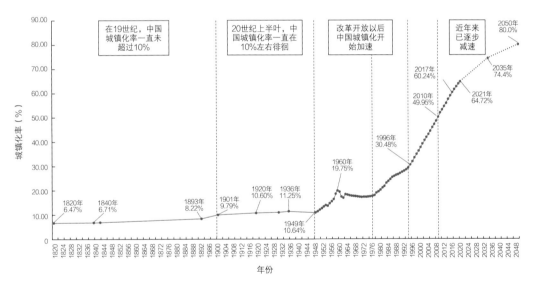

图3　1820年以来中国城镇化率的变化
（资料来源：中国社会科学院农村发展研究所）

年达到了19.75%，随后几年又出现了下降。改革开放以后，中国的城镇化开始加速。1996年，我国的城镇化率越过了30%，达到30.48%，2010年时接近50%，到2017年超到60%（图3）。

按城镇化年均增长速度（百分点）可将城镇化分为5类：低于0.2个百分点是低速，0.2～0.6个百分点属于中速，0.6～1个百分点为中高速，1～1.4个百分点为高速，超过1.4个百分点为超高速。在城镇化率超过30%的拐点以后，中国城镇化进入了一个超高速推进时期。1996～2017年处于超高速增长时期，22年间年均提升1.42个百分点（图4）。但是，城镇化的超高速增长对资源环境造成

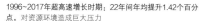

1996～2017年超高速增长时期：22年间年均提升1.42个百分点，对资源环境造成巨大压力

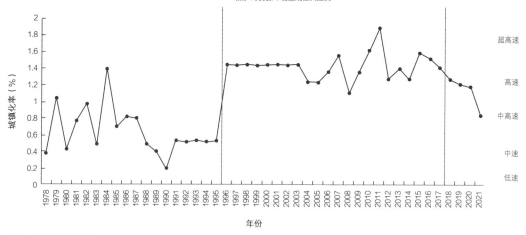

图4　中国城镇化增速
（资料来源：中国社会科学院农村发展研究所）

了巨大压力，建成区快速扩张对环境产生较大影响。随着经济发展水平的提高、发展阶段的转变，这种超高速的城镇化不可持续。

"十三五"时期以来，中国进入城镇化全面减速阶段。2021年，中国常住人口城镇化率为64.72%，比上年提高0.83个百分点，城镇化增速已经明显减缓。从东、中、西、东北地区四个大板块来看，城镇化也都在减速（表1）。这表明，长达20多年的城镇化超高速增长时代已经结束，我国进入了一个城镇化全面减速的新阶段。

"十三五"时期中国常住人口城镇化率及增速 　　　表1

地区	常住人口城镇化率（%）						年均增幅（%）				
	2015年	2016年	2017年	2018年	2019年	2020年	2016年	2017年	2018年	2019年	2020年
全国	57.33	58.84	60.24	61.50	62.71	63.89	1.51	1.40	1.26	1.21	1.18
东部地区	65.34	66.70	67.84	68.80	69.72	70.76	1.36	1.14	0.96	0.92	1.04
中部地区	51.52	53.18	54.84	56.29	57.72	59.00	1.66	1.66	1.45	1.43	1.28
西部地区	49.50	51.24	52.94	54.44	55.94	57.27	1.74	1.70	1.50	1.50	1.33
东北地区	62.90	63.76	64.56	65.71	66.71	67.71	0.86	0.80	1.15	1.00	1.00
东部—中部	13.82	13.52	13.00	12.51	12.00	11.76	—	—	—	—	—
东部—西部	15.84	15.46	14.90	14.36	13.78	13.49	—	—	—	—	—

资料来源：《中国统计摘要（2021）》，2015～2019年数据采用第七次全国人口普查修订数据，2020年数据为普查时点（2020年11月1日零时）数据。

2　减速期中国城镇化的转型方向

根据我们的研究，社会形态的变迁大体经历了从生存型、温饱型到小康型再到富裕型的转变。2000年以前，我国处于温饱型社会。2000年建成小康社会后，我国进入总体小康社会。2020年，我国全面建成小康社会，2021年我国人均GDP超过1.25万美元，根据我们的预测，2023年左右我国人均GDP将超过1.3万美元，我国将会迈入高收入国家的行列。

中央已经明确，到2035年要基本实现现代化，要达到中等发达国家的水平。假如把基本实现现代化作为相对富裕的一个标准，2035年目标实现后，我国将进入相对富裕社会。党的十九大报告中提出，到2050年要建成社会主义现代化强国，要基本实现共同富裕。假如把基本实现共同富裕作为共同富裕社会的门槛，到2050年，我国将迈入共同富裕社会。

通过对城镇化趋势的预测，在"十四五"乃至今后较长一段时期内，中国仍将处于城镇化快速推进时期，但推进速度将会逐步放慢。预计一直到城镇化率达到70%～75%，我国才有可能进入城镇化相对稳定的阶段。根据第七次全国人口普查数据，我们对2035年中国城镇化率作了预测。2035年全国城镇化率将达到74.4%，东部地区将达到77.7%，中部将达到70.6%，西部将达到69.2%，东北地区将达到73.1%。假如按照这个速度推算，2020～2035年，中国的城镇化增速将下降到年均0.70个百分点左右。

同时，我们也对31个省级行政区作了城镇化率预测，预测结果表明，到2035年，上海、北京、天津能够总体完成城镇化，广东、江苏、浙江、福建等20个省级行政区将进入城镇化的稳定期，海南、湖南、安徽等10个省级行政区仍处于减速期（图5）。

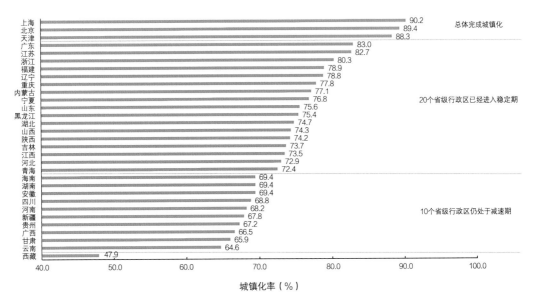

图5　2035年31个省级行政区城镇化率预测
（资料来源：魏后凯. 新型城镇化重塑城乡格局［M］. 北京：社会科学文献出版社，2022.）

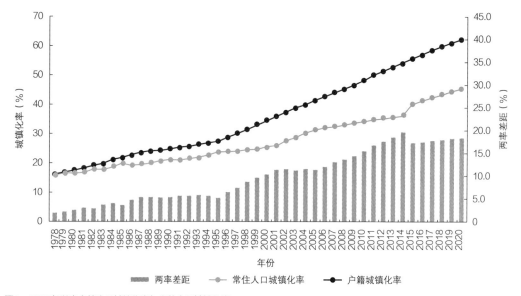

图6　1978年以来户籍人口城镇化率与常住人口城镇化率
（资料来源：中国社会科学院农村发展研究所）

从中国城镇化转型的方向来看，城镇化将朝3个方向进行转变。

一是从高速城镇化转向高质量城镇化。高质量城镇化要坚持以人为核心，全面提高城镇化质量，加快城镇化战略转型，走高质量的新型城镇化之路，这是中国城镇化的基本方向。提高城镇化质量包括城市要有品味，城镇质量要高，资源环境消耗的代价要低，要建立科学合理的城镇化格局。以人为核心的新型城镇化，关键在于市民化。

由图6可以看出，这些年来户籍人口城镇化率低于常住人口城镇化率，两者间的差距在不断扩大。2020年，户籍人口城镇化率为45.4%，比常住人口城镇化率低18.5个百分点，涉及2.61亿人。实际上，这些人口处于半市民化的状态。要解决半市民化问题，其治标的办法是推进户籍制度的改革，最关键治本的办法是推进基本公共服务均等化，应该按常住人口来配置公共资源，推进基本公共服务均等化。

二是从注重异地城镇化到重视就地就近城镇化。过去中国更多地强调异地城镇化。珠江三角洲、长江三角洲等沿海地区拥有大量的就业岗位和产业支撑，但劳动力不足。中西部地区有大量的人口和劳动力，但缺乏产业支撑，就业岗位不足。因此，每年都有大量的农民工由中西部到珠三角、长三角等地区打工，导致产业分布、就业岗位与人口分布不匹配。从大中小城市和小城镇角度来看也类似，中小城市和小城镇产业支撑不足，就业岗位缺乏，而大城市、超大城市承载过多功能，就业岗位比较充裕。通过中央的政策，这些年来随着中西部地区工业化的推进、产业发展速度加快，这一问题正在逐步得到解决。

由图7可以看出，外出农民工占农民工总量的比重在不断下降，2008年是62.32%，2021年下降到58.7%。外出农民工跨省比重在2009年是51.2%，2021年下降到41.6%。跨省农民工占农民工总量

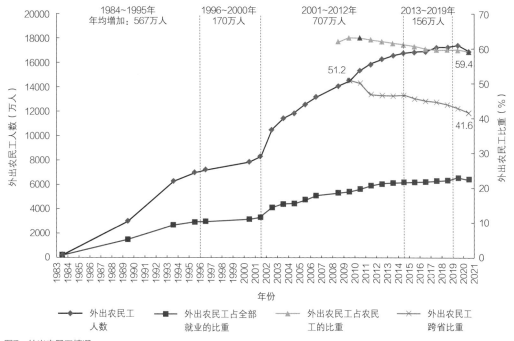

图7 外出农民工情况
（资料来源：中国社会科学院农村发展研究所）

的比重也在不断下降，由2009年的32.4%下降到2021年的24.4%。这说明就地就近城镇化越来越多。

三是从注重地级以上城市发展到以县城为重要载体。实行市管县体制主要是想发挥中心城市的作用。近年来，虽然中心城市的功能得到很好的发挥，但很多中心城市将资源、人才、土地指标等向中心城市的中心区聚集，影响了县域经济的发展。近期，中央办公厅、国务院办公厅发布文件，强调以县城为重要载体的城镇化建设。

"中国乡村振兴综合调查"（CRRS）主要调查了10个省级行政区，每个省级行政区调查5个县（市），每个县调查3个乡镇，每个乡镇调查了2个村，每个村庄调查12~14户。调查显示，调查地区外出就业的农民工占比15.87%。外出农民工越来越趋向就地就近就业，以省内流动为主，县（市）成为吸纳农民工的重要载体。从外出农民工落户意愿来看，愿意在打工城镇落户的农民工占比为12.79%，整体落户意愿较低。家庭观念致使女性更愿意在城镇落户，80后农民工落户意愿相对较高。县（市）成为农民工进城落户的首选地，其次是地级市。

以县城作为重要支撑主要有三方面的原因：1）县城是连接城市与乡村的重要纽带和桥梁，有利于推进城镇化、乡村振兴和城乡融合发展；2）县城作为县域政治、经济、文化和交通中心，既是驱动县域经济发展的增长极，也是县域综合服务中心和治理控制中心，在县域城乡发展中发挥着枢纽作用和统领作用；3）相比于一般建制镇，县城具有较好的基础。从平均规模来说，县城人口超过了10万人，平均建成区面积超过了10km²。从污水处理率和燃气普及率看出，县城与建制市的差距在不断缩小，未来加强建设，县城应该具有较好的基础（图8）。

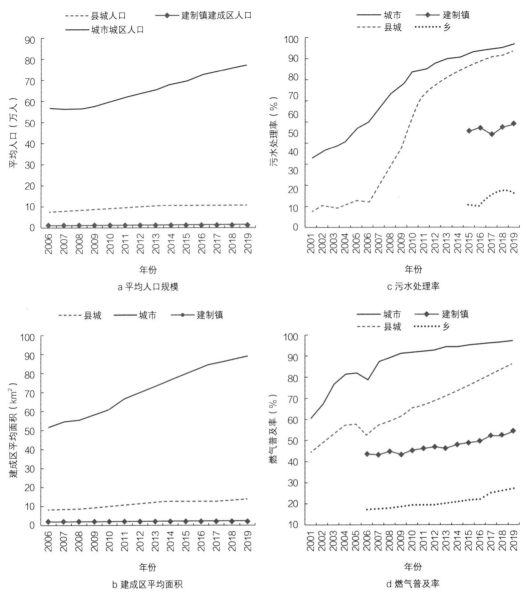

图8　中国县城平均规模与基础设施比较

（资料来源：中国社会科学院农村发展研究所）

3　城镇化转型中村镇发展的若干问题

　　城镇化转型的背景下，未来城镇化率不断提高，乡村的人口会减少。2020年常住人口城镇化率为63.89%，乡村常住人口5.1亿人；户籍人口城镇化率45.4%，乡村户籍人口7.71亿人。到2035年，城镇化率将达到74.4%，乡村人口预计约为3.74亿。到2050年，城镇化率接近80%，乡村人口估计为2.73亿。随着乡村人口的减少，村庄的数量也将减少，但这并不意味着村庄的规模也要减少。从规模经济、未来资源配置的角度来看，我国现在的村庄规模偏小，未来的村庄规模需要适当扩大。2021年的《中国农村发展报告》对2035年农业农村现代化作了预测，每个行政村的常住人口规模希望能达到1500人左右。

3.1 防止县域出现两极化

近年来，中国城镇规模增长出现了两极化趋势。超大、特大城市规模快速膨胀，部分小城市、小城镇出现萎缩。破解两极化的关键是要加快小城市和小城镇发展。在巩固发挥大中城市中心作用的基础上，加快中小城市、小城镇的发展，形成大中小城市和小城镇协调发展的格局。中小城市、小城镇的发展关键在于两个方面，一是要有产业支撑，二是要缩小与大中城市在基础设施和公共服务方面的差距。

根据预测，到2035年，超大城市的数量还会继续增加到12个，城镇人口的比重会达到14.7%。小城市和小城镇将会成为吸纳城镇人口的核心载体，2035年预计是55%。要发挥小城市、小城镇的作用就要推进县域城镇化，其核心是分类推进县城的发展，要适度集中，促进县城与其他建制镇协调发展，防止出现两极化。

3.2 积极应对村镇老龄化的影响

随着城镇化的不断推进，年轻人进城去了，镇、乡村的老龄人口比重远远高于城市。如何应对老龄化带来的影响是我们需要考虑的重要问题。老龄化的影响包括人才流失、养老设施短缺、养老服务和保障水平低。目前城乡养老保障水平差距很大，不能适应发展需要。2021年，我国城镇居民基本医疗保险（后简称为"居保"）参保人数达54797万人，比城镇职工基本养老保险参保人数还多6722万人。2020年，我国城乡居保人均养老金领取额为2088元，即每月174元，仅分别相当于城镇和农村低保平均保障标准的25.7%和35.0%，不到农民人均食品烟酒支出的50%。2020年，城镇职工与城乡居保人均养老金之比为19.3倍，差别很大。

3.3 优化村庄和公共设施布局

随着城镇化的推进，乡村人口不断减少，村庄"空心化"问题凸显，村庄数量将不断减少。2020年农业农村部农村固定观察点数据显示，常年住房空置率（10个月以上）为9.3%。农村发展研究所2019年调研140个村庄后发现宅基地闲置率为10.7%。从行政村减少的数量来看，2007~2020年平均每年减少约6000个行政村。从自然村来看，1991~2020年减少141万个自然村，平均每年减少4.7万个。3次村庄撤并潮分别发生在2000~2007年（减少94.3万个）、2015~2017年（减少25.3万个）、2020年（减少15.0万个）（图9）。

随着城镇化推进和村镇"空心化"加剧，在建立市场化的自愿退出机制前提下，进行适当的合村并居规划引导是必要的。城镇化进程中村庄布局调整是一个长期的动态过程，在此过程中要以农民自

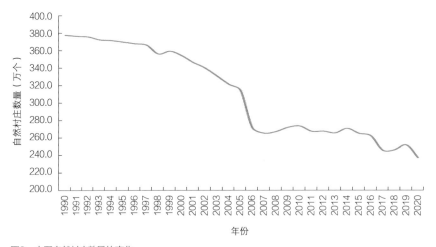

图9　中国自然村庄数量的变化

（资料来源：中国社会科学院农村发展研究所）

愿为前提，以提高农民福祉为出发点和落脚点，遵循乡村发展规律。乡村有青山绿水、田园风光，村庄是"一户一宅"，通过提高建设质量和品质，应向别墅化新村发展。

　　村庄别墅化应该是未来发展的一大方向，但在此过程中，几个问题需要引起高度重视，需要解决。一是村庄布局的调整优化；二是基础设施和公共服务布局优化，按常住人口配置公共资源；三是公共设施用地的再利用；四是用经济的办法推动联村发展，一个村庄的资源、能力是有限的，要推动联村发展，走共同富裕之路；五是在自愿依规的前提下，采用市场化途径解决进城落户农民在农村"三权"方面的有偿退出。

直面收缩的挑战
——新时期江苏小城镇发展趋势与规划应对

Facing the Challenges of Shrinkage: The Development Trend of Jiangsu Small Towns in the New Era and Planning Response

罗震东　崔曙平　李红波

Luo Zhendong, Cui Shuping, Li Hongbo

　　江苏是我国城镇化率较高的省份，在第七次全国人口普查时城镇化率已接近74%。江苏也是我国平原面积占比最大的省份，沿江地区尤其苏南地区是中国经济最发达的地区之一。作为城镇化先发地区，江苏城镇化以及小城镇的发展趋势与问题对中国未来城镇化道路选择有着重要的参考和借鉴价值。2020年11月至2021年6月，江苏省住房和城乡建设厅组织开展了两轮小城镇建设发展情况调查工作，本文将与大家分享这次调查研究的主要成果以及思考。

1 小城镇，对于江苏意味着什么？

1.1 江南，水乡，市镇

　　小城镇一定程度上已经成为江苏的一种标志性空间。明清时期，工商型小城镇在长江中下游地区大量涌现。"半里一村，三里一镇，炊烟相望，鸡犬相闻"的城镇组群，基本奠定了江苏今日小城镇的地理格局。很多关于中国城镇化，包括中国资本主义萌芽的研究中，都会关注到江南的市镇。小城镇从那时起对江苏就有着非常重要的意义。

1.2 江苏，乡镇企业，小城镇

　　党的十一届三中全会后，农业的稳定增长与乡镇企业的异军突起，使得江苏走上乡镇企业推动、小城镇主导的自下而上的城镇化进程。费孝通先生正是基于在江苏所进行的多轮小城镇调查，提出了《小城镇　大问题》等一系列重要观点，也使江苏小城镇在20世纪八九十年代的中国城镇化历程中备受关注（图1）。这一时期的小城镇是江苏城镇化非常重要的组成部分。

本文观点与崔曙平、罗震东、李红波、闫海所著《大变局中的小城镇：2021江苏省小城镇调查与思考》观点一致。
罗震东，南京大学建筑与城市规划学院教授、博士生导师，南京大学空间规划研究中心执行主任。
崔曙平，江苏省城乡发展研究中心、主任。
李红波，南京师范大学区域发展与规划研究中心、副教授。

1.3 全球化，城镇化，撤乡并镇

21世纪以来，随着全球化、城镇化的推进，推动特大城市和大城市发展成为江苏城镇化战略的重心。大量外资进入长三角后，苏南沿江地区形成了非常典型的、以开发区为载体的新苏南模式。与这一城镇化进程相伴随的是大规模撤县设区和撤乡并镇，小城镇数量和人口大幅度减少，江苏的城镇格局开始发生明显变化。小城镇的发展开始面临诸多困境与挑战。

图1 位于江苏开弦弓村的费孝通江村纪念馆

从图2可以看到，2000～2010年的十年间，江苏的大城市、特大城市人口占比快速增长，但小城市和其他乡镇的人口占比大幅下降。同时，在撤县设区、撤乡并镇中小城镇的数量基本上削减了一半（图3）。这一剧烈的城镇化进程与20世纪80年代自下而上的城镇化进程共同塑造了今天江苏的城镇化格局以及小城镇状况。

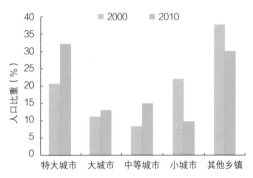

图2 江苏省不同等级城镇的人口比重变动（2000年、2010年）

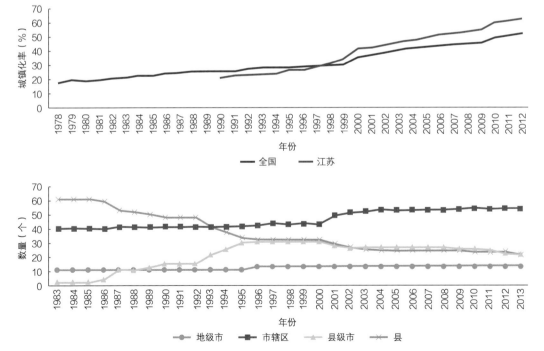

图3 1983年以来江苏省各级行政单位变化情况

1.4 乡村振兴，特色田园，新经济

党的十八大以来，随着乡村振兴战略的推进，江苏在村庄环境整治和特色田园乡村建设等方面开展了大量工作，显著改善了乡村地区的人居环境，激发了乡村活力。与此同时，电子商务推动的新自下而上城镇化进程浮现。

纵观21世纪以来的城镇化进程，江苏对城市和乡村的关注远大于对小城镇的关注，城镇化发展不平衡、不充分的一个重要体现可能就在于小城镇发展的相对滞后。

2 江苏城镇化的总体特征是什么？

2.1 省域人口与城镇化特征

第一，江苏省人口总量大、城镇化率高。超过90%的区县常住人口规模超50万人，达到了中等城市的规模；31个区县人口超100万人，达到Ⅱ型大城市规模；超百万人口规模的区县（市）主要分布在省域南部和北部区域。

据第七次全国人口普查（简称"七普"）数据，江苏大部分地区城镇化率已超过50%，低于50%的区域非常少，这在全国是非常高的水平。

第二，南北增长差异显著，中部人口加速流失。以区县为单位，人口发展格局呈现"南北增长，中部凹陷"的空间特征。对比第六次全国人口普查（简称"六普"）和"七普"的人口增幅可以看到，苏南和东陇海沿线地区人口呈现增长态势，苏北、苏中的大部分区县市人口都是流失状态，人口增长主要集中在三大都市圈。这就是当前江苏城镇化的基本格局。

进一步分析"六普"到"七普"的常住人口与户籍人口比值，可以清晰地看到省域长江以北区域人口流失情况进一步加剧。对比图7中"六普"与"七普"常住人口与户籍人口比值，可以看到，常住人口与户籍人口的差值在进一步扩大，尤其苏中和苏北的大部分地区，常住人口不及户籍人口80%的区县市进一步增多。

第三，中心城市集聚能力强，都市区化趋势显现。南京、苏锡常、徐州三大都市圈中心城市人口明显增长，三大都市圈外的中心城市集聚能力也进一步增强。在省域总人口增量并不大的情况下，随着人口向三大都市圈的集聚，意味着都市圈以外地区人口在快速流失。

2.2 省域经济与城镇化关系

第一，人口增长与经济发展显著正相关。常住人口与第二产业发展的相关性更显著，第二产业发展对劳动力的需求和吸引力较高，因此对人口增长的影响更强。

第二，城镇化率与经济发展相关性不显著。虽然城镇化率与第二、三产业产值正相关，但相关性并不显著，尤其第二产业。这有两种情况，一种是县域第二产业不强但城镇化率较高，另一种是县域第二产业人口没有进入城镇。

3 江苏小城镇究竟发生着什么？

在此次调研中，我们在省域范围内相对均衡地选择南京市、常州市、高邮市、盐城市大丰区、睢宁县五个市县区的乡镇。调查乡镇、街共计61个，其中重点镇17个、特色镇11个、一般镇29个、街道4个（表1）。

乡、镇、街调查表

表1

调研市县区	调研小城镇数量	重点镇		特色镇		一般镇		街道	
		数量	名称	数量	名称	数量	名称	数量	名称
南京市	10	2	竹镇镇、白马镇	1	阳江镇	3	品桥镇、和凤镇、砖墙镇	4	雄州街道、淳溪街道、谷里街道、星甸街道
常州市	14	6	横林镇、孟河镇、薛埠镇、儒林镇、社渚镇、南渡镇	5	嘉泽镇、天目湖镇、戴埠镇、埭头镇、上兴镇	3	雪堰镇、别桥镇、竹箦镇		无
高邮市	11	3	三垛镇、临泽镇、菱塘回族乡		无	8	龙虬镇、汤庄镇、卸甲镇、甘垛镇、界首镇、周山镇、送桥镇、车逻镇		无
盐城市大丰区	11	2	刘庄镇、南阳镇	1	新丰镇	8	草堰镇、白驹镇、西团镇、小海镇、大桥镇、草庙镇、万盈镇、三龙镇		无
睢宁县	15	4	李集镇、古邳镇、双沟镇、沙集镇	4	凌城镇、姚集镇、魏集镇、桃园镇	7	邱集镇、官山镇、岚山镇、庆安镇、王集镇、高作镇、梁集镇		无
总计	61	17	略	11	略	29	略	4	略

3.1 小城镇人口发展特征与趋势

3.1.1 不同区域小城镇人口发展特征与趋势

一是，江苏小城镇人口规模总体不大。虽然95%的小城镇人口规模超2万，但平均人口规模仅有4.6万。

二是，十年间小城镇的人口收缩更为明显。80%以上的小城镇人口收缩，其中约一半的小城镇人口减幅超20%。人口增长的小城镇主要集中在三大都市圈的人口持续增长的区县内。

三是，人口向镇区集聚不显著。接近70%的小城镇的建成区常住人口增长，但超过80%的小城镇镇区人口增幅低于10%。

总体上，人口收缩是小城镇或者镇村地区的一个主体特征。在此过程中，大部分收缩人口并没有去就近的镇区，而是去了更高层级的城市。

3.1.2 不同类型小城镇人口发展特征与趋势

在调查过程中我们区分了重点镇、特色镇、一般镇，通过对比发现，在人口规模方面，重点镇和特色镇高于一般镇，但差距并不显著。此外，在十年间，也就是"六普"到"七普"之间，不同类型小城镇的人口发展并未呈现出明显的差别，重点镇、特色镇和一般镇的政策实施绩效不显著（图4）。也就是说，过去的政策与现在小城镇发展的内在规律和趋势并不吻合。

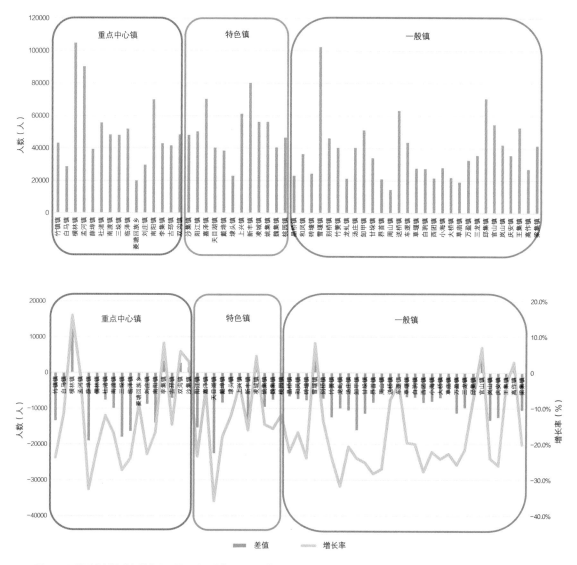

图4 不同类型小城镇"七普"人口数及"六普"与"七普"人口变化

3.2 小城镇经济发展特征与趋势

3.2.1 不同区域小城镇经济发展特征与趋势

苏南及沿江地区小城镇第二、三产业基础雄厚、实力较强，东陇海沿线地区小城镇依托互联网经济成为新发展亮点，通过淘宝镇和淘宝村的核密度分析可以看得非常清楚；省域广大中、北部地区小城镇经济总量较小，第一产业更具优势，农业现代化水平稳步提高；处于发育较为成熟的都市区影响范围的小城镇，日益成为都市功能的重要组成部分，第三产业占比较高。

3.2.2 不同类型小城镇经济发展特征与趋势

重点镇第二产业突出，特色镇第三产业发展比较显著，一般镇总体发展较弱（图5）。重点镇、

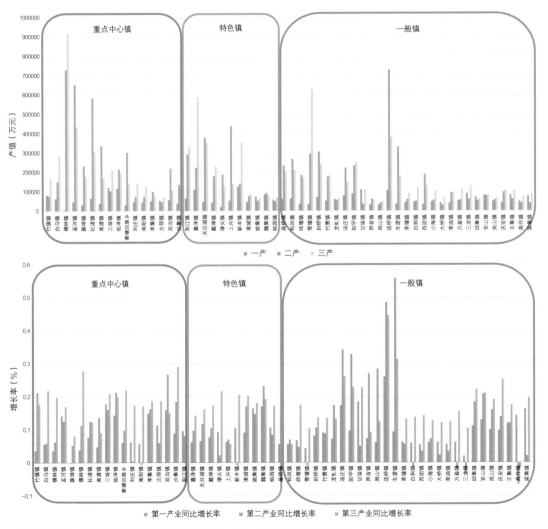

图5 调研小城镇2019年三种产业产值（上）和第一、二、三产业产值增长率（下）

特色镇的发展绩效并不显著，一般镇的经济发展也不乏亮点。这提醒我们需要对过去的政策和小城镇发展的规律进一步地评估。

3.3 小城镇公共服务发展特征与趋势

对小城镇的公共服务进行大量调研发现：一是，在中小学生生源方面，小城镇具有与区县人口外流相同的马太效应；二是，小城镇中小学生职工比基本满足国家规定标准，但教育资源与区域发展不匹配；三是，重点镇、特色镇和一般镇小学生和初中生数量并无明显差异，但重点镇初中生源流失严重（图6）。

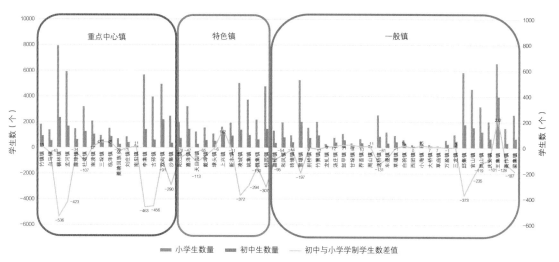

图6 调研小城镇公共服务情况

3.4 小城镇人居环境发展特征与趋势

（1）省域南部地区小城镇建设城镇化、土地利用集约化、工业企业园区化。

（2）省域中部和北部地区小城镇保持低密度人居环境，部分小城镇人居环境仍需提升。

（3）重点镇往往有政策的倾斜，投入补贴高，经济发展支持大，人居环境建设品质较高（图7）。

3.5 小城镇发展特征与趋势总结

3.5.1 小城镇人口收缩是主旋律，人口结构的变化是更大挑战

这个收缩主要体现在总人口数量，乡村人口进入城市，或者说进入更高层级的城市，不再回乡。同时，小城镇的建成区人口增长缓慢且有限（图8）。也就是说，江苏小城镇在过去10～20年发展过程中，镇区并不是一个非常有吸引力的人口承载的空间。

图7　江苏小城镇建成环境面貌

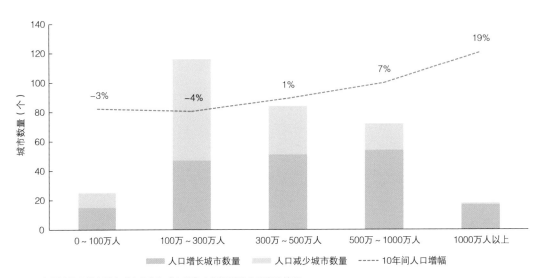

图8　全国地级及以上城市"六普"与"七普"十年间常住人口变化情况

21世纪以来江苏的城镇化战略与三大都市圈建设成效显著，人口向都市圈、中心城市集聚的特征非常明显，三大都市圈以外地区的人口收缩的趋势已经形成。收缩本是一个客观趋势，随着城镇化发展必然会产生人口集聚和收缩。问题不在于收缩，而在于收缩后的城乡人口结构。随着大量青壮劳动力进入城镇，大部分处于收缩状态的小城镇都面临着严重的老龄化问题。图9显示，调研的57个小城镇中，大部分小城镇的老龄化程度已超过深度老龄化标准，半数以上高于江苏平均老龄化程度，有

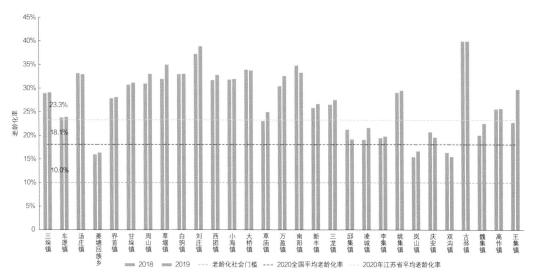

图9 调研小城镇的老龄化程度

些小城镇的老龄化率甚至达到40%，这成为一个严重的结构问题。

3.5.2 产业多元化趋势初现

在邻近都市区、都市圈的小城镇，普遍承接大中城市的产业转移。同时，随着互联网新经济的兴起，以及农业现代化的程度不断提高，江苏自下而上的经济发展在村镇层面非常具有活力。例如，溧阳的无人机小镇，睢宁的板材家具电商产业集群，以及苏南地区的特色乡村民宿等休闲度假产业等（图10）。

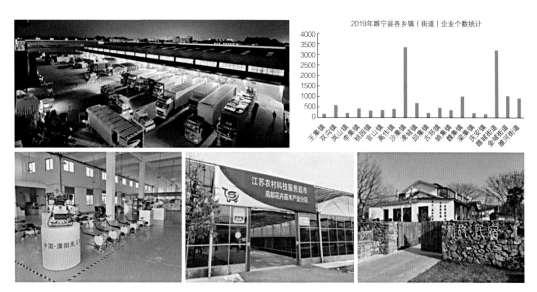

图10 小城镇产业的多元化

3.5.3 特定政策绩效不明显

重点镇、特色镇缺乏实质性的政策支持。重点镇会有一定数量的资金支持，但通常都没有根据重点镇发展的规模和特征给予发展管理权限上的匹配。此外，小城镇在乡村振兴中未发挥显著的衔接城乡和综合服务作用。孤岛式的乡村旅游项目开发，高度依赖财政资金和政策支持，容易面临后劲不足，不可持续发展的困境（图11）。

图11 重点镇、特色镇缺乏实质性的政策支持

3.5.4 公共服务达量不达质

小城镇公共服务设施基本达到国家规定标准，但使用效率与服务水平和区域发展尚不匹配。此外，小城镇硬件达标，但软件与县、市差距较大，城乡基本公共服务均等化发展的目标远未实现（图12）。

图12 小城镇公共服务达量不达质

3.6 小城镇发展与治理经验

3.6.1 城镇化格局与小城镇发展

省域城镇化格局日益清晰，小城镇的进一步发展必须从城镇化格局出发，明确定位、制定发展战略。省域城镇化格局围绕三大都市圈基本可以划分为三个层次，三大都市圈内的都市区范围、三大都市圈的范围、三大都市圈外的地域（图13）。都市圈内基本为人口增长地域，都市圈外基本为人口收缩地域，都市圈内的都市区范围为功能高度一体化的区域。

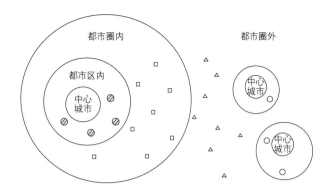

图13 省域城镇化格局中的小城镇类型示意

在江苏以都市圈为城镇化主要载体的发展格局下，小城镇的发展应更加重视小城镇所在的地理空间区位、与中心城市之间的关系，尤其是与大中城市、特大城市之间的关系，不同的区位决定了小城镇未来不同的产业选择和发展道路。

3.6.2 乡村振兴与小城镇的综合价值

在乡村振兴过程中，我们应充分重视小城镇的综合价值。"七普"江苏省城镇化率为73.44%，仍有2251万人居住在乡村。按目前人口基数计算，江苏省城镇化率即使达到85%，仍有1000多万人居住在乡村，如何服务这1000万人口，实现共同富裕的目的，小城镇必须发挥重要作用。随着乡村振兴战略的实施以及区域可达性的大幅度提升，小城镇的综合资源价值日益突显。

这主要体现在四个方面：一是，小城镇土地资源价值日益凸显，将成为大城市的产业转移地，小微、创新企业的孵化高地；二是，小城镇生态资源价值日益凸显，挖掘乡村生态资源，盘活乡村资产，引导城市资本下乡，促进城乡交流；三是，小城镇农业资源价值日益凸显，是现代化、都市化农业，特色田园、美丽乡村的建设基础；四是，小城镇特色文化资源价值日益凸显，如传统历史文化、红色文化等（图14）。

3.6.3 行政区划和小城镇空间治理

一是，谨慎进行。小城镇的产业集聚与人口吸引能力通常有限，"撤乡并镇"工作必须审慎研究撤并方案，必须在遵循经济发展和空间建设规律的基础上进行被撤并镇的筛选和中心镇区的选址。考虑撤并的必要性，在充分尊重地方政府、企业、居民的意愿，顺应市场经济发展趋势的基础上，进行"强带弱"组合的选择，不搞一刀切，不为撤并而撤并。综合分析研究中心镇区的选择，充分依托经济强镇进行规划布局，集中、集约地进行新镇区建设，有效实现推动城镇化、做大做强做优中心镇的目标。

二是，弹性推进，除了"撤乡并镇"这样的刚性调整，可以考虑成立政策区等多种区域治理方

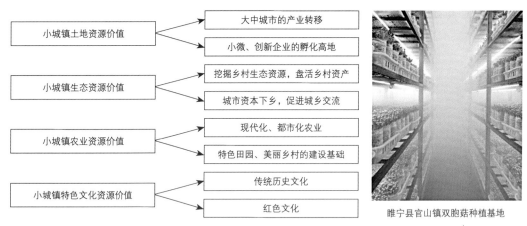

图14 小城镇日益凸显的资源价值

式，推动要素资源的合理配置。

三是，充分考虑公平和可获得性，小城镇作为城乡之间的衔接枢纽，不仅是乡村经济的重要载体和集聚地，更是乡村公共服务的中心，因此"撤乡并镇"不能仅仅考虑做强、做大经济总量的目标，必须考虑做全、做优基本公共服务的目标，否则行政区划调整带来的社会问题、民生问题将大大削弱调整的积极效应。

4 江苏小城镇下一步怎么办？

4.1 实施小城镇复兴战略

（1）城镇化下半程的发展必然要从量到质

收缩不是溃败，我们需要改变既有观念。收缩后的空间应该同样是高品质的精致空间，甚至留下的是更高品质的生态和农业发展的空间，而留在这个空间的人群应当与那些进城的人群享受基本均等的公共服务，否则就会导致城乡间依然出现质量的差别，形成带有歧视性的分割。

（2）健康的生态系统都是多元多样的

健康的城镇体系也应该是多元多样的，应该是大中小城市、小城镇协调发展。因此，小城镇的复兴不是数量多少的问题，亦即不在于增加小城镇的数量和规模，而在于优化小城镇的结构，提升发展质量。如何进一步提高小城镇的吸引力，让小城镇的文化活力和经济活力重现，这是我们目前面临的最大挑战。

（3）移动互联网时代人的高频流动使得城镇化变得更加动态，模式不再单一

移动互联网的发展使江苏这样一个以平原为主的省份的劳动力高频流动非常普遍。我们所讨论的城镇化问题，其实早已是一个动态的问题。城镇化应该是一个整体观念上的、生活水平上的城镇化或是现代化的状态，而不是再去看有多少人在城市，多少人在乡村。城市和乡村没有好坏之分，只是两种不同的居住选择。

4.1.1 从乡村振兴角度重视小城镇价值

小城镇的重要价值之一是社会价值。小城镇是乡村公共服务的中心，是协调城乡关系、改善城乡二元结构、提供城镇化多元落脚空间的重要载体（图15）。乡村振兴、乡村建设需要和小城镇发展融为一体。小城镇可以成为乡村振兴的附着点，并在城乡融合关系中扮演更重要的角色。

在很多美丽乡村建设过程中脱离了小城镇这一公共服务的载

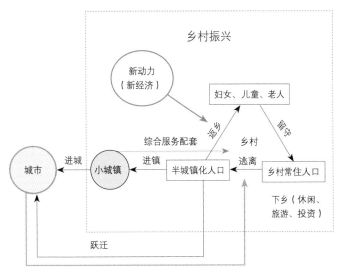

图15 "城市—小城镇—乡村"三级人口流动模型

体，这样的乡村振兴是不可持续的。如果缺乏小城镇的服务功能，以及其在城乡融合过程中扮演的重要转换功能，乡村其实面临着很大挑战，如有些淘宝村的消失就是因为无法再提供更好的公共服务，这是我们已经观察到的现象。

4.1.2 从城乡融合角度释放小城镇活力

小城镇是中小企业的孵化空间。特别是新经济的快速发展下，传统苏南模式的小企业会迎来新的发展高潮。

此外，小城镇是特色产业的承载空间。小城镇处在"乡之头，城之尾"，既有乡村良好的生态和生产空间基底，又具有城市成熟的公共服务设施。因此小城镇发展不一定要以城市GDP发展的指挥棒来考察其发展绩效。

4.1.3 从城市区域角度确定小城镇定位

作为城乡融合的节点和枢纽，"等级＋网络"的特征决定了小城镇的发展很大程度上取决于其与核心城市的关系。基于都市区型、都市圈型和都市圈外三类小城镇的发展定位，重新审视小城镇的综合价值，将为新型城镇化和新一轮经济发展创造更多可能。

都市区型小城镇基本位于中心城市日常通勤范围，小城镇的功能与中心城区关系密切，一定程度上这类小城镇就是中心城市的特定功能节点。都市圈型小城镇与中心城市的距离相对较远，拥有相对独立、完整的城镇职能，发展依然围绕中心城市的需求。都市圈外小城镇发展条件相对较弱，应更多根据自身资源禀赋条件来发展，最主要的是扮演广大乡村地域公共服务中心的职能（图16）。

4.2 构建适应收缩的城乡格局

（1）推动片区发展格局，促进小城镇协调分工。进一步深化片区化空间治理政策，围绕片区主导特色，推动片区内小城镇分工协作。

（2）加快特色产业发展，进一步集聚城镇人口。小城镇在特色产业和现代农业发展方面具有天然优势，将镇区作为落实乡村振兴战略的重要支点，适度推进农民集中居住。

（3）做强做优片区中心，均等化公共服务供给。小城镇是乡村公共服务的中心，完善小城镇公共服务功能是推动全面乡村振兴的重点。结合"中心城+片区中心"的"1+N"综合中心体系（图17），构建城市型和城镇型两级公共服务体系。

4.3 鼓励差异化小城镇发展政策

（1）鼓励片区联动发展，以小城市标准发展片区中心镇。结合"中心城+片区中心"的综合中心体系，选择发展较好的小城镇，给予一定的资金和政策上的倾斜，使其成为具有较强就业供给和公共服务能力的片区中心。鼓励片区中心镇积极联动片区内其他小城镇，形成良好分工协作格局。

图16 中国最早三个淘宝村之一的睢宁县沙集镇东风村

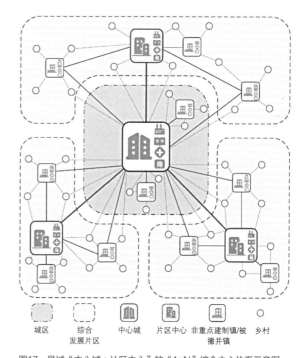

图17 县域"中心城+片区中心"的"1+N"综合中心体系示意图

（2）鼓励特色精致发展，依托独特资源发展非片区中心镇。鼓励具有特色资源的小城镇围绕特色精致发展，以多种考核形式考察小城镇发展绩效。对于特色产业良好的非片区中心镇，包括部分被撤并乡镇，应依据具体情况给予相关配套和一定的政策倾斜，鼓励其保持特色、精致发展。

（3）鼓励精明收缩发展，以城市社区标准建设被撤并镇。大部分被撤并乡镇，鼓励其精明收缩。根据人口而非行政级别配置基本公共服务设施，镇区以城市社区标准进行公共服务设施、基础设施和生态环境的建设。依据人口收缩趋势减小服务规模、调整服务内容，但绝不降低服务供给品质。

面向未来，建设有未来的乡村

Looking to the Future, Building a Village with a Future

李昌平

Li Changping

本文从实践出发谈几点对建设未来乡村的体会。

1　农业必须从追求数量增长收益转向追求价值或价格增长收益

总体来看，农业产出供大于求，或者说是生产能力远大于需求。如果此时仍不转变，依然追求数量增长收益，那么农民只会越来越穷，正所谓"谷贱伤农"。但是要注意，追求价值或价格增长收益，靠高度分散的农民个体单打独斗是做不到的，也不能依靠所谓的龙头企业，因为如果让大企业来主导农业产业化和农产品定价权，广大农民就会被边缘化；而龙头企业面对小农的互害式竞争，也不可能追求价值和价格增长收益，也会难以为继。因此，要重塑第一产业，追求价值或价格收益的唯一办法是将农民组织起来，提高农民的组织化程度，特别是需要集体经济组织主导产业化，并实现产业链的闭环，帮助广大农民实现价值或价格增长收益。

2　乡村建设要面向未来，规划建设有未来的乡村

当前农村的村庄和人口处于一个急剧变迁的时代，未来的农村家庭是什么形态？乡村建设究竟要怎么搞？根据我们的判断，基础设施和基础公共服务应集中安排于未来村、未来小镇，安排在新型社区、园区、休闲区、养殖区，使资源适应未来村庄和人口的变迁，避免造成大量的重复建设或浪费，避免成为"垃圾建设"。农村的未来发展会呈现"3、6、1"的特点，即到2035年，30%的村庄将成为中心村或小镇，60%的村庄会消亡，10%的村庄会被并入城市。基础建设和基础公共服务的安排要顺应这一基本趋势，重点面向未来规划建设中心村、小镇。

要利用此轮国土空间规划的机会，以乡镇为单位、以乡镇人民政府（而不是各部委及其分支机构）为主体编制规划，要面向未来统筹资源规划和建设未来小镇与未来中心村的新型社区、园区、养殖区、农区、休闲区、生态区……这样才能合理利用资金，激活农村资源，避免造成资源的沉淀与浪费。

李昌平，中国乡建院院长。

3 要重建农村基本组织体系，全面提高农村组织化水平

将分散的农村各级组织，如村党支部、村委会、集体经济组织、专业合作社等，合并为一个"基本组织"——党支部领导下的村社一体化的村民社员共同体，该"基本组织"是四权统一体（产权、财权、事权、治权），集规划、建设、经营、治理等功能于一体。通过"基层组织"体系的重建，把人组织起来、把生产资料组织起来、把购销组织起来、把产业链组织起来，要全方位提高组织化水平，实现全要素组织化、全产业链组织化和全域组织化。要把基本产权制度、基本组织制度、基本经营制度、基本治理制度等统一在一个"共同体"之中。这是中国乡村振兴的最基础工作，如此才能重塑第一产业，"接二连三"，激活农村的巨大资源，才能实现内循环以及未来几十年的高速增长。然而，当前这些最基础的工作在农村的受重视程度较低。

4 小结

要把未来小镇、未来中心村建设作为乡村振兴的重点目标，要把全要素组织化、全产业链组织化以及全域组织化作为关键举措，在此基础上开展产业升级、服务和治理升级、生态升级、智能化数字化升级。如此，乡村振兴这件好事才能真正做好。

综合研究

COMPREHENSIVE
RESEARCH

"超越精明收缩"的乡村规划转型与治理创新
——国际经验与本土化建构

Rural Planning Transformation and Governance Innovation from the Perspective of "Beyond Smart Shrinkage": International Experience and Local Exploration

胡航军　张京祥

Hu Hangjun, Zhang Jingxiang

摘　要　随着经济社会的巨大发展与城镇化的快速推进，传统的乡土中国正在逐步瓦解，引发了以人口收缩为主要表征的乡村收缩问题。本文在解读中国乡村收缩总体特征的基础上，辨析了国内相关研究的内涵，认为当前的收缩乡村实践存在消极抵制收缩与过分聚焦空间的误区。通过梳理国际普遍的态度演进与应对之策，认为国土空间规划体系下的村庄规划需要超越狭义关注空间的精明收缩理念，在立足中国独特机制的基础上，从发展范式转变、规划体系转型、治理模式创新等多方面的探索来匹配现实的收缩趋势，最终促进乡村地区的治理现代化与可持续发展。

Abstract　With the tremendous economic and social development and the rapid advancement of urbanization, the traditional rural China is falling apart, triggering the problem of rural shrinkage mainly characterized by population decline. Based on interpreting the overall characteristics of rural shrinkage in China, this paper analyzes the connotation of relevant domestic research, and believes that the current practice in shrinking rural areas has the misunderstanding of passive resistance to shrinkage and over-focusing on space. By summarizing the evolution of general international attitudes and countermeasures, it is believed that the villages planning under spatial planning system needs to go beyond the confined meaning of smart shrinkage that focuses on space in a narrow sense, and based on the unique mechanism, to match the actual shrinking trend by exploring in many ways such as development paradigm transformation, planning system transformation, governance model innovation, etc. and ultimately to promote the modernization of governance and sustainable development in rural areas.

关键词　乡村收缩；国际经验；精明收缩；乡村治理；村庄规划；可持续发展

Keywords　rural shrinkage; international experience; smart shrinkage; rural governance; village planning; sustainable development

引言

改革开放以来，我国的社会经济发展取得了空前成就，传统以农村、农业、农民为中心的"乡土中国"随着城市的快速扩张而逐步瓦解。乡村不仅淡出了社会生活的中心舞台，更因人口的持续收缩导致了经济、社会、环境等多方面的式微。第七次全国人口普查数据显示，我国的城镇化率达到

本文发表于《国际城市规划》2022年第3期。

胡航军，南京大学建筑与城市规划学院硕士研究生。

张京祥，博士，南京大学建筑与城市规划学院教授、博士生导师，中国城市规划学会常务理事，中国城市规划学会城乡治理与政策研究学术委员会主任委员。

63.89%，比10年前提高了14.21个百分点，但流动人口的总量达到约3.76亿人，户籍人口城镇化率仅45.4%，仍然具有很大的城镇化潜力；加之国家"十四五"规划也明确提出推进以人为核心的新型城镇化，意味着今后很长一段时间内乡村人口向城镇持续迁移的态势不会改变。如何协调好城乡之间的复杂关系成为这一过程的重中之重，由此引发的对偶命题便是：城市要"精明增长"，农村聚落要"精明收缩"[1]。面对乡村收缩这一新命题，部分学者就乡村人居空间精明收缩的内涵与实现路径展开了深入研究[2-4]，然而类似以传统物质空间为主要抓手的相关研究并未关注对自下而上乡村内生动力的培育与引导，也缺乏与现行的国土空间规划体系的良性互动和整合，尚未形成系统的、能指导乡村在人口收缩背景下实现可持续发展的理论与方法。未来乡村收缩不仅会发生在那些偏远的地区，也会成为全国范围内的普遍问题，明晰破题的路径对乡村社会的持续发展、村庄规划的有效落地以及城镇化的良性推进都具有重要意义[5]。

诚然，我国乡村收缩的机制和特征与国外存在较大差异，应对之策也当有别，但是人类聚落的一般形式起源于乡村，基于人类自我发展和横向竞争的需求逐渐发展为现代、高效的城市聚落，这一过程隐喻着乡村收缩的必然性，所以乡村地区的收缩问题也是一个全球性的议题。一些已步入城市化后期的国家较早认识到乡村收缩带来的影响，在长期应对的过程中，形成了丰富的理论经验与实践反馈。基于此，本文在对国际经验进行有机借鉴的基础上，尝试探究匹配人口收缩趋势的村庄规划与治理方案，旨在为收缩乡村的未来实践提供一定的参考。

1 乡村收缩的一般规律与在地应对

1.1 乡村收缩的普遍过程与原因

乡村收缩作为一种普遍过程，最直接的表现就是人口总量的持续减少，最终渗透到经济、社会、文化等各方面，引发从硬件到软件再到思维的向下负向螺旋[6]。人口的减少直接影响乡村的硬件设施，人居空间的荒废、公共基础设施的压缩和经济产业的衰败等都给乡村社会的物质基础带来极大挑战。硬件的持续收缩继而影响当地居民的行为，甚至瓦解原有的社会结构和生活方式，最终反映在人们的价值观和思维判断上：人们觉得自己生活的乡村不如其他人口增长的地方，陷入一种收缩导致的悲观情绪。

经济结构的现代化转型通常被认为是导致乡村收缩的主要原因。经济发展从农牧业主导向第二、第三产业的转型使得效率更高的城市成为核心增长动力。乡村经济持续衰退、预期报酬下降、工作机会缺失迫使人们尤其是受过良好教育的年轻人不得不向城市迁移，最终导致了乡村"空心化"、老龄化的危机。此外，空间发展范式的固化也在无形中推动着乡村的收缩，强调聚集效应的空间建设理论的持续应用使得外围边缘乡村在很长一段时间内都不被重视，不均衡的公共服务和教育设施拉动着乡村人口向城镇迁徙。

1.2 中国乡村收缩的总体特征与机制

不同社会土壤孕育出不同的城乡社会，在乡村收缩的一般规律之外，我国乡村地区的收缩还呈现出以下几方面主要特征。

（1）乡村收缩规模巨大且进程被压缩。中国长期以来是一个农耕文明国家，乡村与农业构成了经济社会的基本结构。然而，近几十年来经济的快速增长使得我国的城镇化率较改革开放之初提升了约46%，这一人类历史上速度最快、规模最大的被"压缩"的城镇化进程[7]，拉动着数以亿计的乡村人口进入城市。在广受关注的城镇化背面，发生着相似规模与速度的乡村收缩过程，由此产生了一系列"不良反应"。

（2）大量流动人口这一不确定因素与乡村收缩伴生。传统的乡土社会具有强烈的地方性，地域上的限制使得区域之间接触较少，终老故乡是常态的生活[8]。但交通工具的发展、人口制度的趋松、预期收益的此消彼长[2]等变化使得人口自发从落后地区向发达地区聚集，形成了代际分工、"候鸟式"迁徙等中国特色。在土地与户籍制度的约束下，人们既不愿意放弃在乡村固化的资产，又难有动力融入在外的城市生活，导致流动人口数量比十年前只增不减，乡村收缩始终面临巨大的不确定性。

（3）乡村收缩呈现出人口减少但空间建设增多的悖论。较低的建设成本与安土重迁、荣归故里的传统思想推动很多流动务工人员和在外定居人口将积累的财富通过空间建设的方式转移回故乡。因此，尽管常住人口的规模在变小，众多乡村反而在空间上呈现出进一步蔓延扩张的态势，造成了严重的闲置荒废[9]。

（4）乡村收缩的过程也是原有社会功能消亡的过程。在熟人社会组成的传统乡村，失范的行为很容易损害自身的长久利益，由此社会在良风美俗的约束下秩序井然。然而，人口的大量流失打破了原有的社会关系网络，"原子化"的乡村难以形成尊重集体利益的共识，冲突和矛盾愈发频繁。在此基础上，传统家规村约式的治理模式并不适应新的社会发展阶段，对外沟通、调解纠纷和互帮互助等原有的社会功能正在逐渐消亡。

1.3 应对收缩的在地视角与实践演进

意识到乡村地区的收缩问题后，我国的相关研究呈现两种截然不同的认知视角——在收缩中寻求振兴与乡村地域的顺势收缩。第一种声音认为收缩是乡村发展不充分的写照，通过乡村振兴的外部要素投入与内部资源整合，可以提升乡村发展质量，重新焕发乡村活力[10-11]；第二种声音认为乡村收缩是不可避免的未来趋势，并将最初运用于城市的"精明收缩"理论①引入乡村，认为可以通过空间

---

① "精明收缩"（smart decline）源于德国对较为贫困破落的东欧社会主义城市的管理模式，主要针对的是人口衰弱城市的经济问题和物质环境问题[12]，2002年美国罗格斯大学弗兰克·波珀教授及其夫人（Mr. & Ms. Popper）将"精明收缩"明确定义为"为更少而规划——更少的人、更少的建筑、更少的土地利用"（planning for less-fewer people，fewer buildings，fewer land uses）[13]。

和公共资源的合理收缩与调配来优化农村的"三生空间"[14-16]，从而利用有限的资源提升社会整体福利[2-3, 17]。相应地，我国21世纪初以来的乡村规划建设实践也在这两个方向之间摇摆：一方面，从社会主义新农村到美丽乡村建设，再到近些年田园综合体的打造，无论是物质空间的改善还是乡村产业的培育，都希望通过规划来引导式微的乡村重新走向复兴；另一方面，随着城乡建设用地增减挂钩等配套政策的出台，乡村建设明确了要保护耕地、控制建用地的基本思路，近年来以空间收缩、土地整治、设施集约为主要策略的乡村规划不断涌现[18-19]。

对于前者而言，尽管乡村的振兴与收缩可以并行不悖，但一般意义上的振兴策略适用于任何发展条件的乡村，在收缩的必然趋势下，资本和政策也更倾向于那些基础较好、有潜力的村庄，而不是那些发展环境趋紧的边缘乡村。如前所述，我国的乡村收缩规模巨大且不确定性极强，希冀通过乡村振兴解决普遍的收缩问题需要付出巨大的社会代价，且不能从本质上促进可持续内生动力的产生。而后者以精明收缩为导向的研究较好地回应了人口减少与空间建设增加的现实悖论，在顺应未来趋势的基础上为收缩乡村的规划提供了价值观上的指导。但相关的研究与实践大多还是拘泥于传统的规划建设理念，重点仍然聚焦于空间上，忽视了对乡村社会功能的重塑——不仅没有关注在乡村生活的村民主体，更没有探讨构建合理的调适机制来支撑村庄规划和收缩治理等措施的落实[20]，甚至出现了撤村并居、"万顷良田建设工程"等现象[21]，自然无法体现国土空间规划体系下实用性村庄规划的全部内涵。乡村的精明收缩不该只是空间的加减法，更应当在此过程中尝试回应好乡村治理现代化、新型城镇化和空间规划体系重构等宏大命题。如何取长补短，进而从狭义聚焦空间的乡村精明收缩规划走向关注乡村整体社会可持续发展的收缩治理？这是未来一段时间内值得研究的关键议题。

2　应对乡村收缩的国际经验与启示

2.1　从抵制到拥抱的态度演变

日本近代以来的城市化发展历程与我国类似：二战后其经济社会的飞跃与快速的城市化进程同轨，城市化率从1945年的27.8%跃升到1975年的75.9%；在大都市"起飞"的另一方面，农村地区一直在萎缩，很多村庄消失甚至被"出售"。可以说，日本战后的发展奇迹是以乡村的颓败为代价的[22]。为了应对收缩产生的棘手问题，日本最初遵循凯恩斯主义进行了强有力的国家干预，通过增加财政支出和赤字对人口稀少地区进行基础设施补贴。的确，对于日本这样的发达国家，只要政府给予特殊的保护，这些村庄的基本生存不会受到威胁。然而大量基础设施的投资建设并没有恢复社会经济的活力，反而加剧了它们对政府控制的公共工程的依赖。自20世纪90年代以来，日本转而采用备受关注的内生发展策略，侧重提升村庄在文化创意、生活水平等方面的质量，这一战略效果通过"一村一品"（OVOP）运动得到充分证明[23]，诸多村庄充分发挥自身优势打造了"越后妻有大地艺术祭""雪子寿司"等诸多地方特色的品牌。相关法律法规的变化也直接体现了主流思想从干预到适应的流变——20世纪60年代关注自下而上开发建设的《山村振兴法》转向近年来强调促进社区全面自治发展的《人口稀少地区独立促进特别法》，在基础设施"硬"发展的基础上寻求"软"发展[24]（表1）。

日本乡村收缩相关法律及主要内容　　　　　　　　　　　　　　　　表1

年份	法律名称	主要内容
1965年	《山村振兴法》	通过基础设施改善山村对外交流状况；通过道路建设、发电等措施确保自然资源得到有效利用；通过维护关键基础设施，控制侵蚀并防止山体滑坡和雪崩等自然灾害；通过建设学校、医院等设施来增加社会服务机会
1970年	《改善人口减少地区紧急法》	通过特别的财政政策，以补贴形式为交通和通信基础设施的改善提供资金
1980年	《人口稀少地区特别促进法》	通过改善交通基础设施来改善农村生活条件
1990年	《人口稀少地区特别振兴法》	强调社区自治在创造地方收入和促进社区全面发展方面发挥作用，伴随着基础设施和公共机构等的发展
2000年	《促进人口稀少地区独立特别法》	强调改善与生产功能和日常生活相关的基础设施，提升社区整体活力
2000年	《丘陵山区农民直接支付计划》	直接拨款以激励这些不利地区继续开展农业活动，要求受益者承诺继续耕作5年以上并开展多种增加效益的活动
2010年	《人口稀少地区独立促进特别法》	重视改善生活环境和医疗保健，鼓励社区自治发展

资料来源：作者根据参考文献[18]整理绘制。

　　类似的态度演变也发生在欧洲地区。在乡村人口向城市迁徙的渐进过程中，欧洲国家不仅遭遇了设施短缺、环境污染、失业激增等一系列城市问题，也遭遇了乡村边缘化、基础设施萎缩、生活质量下降等乡村收缩问题[25]。在某些地区，乡村的转型甚至比城市更为激进，但其所面临的多重挑战只能通过零星的技术创新来应对[26]。在乡村收缩问题刚刚提上议程之初，惯用的增长导向规划仍被使用以抵抗收缩引发的一系列衰败问题[27]，人们普遍认为当时的人口减少可以通过增加投入以吸引新的人群和企业来解决，如英国就选择坚持增长导向，严重依赖移民（主要来自东欧地区）来维持农村工业的模式与服务[28]。然而，除非人口总量持续增长，或者投入大量资源吸引移民，否则这样的应对策略就变成了城市与乡村、乡村与乡村之间的"零和博弈"[8]。其他类似的尝试也始终没有走出一条适合广大收缩乡村的可持续发展道路：德国抵制收缩的试点项目"聚焦乡村行动"[Land（auf）Schwung]①中，以增长为重点的振兴政策在实践中被证明不适合经济基础薄弱的收缩乡村，此类试点计划往往存在新颖性与实用性之间的冲突，常常反过来加剧这些地区的外部依赖，尽管它们旨在增强和培育这些地区[29]；由法国发起并发展到欧洲多国的乡村发展计划（LEADER）②，旨在通过多方合作的试验项目强化地方特色与参与，在维持农村地区活力和健康发展方面取得了巨大成就[30]，然而也有研究指出，大量资金的注入伴随着复杂要求，严重损害了项目本身的实用性与创新性[29, 31]，同时也易引发相邻

---

① "聚焦乡村行动"由负责国家层面农村发展政策制定的德国联邦粮食和农业部于2014年启动，希望通过培育和测试应对乡村收缩的新战略来解决外围乡村地区的具体问题。

② LEADER系列计划是法语Liaison Entre Actions de Development de l'Economie Rurale的缩写，意为"农村经济与发展行动之间的联系"，该计划是欧盟自1991年启动的共同倡议，旨在通过利用地方行动塑造乡村新内生式发展的未来。

地区之间的发展不平等。经过多年的探索，欧洲对待乡村收缩问题的态度从忽视到反击，再到管理和利用，一个较为统一的意见逐渐形成：收缩作为乡村发展的模式之一，应该与增长并驾齐驱[32]，在充分利用现有资源的基础上，可以通过引导与加强自下而上的治理来努力改善居民生活质量[33]。

2.2 耦合自下而上的非正式规划与倡议

在解决乡村收缩问题时，一个重大的关键问题就是这些地区需要什么类型的规划？以荷兰与瑞典为例，尽管两国在人口、地理等方面存在本质差别，但在同样较为硬性、强制性的正式规划背景之外，它们普遍采用了非正式规划的举措，鼓励收缩乡村的居民发表意见，进而将本地的生活需求、隐性知识和共同价值观等汇总起来，体现在从基础设施维护到文化活动安排的方方面面[34]。这些自下而上形成的非正式规划往往能更好地利用当地现有资源，从而更高效、更实用地增进当地社区的整体利益。

为了更好地刺激和引导自下而上的内生力量，荷兰阿彻霍克（Achterhoek）地区政府提供了专门的经济预算用于实现居民提出的社区倡议项目，通过部分权力的下放来提升居民生活质量。例如，在诺戴克（Noordijk）这个拥有840名居民的村庄，人们决定建造一个体育中心供当地小学与社区活动使用。虽然规划部门拒绝了这项建议，村民还是成功向地方政府申请了特殊补贴，并利用各自的资源组织了方案竞赛，预算虽然紧张却出乎意料地收获了一系列具有创造性的方案并实施。尽管正式的规划程序和土地分配计划仍然存在，建成的体育中心却可以独立于市政决策之外，发挥服务于社区日常的巨大作用[35]（图1）。在瑞典林雪平市（Linköping）的毕斯托普社区（Bestrop），学校因为入学人数不满足市政府的最低标准而不得不面临关闭，然而当地人知道在不久的将来会有几个年轻家庭的孩子需要入学，最终他们用令人信服的文件说服了市政当局，原本面临关停的学校得以继续运行。除了村民的力量，非政府组织也在正式制度与非正式倡议之间架起了沟通的桥梁。在荷兰兴起的非政府组织海尔德兰乡村房屋和小城镇协会（DKK）①通过收集地方村民的利益诉求和发展共识，与地方政府进行

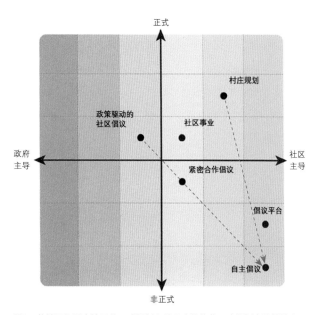

图1 荷兰阿彻霍克地区从正式规划向社区主导的非正式规划实践的转变
（资料来源：作者根据参考文献[35]修改绘制）

---

① 荷兰语全称为Vereniging Dorpshuizen en Kleine Kernen Gelderland，由分布在海尔德兰省的240个村庄、城镇的大约270名成员组成。DKK支持维护村庄和地区的利益，主要在需求驱动的基础上开展工作。

良好的沟通和论证，从而使得村民的意见更有可能被纳入正式的规划体系（表2）。信息的交流与利用也发生在相反的方向——瑞典的HSSL组织①开发了地方经济分析（LEA）工具来为收缩地区的公民解读政府的具体政策，帮助他们清晰认识未来的发展图景，进而构思更符合公私双方利益的行动战略。欧洲地区的实践充分证明，这样自下而上的行动有助于地方自豪感和依恋感的产生[34-35]，对于收缩的乡村而言，这不仅能唤醒人们承担起当地的责任，更是一条独立于外部依赖的可持续发展道路。

海尔德兰乡村房屋和小城镇协会（DKK）部分项目的具体内容　　　　　　　　表2

典型项目	目的	具体内容	成果
村屋活力扫描（WEST BETUWE）	充分发挥村屋（活动中心）的重要作用，提高生活质量	DKK顾问与村委会一起深入了解目前的优势、机会和威胁，通过问卷、导览和对话讨论村屋的经营管理、未来愿景等多个主题	对所有发现进行概述并撰写具体建议，在获得批准后将副本提交给政府
网络移动	在公交线路大幅度减少的情况下，帮助居民高效出行	对居民未来出行行为进行研究；让居民参与在线交流与互动，测试哪种移动系统最适合他们的交通需求	与政府、其他机构合作开发了Netmobiel应用程序，居民可以从各种交通选择中规划、预定他们最理想的旅程

资料来源：作者根据DKK官网（https://dkkgelderland.nl/）整理绘制。

2.3　在社区营造中寻找"超越增长"的生活

尽管日本制定了诸多政策以应对乡村收缩引发的一系列问题，促进了部分村民的回流，但总体来说对中心化的城市体系影响非常有限[36]。多年来收效甚微的政策和实践使得部分学者认为大部分日本乡村将不可避免地继续萎缩，目前处于崩溃边缘的社区在不久的将来便会消失，与其讨论如何振兴社区，更应讨论如何过得更好，最终催生了这样一个问题：农村地区是否到了执行"超越增长的生活"的时候了？[37]在这种情况下，质疑增长的必要性，寻求有效管理人口减少所产生的问题并且专注于实现社区的稳定可能是最有建设性的反应。

值得注意的是，日本农村的一些居民已经开始接受这样的发展理念，尝试在收缩中寻找"超越增长"的生活。日本北部的佐渡岛遭遇了严重的人口流失，人口不断向对岸的新潟县以及其他城市迁徙。人们意识到没有一个地区能在劳动力持续流失的情况下实现可持续的社会经济再生产，最终当地观念和政策出现了极大改变，人们越来越不关心如何实现振兴，转而关注如何通过价值转型、组织方式更新等策略在收缩的区域内生活得更好[37]：清酒厂商把佐渡的偏僻反当成吸引力，展示更多的本地特色；政府观光厅出台新政策，不再专注于吸引更多游客，而是侧重于提升休憩体验质量；居民通过广泛征稿创办了记录当地历史和文化的报纸，用于讨论未来应生活在哪种新氛围中。同样的理念出

① HSSL（Hela Sverige Ska Leva），意为"全瑞典都应该活着"，是一项旨在增强民主的草根运动，由致力于在当地创造美好生活的团体组成。HSSL开发了不同的工具和方法，从民主的角度与市政当局进行长期可持续的合作。

现在四国岛偏僻山区的名五郎村。在这个人口不足30人的衰落农村社区，驱赶鸟类的稻草人被做成了栩栩如生的亲朋好友或是他们喜爱的动漫人物，单纯的纪念行为因为在社交媒体的广泛传播而渐渐吸引人们前来一睹真容。然而由于地理位置和基础设施的限制，除了一年一度的稻草人节，游客的数量仍然很少，无论是乡村旅游还是其他复兴项目都不能使这个步入收缩晚期的村落重获生机。当地村民充分认识并拥抱了这一事实，不再关注名五郎村的潜在振兴可能。与游客将稻草人视为一种新奇景观不同，他们将稻草人当作一种安慰，不仅为了纪念那些逝去的人，同时也为了正在消失的生活方式。稻草人巧妙地重申了当地的乡村认同，促进了更紧密的互助支持系统的形成，使得缺乏基础设施和年轻人的乡村在团结起来之后依然能有能力、有机会享受新技术带来的便利[23]（图2）。对于像名五郎村这样处于衰败晚期的边缘乡村，引导人们团结起来，建立起社会生活与精神层面的关系网络，营造良好的社区氛围，似乎是比物质空间改善更为重要也更可持续的事情。

图2　名五郎村在田野劳作、在公交车站等车的稻草人
（资料来源：参考文献［17］）

3 "超越精明收缩"：收缩乡村可持续发展的可能路径

3.1　从被动收缩到积极治理的范式转变

人口或物质空间的收缩让回乡的人时常发出乡村衰败的感慨，这样悲观态度的持续发酵往往带来两极的行为：要么认为乡村失去希望任凭其自生自灭，要么企图通过外部投入去对抗不可逆转的收缩进程。然而值得注意的是，增长只是特定时期我国乡村发展的表现形式，并不是发展的同义词。倘若应对恰当的话，稳定或是收缩都应该成为一种推动乡村发展与质变的范式[32]。欧洲国家和日本的乡村，正是因为收缩才使得人们摆脱对增长的追求与焦虑感，真正关注到个体的存在，慢下来，组织解决当下最紧迫的现实问题。与乡村收缩的长期斗争让他们意识到，顺势而为接受收缩带来的影响，充分利用在地资源和社区力量去提升当地人的生活质量，从而实现超越增长的发展，才是应对乡村收缩

的长期可持续之策。

在经历多年的土地财政创造的经济社会发展奇迹之后，中国的乡村研究往往"见地不见人"，惯性关注能产生较大效益的土地指标等空间资源，而长期忽视乡村社会功能式微的潜在风险。日本农村发展计划委员会曾提出一个模型来揭示乡村边缘化的阶段演变，具体对应到我国，在经历了人口快速减少的第一阶段后，正面临着下一阶段乡村功能迅速消亡的挑战，亟待在此关键时期实现观念和范式从被动收缩到积极治理的转变，从而采取正确干预避开收缩负向螺旋导致的乡村"死亡"。因此，未来的乡村实践需要延伸狭义聚焦空间的精明收缩内涵，走向"超越精明收缩"的村庄规划与治理——在合理配置空间等要素资源的基础上，更应当注重通过制度引导促进规划引领与基层自治的"相向而行"，在政府赋权的同时因地制宜地激发乡村内生动力，实现进一步的、精明的收缩治理，进而提升在地村民的福祉。这一过程同时也是乡村治理能力全面提升与现代化的过程，有利于收缩乡村在不依赖外部资源的情况下摆脱"人走茶凉"的困境，实现可持续发展（图3）。

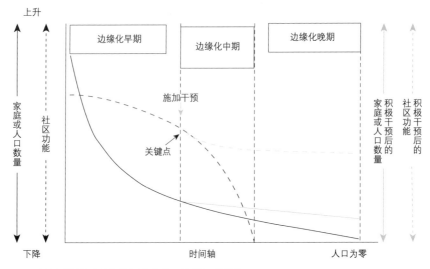

图3 乡村收缩边缘化的发展阶段与治理干预后的可能结果
（资料来源：作者根据参考资料［17］修改绘制）

3.2 匹配收缩趋势的村庄规划体系转型

不同于一些国外政府采取的正式规划制度与非正式社区倡议相互耦合的乡村规划建设方式，近几十年来我国的地方政府在乡村管理中始终扮演着积极的行动者角色，希望通过积极的引导促进乡村社会的发展。但面对乡村收缩带来的多方面严酷挑战，现行的村庄规划没有形成与之匹配的规划体系：就村论村，没有与新型城镇化等宏观议题进行良好互动；土地、环保、农业等各方面的上层意志不断向下传导，造成"九龙治水"的乱局；土地、社会福利的制度安排与要素的自由流动存在错位，使得收缩始终面临巨大的不确定性等。浙江象山某条古道沿线有十几个古村落，由于"空心化"程度很高，当地部门选择拆除部分村落，并用剩余用地指标建设了集中居住的小区。然而多年过去，这些小区的入住率非常低，山上倒是多了许多"两栖"村民——他们在采茶时节或者旅游旺季回到村里，其他时候住在县城或者宁波[7]。大量诸如此类的村庄规划建设不仅造成了巨大的资源浪费，而且不适应具体的收缩、流动现实。

为了适应未来更广泛的乡村收缩形势，必须着手推动村庄规划体系转型。实际上，城镇与乡村两大体系都处在动态调整的过程中，乡村的收缩与城镇的扩展是事物的一体两面，必须一体考虑。村庄规划作为一个系统性的过程，在新的国土空间规划体系下，既是上位总体规划的最小"细胞"，也是乡村各类资源整合利用的"主要动脉"，应该摆脱传统的乡村体系，基于人口流动和社会经济发展的真实意愿与趋势，主动寻求与周边乡村以及更大尺度的镇域、县域规划的协调，配合相关制度的创新以促进人、地、福利的统筹对应，实现乡村收缩与其他村镇、县市增长的良性转换。以四川省为例，决定打破县域内行政区划和建制界限，积极顺应自然地理走向、经济发展趋向、人口迁移动向和人文情感倾向，以片区为单元编制乡村国土空间规划，较好地做到了全局谋划约束与要素自由流动之间的平衡。此外，收缩地区的村庄规划需要改变过去单纯落实指标的层级传导模式，充分挖掘和凝结一直以来不受重视的自下而上的力量，在村庄规划编制过程中有机地将村民倡议等非正式规划内容嵌入正式规划体系。这些非正式的规划倡议不仅是村民当家做主的发声渠道，也可以有效满足收缩乡村中居民的切身需求，"上下双合"的对接有助于解决村庄规划长期面临的实用性不足问题（图4）。

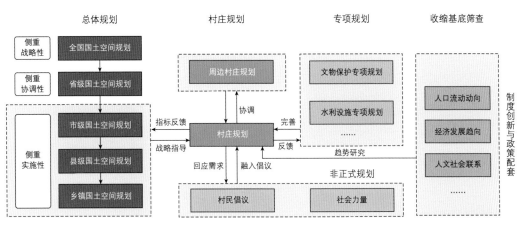

图4　匹配收缩趋势的村庄规划体系构建

3.3　以多方善治网络重启内生动力

乡村作为基层自治的基本单元之一，具有村民治村的天然基因。与城市不同，村庄不仅需要正式的规划制度，更需要以村民为主体形成的社会治理网络。然而，那些人口收缩的乡村既很难有效组织群众，又缺乏与正式制度之间的合理互动——要么是乡村与正式制度之间仅存在极弱的关联，面临村落"失声"和内部权力固化的风险；要么是村庄作为资源和任务的被动承接者，上级政府的政策导向有可能不匹配当地村民的基本需求。未来收缩乡村的规划建设与日常运行势必牵扯到多方意志，亟待在政府、乡村、社会之间建立起多方协调的行动者网络，从当下"有为政府"模式转向"赋能乡村"模式，重视部分权力的下放，以此提升村庄发展策略与规划方案的合理性和可实施性。在此过程中可以通过CLEAR准则的运用创造高效的治理网络关系[38]——"能够"（can）指帮助参与其中的村民拥有足够的知识、技能和资源，"喜爱"（love）是引导行动从地方感和对社区的喜爱出发，"赋能"（enable）指得到政府大力支持与参与，"邀约"（asked）强调各种利益相关者的积极加入，"回应"（respond）意味着活动最后总是有所收获。在会议组织、意见收集、乡村行动等全生命周期的治理过程中，村民的主体责任感和自豪感同时被激活，有利于蛰伏已久的自治功能的重启。

当然，类似的关系网络也并非万能，普遍性的财政问题、常见的意见冲突、权力在社区内部的过分集中等危险也使得挑战无处不在[39]。由于与国外的政治体制不同，在这组网络关系中，我们需要充分认识乡贤、乡村规划师等在沟通网络中的重要中介作用——以村委会成员、乡村企业家为代表的乡贤作为乡村能人和管理精英，掌握着较丰富的地方经验和较强的对外沟通能力，应当鼓励他们成为串联村民的中坚力量，同时积极地收集民意、向外发声；另外，与在中国尚不成熟的NGO组织相比，乡村规划师似乎是一个更符合国情的关键中间角色。成都在全国首创了乡村规划师制度，这些下乡的专业人员在与当地干部、村民、建设项目团队"唱反调"的过程中，有效改善了乡村建设人才匮乏、规划质量不高、违法项目频现等问题。而在收缩乡村地区，乡村规划师也可以是"乡村治理人"。以相邻的几个村落为单位，他们不仅可以成为规划编制与项目建设过程中各方的沟通桥梁，同时也能通过在地式的陪伴，将村民的意见与潜在需求向政府部门进行正确、专业的转译，从而真正解决村民的现实困扰（图5）。

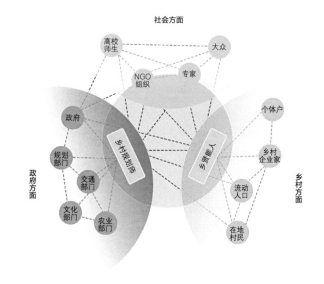

图5　以乡村规划师和乡贤为沟通中心的三方治理网络

3.4　从数字游戏到以人为本的行动取向

在乡村收缩的过程中，外部意志压倒乡村真实需求的情况时有发生，如城乡建设用地增减挂钩政策在地方异化为一种违背市场规律的数字平衡游戏，山东撤村并居事件已经给了我们深刻的教训。人民城市为人民，乡村社会的发展自然也要服务于当地的村民。以人为本的精明收缩规划与治理，意味着更低的制度成本、更有效的规划成果和更广泛的社会共识，最终才能有效提升村民福祉。收缩乡村的规划不是普通的空间建设规划，为了落实人本的价值取向，必须更加深入地进行田野调查，通过翔实的信息收集去挖掘潜在有效可行的规划举措，在收缩的过程中实现有增有减——增加的是居民所需的各类设施和活动，减少的是闲置浪费的空间等资源。为了更好地了解民意，目前一些村庄规划在调研过程中已经进行了基础信息收集方法的创新，通过线上问卷、视频访谈和大数据分析等全面的调查方式，避免乡村因老龄化、"空心化"导致的局部"失语"，保障在外流动人口的相关利益。

除此以外，乡村规划建设应当注重对乡村认同的重申，同时积极创造青少年、老年友好的生活环境和社会氛围。在村庄规划中考虑到诸如节庆活动组织、公共社交场所营造、传统文化展览等方面的建设，能促进村民潜移默化地重建乡村认同感，解决乡村过疏化的矛盾，达到"花小钱、办大事"的效果。创造青少年、老年友好的环境则是吸引回乡老人、返乡青年的重要手段。这些拥有地方感情的人士往往有较大的概率回村发展，依靠他们的力量能促进乡村在渐进收缩的过程中赶上社会发展的脚步。

4　结论与讨论

以人口收缩为主要表征的乡村收缩作为经济发展、制度约束等综合作用下的复杂产物，是城镇化过程无法绕开的十字路口，然而目前所呈现出的消极衰败是不精明、不可持续的收缩。尽管相关研究已经开始认识到乡村收缩的严峻现实，但是无论是希冀通过外部投入扭转收缩，还是顺应趋势强调乡村空间的精明收缩，都没有形成能够引导收缩地区可持续发展的完整理念，无法真正解决未来更普遍的乡村收缩问题。欧洲部分国家与日本的经验提示我们，如果应对恰当，收缩本身也是一种发展范式。乡村的精明收缩不仅是空间的增减过程，更是引导和壮大自下而上基层治理力量的转型过程。在人口不断收缩走向乡村功能快速消亡的关键时期，我国的乡村规划必须超越狭义聚焦空间的精明收缩内涵，在以人为本的价值取向下发展乡村基层治理力量，通过全面、精明的收缩治理促进乡村社会以及村民生活的可持续发展。

迄今为止，世界范围内还没有与我国规模相当的乡村收缩与人口流动现象，崭新的问题意味着探索"中国方案"的必要性。在置身新型城镇化、乡村振兴等宏大背景的前提下，良好的收缩乡村规划不仅需要重构现有的发展范式认知，更需要依靠村庄规划体系转型、乡村治理网络构建、土地与社会福利制度活化等相关方面的创新予以引领。乡村地域支撑了我国的快速发展，同时也是社会稳定的大后方，作为相对弱势的一方，收缩乡村理应得到更多的偏袒——不是各类资源的疯狂投入，而是特定要素的合理注入，依靠精细的规划与治理促进村民生产生活的不断发展。展望未来的收缩乡村研究，在努力汲取国际经验的基础上，还须立足于我国独特的收缩范式与发展情境，以强烈的社会责任感去探寻更多、更具体的可行方案。

参考文献

［1］ 本刊编辑部. 新型城镇化座谈会发言摘要［J］. 城市规划学刊，2014（1）：1-8.

［2］ 赵民，游猎，陈晨. 论农村人居空间的"精明收缩"导向和规划策略［J］. 城市规划，2015（7）：9-18.

［3］ 谢正伟，李和平. 论乡村的"精明收缩"及其实现路径［M］// 城乡治理与规划改革——2014中国城市规划年会论文集（14小城镇与农村规划）. 北京：中国建筑工业出版社，2014.

［4］ 罗震东，周洋岑. 精明收缩：乡村规划建设转型的一种认知［J］. 乡村规划建设，2016（1）：30-38.

［5］ 张京祥，张尚武，段德罡，等. 多规合一的实用性村庄规划［J］. 城市规划，2020（3）：74-83.

［6］ HOSPERS G. Coping with shrinkage in Europe's cities and towns［J］. Urban design international, 2013（1）：78-89.

［7］ 张京祥，陈浩. 中国的"压缩"城市化环境与规划应对［J］. 城市规划学刊，2010（6）：10-21.

［8］ 费孝通. 乡土中国［M］. 北京：生活·读书·新知三联书店，1985.

［9］ 焦林申，张敏. 收缩乡村的空废成因与精明收缩规划策略——基于豫东典型乡村的田野调查［J］. 经济地理，2021（4）：221-232.

［10］ 赵毅，张飞，李瑞勤. 快速城镇化地区乡村振兴路径探析——以江苏苏南地区为例［J］. 城市规划学刊，2018（2）：98-105.

［11］ 吴亚伟，张超荣，江帆，等. 实施乡村振兴战略 创新县域乡村建设规划编制——以《安徽省广德县县域乡村建设规划》为例［J］. 小城镇建设，2017（12）：16-23.

［12］ 黄鹤. 精明收缩：应对城市衰退的规划策略及其在美国的实践［J］. 城市与区域规划研究，2011（3）：157-168.

［13］ POPPER D E, POPPER F J. Small can be beautiful［J］. Planning, 2002（7）：20.

［14］ 王雨村，王影影，屠黄桔. 精明收缩理论视角下苏南乡村空间发展策略［J］. 规划师，2017（1）：39-44.

［15］ 杨念愿. 基于精明收缩的农村居民点空间布局优化研究［D］. 长沙：湖南师范大学，2017.

［16］ 李星星. 人口收缩背景下湖南省县域村镇公共服务设施规划研究［D］. 长沙：湖南大学，2017.

［17］ 周洋岑，罗震东，耿磊. 基于"精明收缩"的山地乡村居民点集聚规划——以湖北省宜昌市龙泉镇为例［J］. 规划师，2016（6）：86-91.

［18］ 房艳刚. 乡村规划：管理乡村变化的挑战［J］. 城市规划，2017（2）：85-93.

［19］ 何光环，唐古拉，李本智. 国土空间规划背景下的城市近郊村庄精明收缩规划实践探索——以宁波市永旺村为例［J］. 小城镇建设，2021（1）：83-90.

［20］ 章昌平，米加宁，黄欣卓，等. 收缩的挑战：扩张型社会的终结还是调适的开始?［J］. 公共管理学报，2018（4）：1-16.

［21］ 张京祥，申明锐，赵晨. 乡村复兴：生产主义和后生产主义下的中国乡村转型［J］. 国际城市规划，2014（5）：1-7.

［22］ WHITELAW G H. Japan's shrinking regions in the 21st century: contemporary responses to depopulation and socioeconomic decline［J］. Social science Japan journal, 2015 (2): 279-282.

［23］ HASHIMOTO A, TELFER D J, TELFER S. Life beyond growth? rural depopulation becoming the attraction in Nagoro, Japan's scarecrow village［J］. Journal of heritage tourism, 2020: 1-20.

［24］ FELDHOFF T. Shrinking communities in Japan: community ownership of assets as a development potential for rural Japan?［J］. Urban design international, 2013 (1): 99-109.

［25］ BEETZ S, HUNING S, PLIENINGER T. Landscapes of peripherization in north-eastern Germany's countryside: new challenges for planning theory and practice［J］. International planning studies, 2008 (4): 295-310.

［26］ BEETZ S, NEU C. From business development to quality of life: innovation in rural north-east Germany ［J］. Outlook on agriculture, 2006 (2): 137-142.

［27］ HOSPERS G, REVERDA N. Managing population decline in Europe's urban and rural areas ［M］. Springer, 2014.

［28］ MCMORRAN R, ATTERTON J, JONES S J. International case studies on demographic change in remote rural areas: what can Scotland learn from elsewhere? ［EB/OL］. (2019-03-28) ［2021-08-08］. https: // pure.sruc.ac.uk/en/publications/international-case-studies-on-demographic-change-in-remote-rural-.

［29］ KÜPPER P, KUNDOLF S, METTENBERGER T, et al. Rural regeneration strategies for declining regions: trade-off between novelty and practicability ［J］. European planning studies, 2018 (2): 229-255.

［30］ RAY C. The EU LEADER programme: rural development laboratory ［J］. Sociologia ruralis, 2000 (2): 163-171.

［31］ DAX T, STRAHL W, KIRWAN J, et al. The LEADER programme 2007-2013: enabling or disabling social innovation and neo-endogenous development? insights from Austria and Ireland ［J］. European urban and regional studies, 2016 (1): 56-68.

［32］ SOUSA S, PINHO P. Planning for shrinkage: paradox or paradigm ［J］. European planning studies, 2015 (1): 12-32.

［33］ DAX T, FISCHER M. An alternative policy approach to rural development in regions facing population decline ［J］. European planning studies, 2018 (2): 297-315.

［34］ SYSSNER J, MEIJER M. Informal planning in depopulating rural areas: a resource-based view on informal planning practices ［J］. European countryside, 2017 (3): 458-472.

［35］ MEIJER M, ERNSTE H. Broadening the scope of spatial planning: making a case for informality in the Netherlands ［J］. Journal of planning education and research, 2019: 739456X-19826211X.

［36］ KOYANAGI S. Promoting in-migration and resettlement in peripheral regions of Japan - background, conditions, and challenges: case study of Kyushu region ［J］. Journal of geography-Chigaku Zasshi, 2016 (4): 507-522.

［37］ MATANLE P, SATO Y. Coming soon to a city near you! Learning to live 'beyond growth' in Japan's shrinking regions ［J］. Social science Japan journal, 2010 (2): 187-210.

［38］ LOWNDES V, PRATCHETT L, STOKER G. Diagnosing and remedying the failings of official participation schemes: the CLEAR framework ［J］. Social policy and society, 2006 (2): 281-291.

［39］ MEIJER M. When it goes wrong... learning from challenged (and revived) community initiatives ［J］. Journal of rural studies, 2020: 1-9.

人口收缩背景下的乡村活力分析与实践
——基于美国、德国、日本、英国的比较研究

Analysis and Practice of Rural Vitality under the Circumstances of Population Shrinkage: Comparative Study Based on the United States, Germany, Japan and the United Kingdom

冯旭　张湛新　潘传杨　王文钟
Feng xu, Zhang Zhanxin, Pan Chuanyang, Wang Wenzhong

摘　要　产业全球化推动了世界范围的城市化进程，但也使大部分国家和地区面临着乡村人口收缩带来的活力衰退问题。在此背景下，许多国家尝试建立基于定量分析的乡村活力评估与监测方法，以准确把握薄弱环节，指导乡村的活力提升与差异化振兴。本研究选取了具有地区代表性、处于乡村人口收缩不同阶段的美国、德国、日本和英国作为研究对象，通过梳理上述国家乡村活力代表性研究与实践，进行活力评价思路与指标体系的横向比较。其中，美国关注乡村社区人才流失问题，通过保障乡村教育、繁荣社区文化吸引年轻人定居；德国聚焦村域尺度的土地和设施利用效率问题，通过存量更新提升空间活力；日本关注市町村自治体乡村区域可持续发展问题，通过优化"定居"结构解决乡村存续危机；英国针对乡村消费对环境景观的破坏现象，通过监测、保护环境资源和地域景观维护乡村环境品质。在我国要求按区域特征合理布局乡村空间、实行村庄分类振兴施策的政策背景下，本研究将在人口收缩背景下，建立符合我国乡村发展阶段和不同地区的乡村活力评价方法，进而对乡村空间布局和村庄分类起到启示作用。

Abstract　Industrial globalization has promoted the process of urbanization all over the world, but it also makes most countries and regions face the decline of rural vitality caused by the shrinkage of population. In this context, many countries tried to establish rural vitality evaluation and monitoring methods based on quantitative analysis, so as to accurately grasp the weak links of rural development and guide the promotion of rural vitality and differentiated revitalization. This paper selects the United States, Germany, Japan, and the United Kingdom, which are regionally representative and at different stages of rural population shrinkage, as the research objects. Through combing the representative research and practice of rural vitality in the above countries, this paper makes a horizontal comparison of vitality evaluation ideas and indicator systems. Among them, the United States pays attention to the problem of brain drain in rural shrinkage, attracts young people to settle by ensuring rural education and prospering community culture; Germany focuses on the utilization efficiency of space and facilities at the village scale, and improves the spatial vitality through rural renewal; Japan pays attention to the sustainable development of rural areas at the level of municipality, and solves the survival crisis of rural areas by optimizing settlement structure; the United Kingdom solves the damage of rural tourism to the rural environment by monitoring and protecting environmental resources and regional landscape and ensuring the quality of rural environment. In the context of China's national policy of rationally arranging rural space according to regional characteristics and revitalizing villages by classification, this paper could help to establish a rural vitality evaluation method that meets the development stage of China's rural and areas with different characteristics under the context of population shrinkage, and then play an enlightening role in rural spatial layout and classified revitalization.

国家自然科学基金面上项目（52078479），中国农业大学研究生教改研究项目（JG202129）。本文发表于《国际城市规划》2022年第3期。

冯旭，博士，中国农业大学风景园林系，副系主任，副教授，博士生导师，高级城市规划师。
张湛新，中国农业大学风景园林系，硕士研究生。
潘传杨，中国农业大学风景园林系，硕士研究生。
王文钟，中国农业大学风景园林系，硕士研究生。

关键词 人口收缩；乡村活力；国际比较；村庄分类；乡村振兴；国土空间规划

Keywords population shrinkage; rural vitality; international comparison; village classification; rural vitalization; spatial planning

1 研究背景与相关概念界定

近年来，世界各国乡村人口普遍呈现下降趋势，且在东亚和南亚、北非和南非以及拉丁美洲国家尤为普遍[1]。日本农政学家小田切德美将人口收缩背景下的乡村"空心化"过程总结为三个阶段——人的空心化、地的空心化、村的空心化[2]。人的空心化随着城镇化、工业化进程最先显现；之后产生了耕地撂荒、宅基地废弃等土地空心化现象；最终，资源环境衰败，生产难以维系，社会组织涣散，村庄面临存续危机。

为了更精准地把握乡村发展状况，诊断乡村"空心化"成因，制定差异化振兴策略，一些发达国家尝试采取建立数据库与评估体系等量化分析技术，作为衡量乡村区域或单个村庄的发展现状、解决"空心化"问题、指导乡村振兴的重要方法。在概念上，有活力、潜力、活性化、发展水平等表述方式，含义一般指向乡村的生存力、发展力或再生力，因此本研究将上述概念统称为"乡村活力"。乡村活力分析既能体现乡村的经济、社会、生态、文化、治理等子系统的活力情况，也可以衡量乡村综合活力水平，并重视将分析结果应用于提升乡村活力的实践。

从技术方法来看，美国、德国、日本、英国的相关研究开展得较为成熟，且具有地区代表性；从实践指导来看，美国着重解决乡村社区的人才空心化问题，德国着重解决村庄的土地空心化问题，日本尝试解决市町村层级的乡村存续危机，英国注重维护乡村区域资源环境和空间品质。不同的尺度与视角有助于样本研究的多元与完整性，本研究通过对美国、德国、日本、英国四个国家关于人口收缩背景下乡村活力代表性研究的梳理与方法比较，总结面对不同乡村"空心化"问题、不同空间尺度时的指标体系构建思路和实践应用方向，提出对我国乡村活力研究的借鉴意义。

2 美国乡村社区活力评估与吸引力提升

美国将聚居点总人口小于2500人、人口密度低于999人/㎡的区域定义为乡村，乡村地区因行政区划设立、范围的不同存在于市、乡、镇和村镇等各种不同名称的行政单元内[3]。美国的乡村"空心化"主要体现在乡村社区人才流失导致的社会活力下降方面。因此，通过建设活力社区留住村民，尤其是受过高等教育的青年群体，成为美国乡村政策的重要方向[4]。其中，以俄勒冈州和印第安纳州政府部门与当地大学合作开展的乡村社区活力评估研究最具代表性。

俄勒冈州围绕"让乡村社区变得可持续、活力、韧性"的目标[5]，以86个中心社区为对象，首先从安全、环境、教育、经济、艺术、文化6个方面，基于公众意见和数据可获得性选取了28项指标

（表1），并采取标准离差法确定各项指标权重。其次，利用GIS进行各社区综合活力的可视化表达，并对28项指标数据进行皮尔逊相关分析，提出8项与乡村社区活力高度相关的指标，即早期教育（三年级阅读能力）、高中辍学率、人均社会服务可得性、社会服务需求、大专以上学历人口占比、物质回收利用率、选民投票率、人均就业率。最后，对各乡村社区活力的单项指标和综合评估值，针对性地提出指标改善方案，以提升乡村社区活力，实现吸引年轻人定居的目标。

印第安纳州联合普渡大学开发的社区活力指数[6]，选取了人口数量、公立学校入学率、公立高中毕业率、拥有副学士学位或更高学位的人口比例、人均个人收入、人均总评估值（反映人均农业产业、商业、住宅与其他地产的估值）6项指标，并赋予各指标相同的权重。数据统计可反映各县在每项指标和综合活力值的排名，指导各县的改进方面和整体发展方向。

美国俄勒冈州乡村社区活力评估指标　　　　　　　　　　表1

指标	衡量方法	指标	衡量方法	指标	衡量方法
青年	25～34岁人口占比	社会服务需求	贫困水平的人口占比	失业率	普遍劳动力失业占比
少年	0～17岁人口占比	高等教育	大专以上学历人口占比	收入中位数	家庭收入中位数
早期教育（三年级阅读能力）	达到或超过州标准	人均可获得的艺术、文化、娱乐	人均艺术、文化、娱乐机构数	自建住房	使用中的房屋占比
早期教育（三年级数学能力）	达到或超过州标准	选民投票率	注册选民的投票比重（普选）	工资水平	郡县平均工资与生活花费之比
犯罪率	每10万人犯罪指数	人均卫生服务	人均卫生服务机构数	银行储蓄	人均存款（百万）
人口变化	人口变化率	人均民间团体	人均宗教、市民、专业与其他机构数	岗位需求	人均工作岗位数
住房	自建住房花费超过收入30%的比重	公共空间	公有土地占比	人均就业率	郡县就业数
高中辍学率	9～12年级辍学占比	水质	溪流英里数	人均第三空间	人均餐饮服务机构数
少年怀孕率	10～17岁人口中每千人怀孕数	物质回收利用率	总体废物回收（循环利用、堆肥等）占比		
人均社会服务可得性	人均社会援助机构数	创业精神	受雇于业主的雇员占比与平均业主收入		

注：表中灰色底的指标为8项与乡村社区活力高度相关的指标。
资料来源：参考文献［5］。

3　德国村庄活力测评与空间优化

德国基于人口密度、人口总数划分城和乡，将人口密度小于150人/km²的地区视为乡村[7]。自16世纪中期起，德国乡村地区经历了土地整治、美化运动、传统保护、整体功能结构优化四个振兴过程[8]。其中，整体功能结构优化正是为应对现阶段因人口收缩而导致的村庄土地与设施废弃现象，通过空间整理（提高生产条件、释放建设空间）与村庄更新（改善农业结构、完善村庄设施）相结合的方式振兴乡村[9]。

巴伐利亚州将上述两大手段紧密结合在一起，通过空间整理推进村庄更新[10-11]，在德国具有代表性。自2006年起，该项工作注入了新的技术视角——通过建立乡村活力数据库，利用定量分析进行村庄活力测评[12]，明确村庄空间的调整和优化方向。乡村活力数据库主要由人口统计、土地利用、村庄结构、土地潜力、土地政策、公共服务、公众参与和经济就业8项数据类别组成（表2，图1）。其中，土地潜力以政府部门的土地管理数据库为基础，按照内部发展潜力、所有者情况、分析问卷、土地交易、住房用地需求五个模块进行测评。规划师通过参考村庄活力数据库基础数据整合成的GIS可视化数据和建设费用估算表，对测评结果进行进一步评估和修正，最终结果用以支撑村庄更新的方案编制。该方法在指标选取时以客观、易获取、可监测为特点，重视数据分析的基础性与科学性。

以位于上韦恩河谷的村庄为例。首先，通过活力数据库的建立和测评，确定潜力用地和更新方向；之后，由村庄治理团队组织开展一系列相关活动，包括激活潜在用地、调整建筑物用途（居住、商业经营、混合用地、绿地、公共空间及其他）等，实现以空间整理为手段的村庄更新[13-14]（图2），带动空间利用效率的提升，进而激发村庄活力。

德国乡村活力评价指标　　　　　　　　　　　　　　　　　　　　表2

指标类别	含义	具体指标内容
人口统计	包括人口现状和未来人口预测，根据平均住房需求和人口发展情况，可以估计未来所需住房的供应情况	（1）人口现状（人口数量、人口年龄结构、人口迁移情况、人口发展情况、人口老龄化程度）；（2）人口预测（人口发展、人口年龄结构）
土地利用	统计乡村土地总面积和建设用地数量以及变化率	（1）区域总面积；（2）居民生产生活用地和交通用地数量及其百分比；（3）人均生活面积；（4）人均建筑面积；（5）人均空地面积；（6）人均住房面积；（7）人口居住密度
村庄结构	评估乡村的建筑密度和村落建设敏感性	（1）建筑密度；（2）建设敏感性（建筑结构单一程度、空地与村落结构关系、历史村落、区域特色和历史风貌的建筑结构占比、房屋整体质量）
土地政策	参考建设用地价格和建设指导规划	（1）居住用地单价；（2）建设指导规划
公共服务	村落及其所在地乡镇的基础供应情况	（1）公共交通；（2）宽带网络普及率；（3）村基本供给结构；（4）乡镇供给结构
公众参与	乡村协会、村镇公共活动以及社会参与	（1）乡村的协会和公共机构；（2）乡村的社会公益性活动、志愿者活动数量；（3）村镇公共活动（环境保护宣传、地域性产品市场化推广、乡村革新圆桌会议、老年人理事会等）
经济就业	农业发展情况、就业结构和市场发育情况	（1）就业市场（工作地每千人从业人员社保缴纳人数、居住地每千人从业人员社保缴纳人数、异地通勤人口数）；（2）就业人口行业比例；（3）农业发展（农场数量、农场每千人占有量和农场增减百分比）

注：因测算方式不同，此表列出的是可通过具体指标测算的7项指标，不包括土地潜力测算（另见图2）。
资料来源：参考文献[12]。

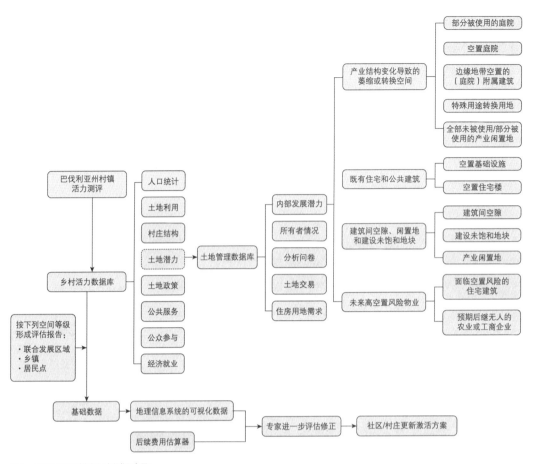

图1　巴伐利亚州村庄活力测评步骤
（资料来源：作者根据参考文献［12］绘制）

图2　上韦恩河谷村庄活力测评与空间优化策略
（资料来源：参考文献［14］）

4　日本农村活性化分析与解决乡村存续危机

日本区分城、乡空间时使用了基于人口密度的"人口集中地区"（Densely Inhabited District，DID）概念[15]：将具有连续的、人口密度在4000人/km²以上的基本单位区，且相邻基本单位区总人口在5000以上的区域，以及机场、港口、工业区、公园等具有城市功能但人口密度较低的基本单位区定义为人口集中地区。在这一标准下，乡村地区主要指人口集中地区以外的国土空间。与欧洲国家和美国相比，日本乡村面临着更为深刻的"空心化"和老龄化问题，特别是占国土比例较大的丘陵、山地地区的村庄面临着严峻的生存危机。在此背景下，争取稳定的定居人口和振兴地域经济活动成为维持乡村生存、实现"乡村地域活性化"的首要任务[17]。

日本农林水产省正在探索通过乡村活性分析诊断阻碍乡村可持续发展的主导因素，并提出活性化方向[18]。考虑到数据的可获得性与政策的实用性，研究以市町村自治体为对象，根据"定人、兴产"的目标设定了四类评价指标，分别为居住活力、经济活力、农业活力、林业活力（图3）。其中，居住活力、经济活力为主要指标，农业活力、林业活力主要用于体现第一产业资源本底，属于经济活力指标的重要组成部分。通过44项指标计算得出各市町村的乡村综合活力值后，按活力得分进行分档①。

根据各市町村的分项指标、综合活力值分档结果进行活性化诊断，是该研究的主要应用方向。以广岛县的A町为例，根据分项指标，其产业活力较之同样位于山区、以水田为主的乡村地区要高，造成综合值分档低（D+）的原因主要归结于"居住活力"这一分项指标较低，其中又以反映老龄化、人口维持的基础指标最低（图4）。因此，活性化策略应以吸引定居人口为主，而不应将提升设施水平或产业发展定为振兴方向。

5　英国乡村环境景观保护与品质统计

英国城乡分类体系（RUC2011）将乡村定义为"建成面积在20hm²以下且总人口在10000以下的区域"[19]。作为高度城市化、工业化的国家，英国商业资本早在20世纪初期就推动了乡村观景行为的"商品化"，乡村经济也转向消费主导型[20]。不过，过度的商业化破坏了乡村独有的资源和景观，促使英国政府开始重视乡村的可持续发展问题，将保护和利用具有地域特色的自然资源与环境景观作为恢复乡村吸引力的重要手段[21]。《国家设计指南》（*National Design Guide*）要求地方政府在编制规划时必须进行可持续性评估，其中景观特征评估作为基础内容之一，为定量评估乡村资源环境和地域景观提供了重要的技术支持[22]。

---

① 每个档次的活力得分（x）范围从高到低依次为：A+（$x \geqslant 70$），A（$65 \leqslant x < 70$），B+（$60 \leqslant x < 65$），B（$55 \leqslant x < 60$），C+（$50 \leqslant x < 55$），C（$45 \leqslant x < 50$），D+（$40 \leqslant x < 45$），D（$35 \leqslant x < 40$），E（$x < 35$）。

基于对景观资源的统一识别、评判标准与尺度差异构建的景观基础信息数据库[23]，从自然因素、社会因素、文化因素、感知和美学因素四个方面评估景观现状（表3），并借助GIS叠加识别可能具有相似特征的区域，绘制景观特征类型图。景观特征评估实现了英国景观风貌的统筹规划，并可辅助指导各类规划建设方案的编制和实施。例如，斯塔福德郡在英格兰国家特色区[24]的基础上，基于景观特征区域的最小单位"土地描述单位"进行更精细化的景观特征分类；并通过整合相似的景观质量和敏感性区域形成景观政策分区，指导乡村规划方案的编制[25]。

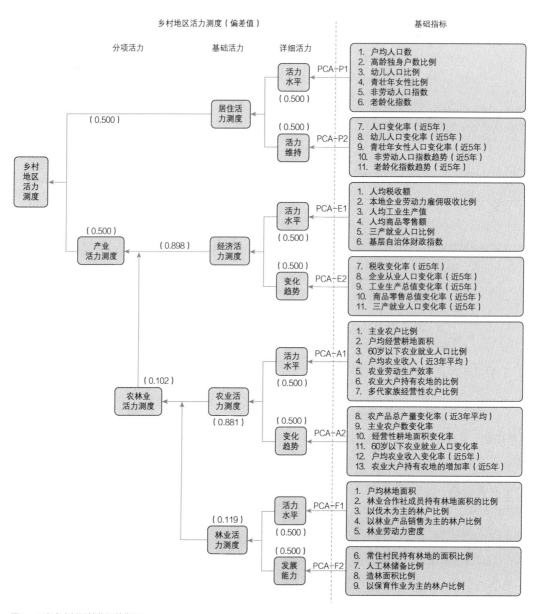

图3　日本农山村活性化评价指标
（资料来源：参考文献［16］）

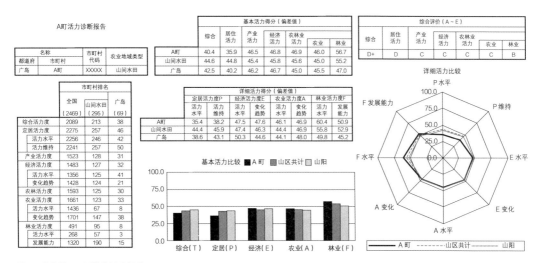

图4 广岛县A町活性化诊断报告
（资料来源：参考文献［16］）

英国景观特征评估指标 　表3

指标类别	一级指标	二级指标
自然因素	地质	地质（固体和漂浮物）
	地形	地形/地势，地貌
	水文	河流和排水，水质和水流
	空气和气候	气候，小气候，气候模式
	土壤	土壤，农业土地分类（Agricultural Land Classification，ALC）
	覆土/植物/生物	栖息地/生物多样性，覆土，植被，树木覆盖，森林/林地等
社会因素	土地利用和管理	覆土，农业用地
	村庄	聚居形式，建筑类型和风格，材料
	围墙	农村田间围栏的模式和类型，城市形态
	土地权属	土地所有权和保有权
	历史	考古学和历史维度
文化因素	艺术，文学，描述性作品，音乐，神话/传说，人物，事件和联想	
感知和美学因素	记忆，关联分析，认知，视觉、嗅觉、听觉、触觉感观	

资料来源：参考文献［23］。

　　近年来，围绕景观特征评估还发展出一些延伸应用，乡村品质统计就是其中之一。该方法通过特色景观要素、特色景观要素的保存与管理、新景观要素和特色景观要素体验四类指标的建立（表4），评估乡村空间和景观品质的变化。乡村品质统计能够评估和跟踪监测景观特征区域内的空间情况[26]，其结果对制定乡村的保护与振兴策略具有重要支撑作用。

主题	指标
特色景观要素	（1）自然要素：半自然植被、不同类型林地、灌木树篱和田野树木、池塘 （2）人工要素：特色建筑与村庄、特征区域边界、特色土地利用类型
特色景观要素的保存与管理	（1）保存状况：绿地、线性（河流等）要素、农田、树木、植被状况（2000年乡村调查）、水文 （2）管理状况：林地补助计划、乡村管理、野生动物、地质或地貌特殊区域、历史建筑修复、濒危古迹
新景观要素	（1）基础设施，如交通运输、通信等；（2）农业建筑
特色景观要素体验	（1）污染（噪声、空气、光）、土壤侵蚀；（2）区位环境、交通水平；（3）游客体验、游客管理；（4）乡村自治水平、民意；（5）景观管理；（6）地域特色、景观特征识别度

资料来源：参考文献［26］。

6 总结与启示

美国、德国、日本、英国均面临着人口收缩导致的乡村活力低下问题，并探索通过乡村活力量化分析，指导以活力提升为目标的乡村保护与振兴实践。不过，四个国家的发展背景和乡村问题有所不同，因此指标选取与实践应用方向也各有侧重（表5）。

四国乡村活力评价方法比较 表5

研究名称	核心思路	研究重点	尺度	共性指标		个性指标	技术方法
				人口与年龄	经济与就业		
美国乡村社区活力评估	通过提升素质水平建设活力乡村社区	教育服务	社区（村庄）	（1）人口总数；（2）年龄结构（注重青少年比例）；（3）变化趋势	（1）失业率；（2）收入情况（收入中位数、工资水平、银行储蓄、人均收入）；（3）岗位需求	（1）教育情况（早期教育水平、高中辍学率、高等教育水平、公立学校入学率）；（2）社会情况（青少年怀孕率、选民投票率、犯罪活动、人口民间团体数量、创业精神）；（3）社会服务（人均社会服务、社会服务需求、人均卫生服务、人均休闲娱乐服务、人均艺术文化资源）	（1）标准离差法；（2）皮尔逊相关分析；（3）排名法
德国村庄活力测评	通过空间整理提升村庄活力	空间利用效率	村域	（1）人口总数；（2）年龄结构；（3）流动情况；（4）变化趋势；（5）老龄化程度；（6）预期年龄结构	（1）就业率；（2）分行业就业比例；（3）农业发展情况	（1）土地利用（区域面积、居民生产生活用地和交通用地数量及其比例、人均生活面积、人均建筑面积、人均空地面积、人均住房面积、居住密度）；（2）土地潜力管理（土地内部发展潜力、土地所有情况、存在交易可能地块调查、未来住房面积需求）；（3）土地政策（居住用地单价、建设规划）；（4）基础设施、公共服务（公共交通、宽带网络普及率、村庄基本供给结构、乡镇供给结构）	潜力空间分类

研究名称	核心思路	研究重点	尺度	共性指标		个性指标	技术方法
				人口与年龄	经济与就业		
日本农村活性化测评	通过定住兴产解决乡村存续危机	社会产业	市町村（乡村区域）	（1）年龄结构（注重幼儿、青壮年、老年各年龄段比例和女性比例）；（2）变化趋势（注重幼儿、青壮年、老年各年龄段趋势和女性趋势）	（1）本地企业劳动力雇佣比例；（2）企业就业人口变化率；（3）第一产业（农业）从业情况，包括主业农户比例与变化率、60岁以下农业就业人口比例与变化率；（4）第一产业（林业）从业情况，包括以伐木为主的林户比例、以林业产品销售为主的林户比例、以保育为主的林户比例；（5）第三产业就业人口比例与变化率	（1）定居情况（户均人口、高龄独身户数比例、非劳动人口指数）；（2）经济水平（人均税收与变化、人均工业生产值与工业生产总值变化率、人均商品零售额与商品零售总额变化率、户均农业收入与变化率）；（3）农业生产结构（户均经营耕地面积与变化率、农业生产劳动效率、农业大户持有农地比例与增加率、多代经营性农户比例、农产品总产量变化率）；（4）林业生产结构（户均林地面积、林业合作社成员持有林地面积比例、林业劳动力密度、常住民持有林地面积率、人工储备林比例、造林面积比例）	（1）经济收入占比赋权法；（2）熵值法
英国乡村环境景观保护	通过维护资源环境与特色景观恢复乡村吸引力	资源数据	广域乡村地区	—	—	（1）自然因素（地质、地形、水文、空气和气候、土壤、覆土/植物/生物）；（2）文化因素（土地利用和管理、聚落、围墙、土地权属、历史）；（3）文化相关因素（艺术、文学、描述性作品、音乐、神话/传说/民间传说、人物、事件和联想）；（4）感知和美学因素（记忆、关联分析、认知、触觉/感觉感观、嗅觉/感觉感观、视觉感观）；（5）管理水平（林地补助计划、乡村治理水平、野生动物保护、地质或地貌特殊区域、历史建筑修复、游客管理）	（1）田野调查法；（2）地理信息技术

从共性指标来看，美国、德国、日本的指标类型均包含了人口与年龄、经济与就业，其中又以青年人口所占比例与变化趋势、就业率两项基础指标最为重要，体现出三国将定居、就业视为衡量乡村活力的重要内容。

从个性指标来看，美国面对的是"人的空心化"问题，为了应对乡村社区人才流失，在指标选取上更加关注教育、文化方面的内容，尝试通过保障乡村教育、关注社会活动、提升社会服务水平，繁荣乡村社区文化，促使更多受过教育的年轻人留在乡村社区，以此提升乡村活力。德国面对的是"地的空心化"问题，多年来在区域平衡发展卓有成效的背景下，乡村问题主要聚焦在村域的土地与设施废弃方面，因此德国更重视土地利用、土地管理、土地政策方面的指标，希望借助土地整理与空间更新的合力，提升村域空间的使用效率，从而激发活力。日本面对的是"村的空心化"问题，其以市町村所覆盖的乡村区域为对象，为了留住人使乡村得以存续，构建了反映定居状况和经济水平的评估体系，各年龄段人口比例和各类产业就业情况等基础指标可以使地方政府更好地把握定居人口的生活、工作状况与趋势，从而及时、有效地提出解决乡村"空心化"的策略。

与上述三国不同的是，最早完成城市化和乡村产业结构转型的英国，在乡村振兴时尤其强调对生态环境和历史文化的保护，以相近资源、景观环境风貌的广域乡村地区为对象，构建了以自然、文化、感知和美学类指标为主的评估体系，从而反映资源、环境、景观的保存现状与变化趋势，在满足城乡居民对乡村"产品"需求的同时提升乡村吸引力。

国外乡村活力相关研究对我国的启示主要体现在三个方面。

首先，为国土空间规划体系下的乡村定量研究提供了新视角、新方法。随着城镇化的不断深入，我国乡村发展逐渐由区域空间与资源统筹，转向在稳定的国土空间格局基础上进行空间结构优化与乡村振兴。然而，面对近70万个行政村、超过200万个自然村，若要逐一进行规划、制定保护与振兴策略并监测其变化并不现实。2018年的《乡村振兴战略规划（2018—2022年）》、2021年的中央一号文件，均提出了通过乡村分类、再因类施策的工作思路，能够较为系统地解决这一问题。因此，对乡村进行科学、合理的分类就成为重要的技术环节。从国际经验看，乡村活力的概念不仅能够反映乡村的发展现状与内在潜力，还可以依据指标反映出的问题，判断未来发展方向，为指导乡村分类提供了有用的视角。

其次，提供了科学、合理的乡村数据采集与定量分析技术。不同国家在构建评估体系时，均基于自身特点与问题并兼顾了数据采集的可行性。我国乡村定量研究开展时间并不长，自20世纪80年代改革开放起，主要涉及社会学、经济学、地理学背景下的扶贫与精准脱贫研究，生态学、资源环境科学体系下的土地整理和生态修复研究，地理学、文化学背景下的乡村发展水平和发展潜力研究，以及人居环境科学体系下的乡村建设研究等内容。在当前注重学科交叉融合的乡村振兴战略背景下，充分吸收我国以往在乡村定量研究方面的数据采集与分析经验，构建符合不同乡村空间层级特征的评估体系与方法，是我国开展乡村活力研究、建立指标体系的基础。

最后，为解决处于人口收缩不同阶段的乡村问题提供了重要参考，美、德、日、英分别从人、地、村的"空心化"，以及环境景观保护视角提供了乡村发展可能出现的问题和解决思路，为我国解决区域发展不均衡态势下不同地区的乡村发展问题，以及针对性地调整乡村活力评估方法、指导乡村规划与振兴策略编制提供了有用经验。

参考文献

［1］ LI Y H, WESTLUND H, LIU Y S. Why some rural areas decline while some others not: an overview of rural evolution in the world［J］. Journal of rural studies, 2019, 68: 135-143.

［2］ 小田切德美. 農山村再生——「限界集落」問題を超えて［M］. 岩波书局，2009.

［3］ WOMACH J. Agriculture: a glossary of terms, programs, and laws［R］. Washington DC: CRS report for congress, 2005.

［4］ United States Joint Economic Committee. Losing our minds: brain drain across the United States［R］. Washington: United States Department of Agriculture, 2019.

［5］ ETUK L. 2000 Baseline assessment of rural community vitality［R］. Oregon: Ford Institute, 2012.

［6］ Purdue University, Indiana Office of Community & Rural Affairs. Community vitality indicators［EB/OL］. (2019)［2021-11-18］. https://pcrd.purdue.edu/ruralindianastats/about.php#reports.

［7］ Statistisches Bundesamt. Bevölkerungsdichte in Deutschland nach Kreisen［EB/OL］. (2019)［2021-08-29］. https://www.bib.bund.de/DE/Fakten/Fakt/B77-Bevoelkerungsdichte-Kreise.html.

［8］ 邢来顺. 德国乡村重振运动的历史考察［N］. 光明日报, 2018-02-12: 14.

［9］ GUENTHER S. Land consolidation in Bavaria: support given to rural areas［J］. Irrigation engineering and rural planning, 1986 (9): 53-59.

［10］ 李玉恒, 阎佳玉, 宋传垚. 乡村振兴与可持续发展——国际典型案例剖析及其启示［J］. 地理研究, 2019, 38 (3): 595-604.

［11］ 钱玲燕, 干靓, 张立, 等. 德国乡村的功能重构与内生型发展［J］. 国际城市规划, 2020, 35 (5): 6-13.

［12］ Bayerische Verwaltung für Ländliche Entwicklung. Vitalitäts-Check zur Innenentwicklung für Dörfer und Gemeinden Leitfaden［EB/OL］. (2018-09-28)［2020-08-29］. https://www.stmelf.bayern.de/landentwicklung/dokumentationen/059178/index.php.

［13］ 干靓, 钱玲燕, 杨秀. 乡村内生型发展活力测评——德国巴伐利亚州的实践与启示［J］. 国际城市规划, 2020, 35 (5): 23-34.

［14］ Bayerische Verwaltung für Ländliche Entwicklung. Evaluierung zur Innentwicklung im Oberen Werntal［EB/OL］. (2019-08-27)［2020-08-29］. https://www.landentwicklung.bayern.de/mam/cms01/landentwicklung/dokumentationen/dateien/le_evaluierung_innenentwicklung_werntal.pdf.

［15］ 冯旭, 王凯, 毛其智. 基于国土利用视角的二战后日本农村地区建设法规与规划制度演变研究［J］. 国际城市规划, 2016 (1): 71-80.

［16］ OKAMOTO C. データ出典: データ出典: 平成27年国勢調査・市区町村別人口密度［EB/OL］. (2015-10-05)［2021-08-29］. http://www.crepe.e.u-tokyo.ac.jp/material/maptile.html.

［17］ 光洋二, 津田渉, 雜賀幸哉. 農村地域活性化の定量的評価報告［R］. 東京: 農林水産省, 農村振興局, 2011.

［18］ 橋詰登. 農村活性化の指標と地域資源の活用［J］. 農林水産政策研究所レッビュー, 2014 (8): 10-17.

［19］ BIBBY P, BRINDLEY P. Urban and rural area definitions for policy purposes in England and Wales: methodology (V1.0)［R］. DEFRA, DCLG, ONS, Welsh Government, 2013.

［20］ HALFACREE K. A new space or spatial effacement? alternative futures for the post-productivist countryside［M］// WALFORD N, EVERITT J, NAPTON D. Reshaping the countryside: perceptions and processes of rural change. Wallingford: CAB International, 1999: 67-76.

［21］ Ministry of Housing, Communities & Local Government. National planning policy framework［Z］. 2012-03-27.

［22］ Department for Levelling Up, Housing and Communities and Ministry of Housing, Communities & Local Government. National design guide［Z］. 2019-10-01.

［23］ Natural England. An approach to landscape character assessment［Z］. 2014.

［24］ Natural England. National character areas (England)［EB/OL］. (2016-11-29)［2021-12-10］. https://naturalengland-defra.opendata.arcgis.com.

［25］ Staffordshire County Council. Planning for landscape change-supplementary planning guidance to the Staffordshire and stoke-on-trent structure plan (1996-2011)［R］. London: Development Services Department, 2011.

［26］ Countryside Quality Counts: tracking change in the English countryside, final report［R］. 2004.

人口收缩背景下国外村镇发展路径及其启示

Rural Development Paths of Foreign Countries and Revelations in the Context of Population Shrinkage

樊先祺

Fan Xianqi

摘 要 人口收缩反映地区人口数量和结构变化的特征，对居民的生产生活和未来可持续发展产生重要影响。本文基于对国外村镇人口收缩问题相关研究的梳理，总结归纳了人口收缩的特征动因、对村镇发展的影响以及村镇可持续发展路径，并对我国村镇发展提出启示和思考。研究发现：1）村镇人口收缩与人口自然增长率下降、人均城乡收入差异加大、工作岗位提供不足、村镇基础设施匮乏、地理位置不佳、与城区距离增大以及地区经济发展水平下降等因素密切相关；2）人口收缩不仅影响村镇现阶段的劳动力和生产力，这种人口结构的变形也超过了地区人口自身调节的弹性限度，还会对城市发展造成压力，影响到可持续发展战略；3）启动政府项目、刺激乡村人口增长、深入挖掘与整合村镇资源是缓解有发展潜力地区村镇人口收缩的有效办法。笔者进而提出思考启示，包括：开展多学科跨专业的全面动因探究和解决策略分析，适时将政府引导与居民参与相结合，分类精准施策，优化基础设施和公共服务设施，预防人口回流出现乡村绅士化等。

Abstract Population shrinkage reflects the significant features of regional demographic structure and changes, influencing the local working and living environment as well as its future sustainable development. Based on the research and analysis related to the rural population shrinkage in foreign countries, this paper concludes the characteristics, drivers and regional impacts of this phenomena and the pathways of rural development in other places and summarizes the experience and ideas for the rural development in our country. There are three basic findings: (1) rural population shrinkage has close connections with the decline of natural growth rate, wider per capita income gap between urban and rural areas, lack of working opportunities and rural infrastructure, poor geographical location, larger distance between cities and inferior local economic status; (2) rural population shrinkage not only affects the labour and productive forces at the present stage, deforms the demographic structure beyond its resilience, but also burdens the city development, which heavily affects the development strategy of sustainability; (3) it is effective to mitigate or resolve rural population shrinkage by launching government projects, stimulating rural population growth and mobilizing and integrating indigenous resources in the potential areas. Finally, the paper suggests a cross-disciplinary exploration and analysis for rural population shrinkage, combining of early government intervention and community participation, the implementation based on the specific environment and conditions, a solid traffic infrastructure together with the improved rural services and life quality and preventing rural gentrification caused by rural population regrowth.

关键词 乡村复兴；可持续发展路径；本土资源；鼓励生育；吸引外来人口；土地再利用

Keywords rural revitalization; sustainable development path; indigenous resources; encouraging childbirth; attracting migrants; land reuse

樊先祺，英国伦敦大学学院，博士研究生。

引言

人口收缩是指人口密度在一定区域和一定时间内的持续下降[1]，而具体下降到何种程度即被判定为收缩，在不同学者不同时期的研究中不尽相同。例如，在美国学者强森和里希特尔（Johnson & Lichter）2019年的研究中，人口收缩现象被定义为"（以郡县为单位）在1950年前后达到该地区的人口巅峰，并在2010年前失去了超过25%的巅峰人口数"[2]。从历史发展的角度来看，人口收缩是工业化和城市化的必然结果。如今它已是社会学、经济学、人口学等学科的重要议题，也是与住宅、教育、医疗、就业等民生问题紧密相关的社会现象。国外对村镇收缩背景下的发展路径探索由来已久，涉及政府干预和政策引导、资源挖掘与整合、土地回收与再利用等各学科和方面。随着我国城镇化进程的逐步推进，劳动力逐渐向资源密集的地区聚集，大量外来人口涌入城市以寻求就业岗位和发展机会，村镇人口持续外流，大量的迁出使其人口收缩问题更为显著。同时，劳动力刺激经济增长，使得城乡发展差距更为明显，村镇地区人群为了追求更好的生活，只得继续向城市地区迁居。那么具体是哪些动因导致村镇人口收缩，对社会经济和村镇发展有哪些深远影响？从国外的研究资料和经验来看，有哪些方法可以缓解这一状况？在此背景下，本文从村镇人口收缩特征、动因、影响和可持续发展路径等方面对国外研究动态和案例进行总结梳理，并对国内村镇发展及后续相关研究提出可借鉴的参考建议。

1 村镇人口收缩的特征、动因与影响

1.1 村镇人口收缩特征

村镇人口收缩是普遍现象，在世界各地均有发生，呈现出历时长、范围广，以农业区和边缘区域村镇为人口减少重点区域的特征。

1.1.1 村镇人口呈长期持续收缩状态

20世纪中后期以来，国外村镇地区人口减少现象就普遍存在，许多地区人口减少达到50%以上（表1）。美国人口向非都市县的迁移自1940年代开始，村镇人口收缩大约在1980年代出现[3]。在欧洲，许多乡村地区自工业化以来就提供了大量的"人口储备"，如今不论是英国、法国、西班牙等发达国家，还是黑山共和国、拉脱维亚等发展中国家，都面临着乡村区域收缩和人口流失的困境，相关研究表明，未来几十年，欧洲3/5的乡村地区都正在或将受到人口收缩的影响[4]。在东亚国家如日本，自1868年明治维新开始就从乡村吸纳了大量前往城市的人口，城乡人口的差距在二战之后尤为剧烈[5]，持续老龄化的人口结构和人口净外流造成了区域差距不断扩大的恶性循环。

国家	地区	年份	人口数量（人）	村镇人口变化（人）	变化率（%）
美国	非都市县	1940	约75000000	-28900000	-38.53
		2016	约46100000		
波兰	奥波莱省	2002	504979	-20984	-4.16
		2011	483995		
西班牙	加泰罗尼亚地区	1900	314930	-122568	-38.92
		2009	192362		
	坎塔布里亚地区	2008	92533	-12574	-13.59
		2019	79959		
葡萄牙	中部地区	1950	128204	-90646	-70.70
		2015	37558		
	农村自治区（平均值）	1960	15308	-8908	-58.19
		2011	6400		
日本	奥多摩町	196	>13000	-7800	-60.00
		2018	约5200		
格鲁吉亚	奥尼市	198	7333	-3859	-52.63
		2014	3474		

资料来源：作者根据参考文献［2，11-17］绘制。

1.1.2 人口收缩的村镇分布范围广

人口收缩的村镇虽在不同国家呈现出不同的状态，但整体上呈现大范围分布的态势。欧洲的人口收缩状态因不同国家的发展进度而有不同的强度，即西部的收缩相对来说更为快速和强烈[6]：西班牙的乡村面积广阔，村镇人口收缩现象尤为严重，以瓦伦西亚自治区为例，乡村地区占总面积的1/3，乡村人口却仅占总人口的1.4%[7]；波兰有1555个社群被定义为乡村，占全部社群的62.75%，而有38.6%的乡村社群依照"失去超过5%的人口"的标准被判定为人口收缩，有10.7%的乡村社群失去了超过15%的人口，全部乡村人口仅占总人口的39.9%[8]。美国接近1/3非都市县的村镇人口在20世纪逐步减少。在2000年，日本已有51.7%的陆地面积被定性为人口收缩甚至稀少[9]，截至2020年，日本乡村人口较1960年已缩减了69.83%[10]。

1.1.3 农业地区和地处边缘区的村镇人口收缩明显

在流动趋势上，人口主要向大都市区流动，非农业功能的村镇人口流失相对缓慢，城市边缘地区的村镇人口收缩较为明显。日本的山地乡村占据了47%的国土面积，却只有全国3%的人口。在葡萄牙的中心城市边缘区域，也显示出极端的人口收缩趋势[11]。美国的人口收缩现象集中呈现在贯穿大平原的南北轴线和密西西比三角洲东南部分，都是主要农业区，而位于阿巴拉契亚山脉地区的北部工业带的人口减少现象则较为轻微[3]。据统计，美国超过80%的农业型村镇都处于人口收缩期；19%的非都市制造业县出现村镇人口收缩，还有39%也正处于人口减少的过程中；与此相对，仅有15%的娱乐休闲型县和13%的养老目的地县出现村镇人口收缩现象[2]。并且，美国的人口收缩在与大都会非毗邻的县中更为普遍，有超过46%都集中在远郊乡村地区。虽然受政策和社会经济发展的影响，在某一阶段一些村镇地区出现了短暂的人口回流潮，但从宏观和长期来看，村镇的迁出居民量仍多于迁入量。

1.2　村镇人口收缩动因

村镇人口收缩现象主要是由人口自然增长率下降、人均城乡收入差异增大、工作岗位提供不足、村镇基础设施匮乏、地理位置不佳（包括与城市距离过远）和经济发展水平下降等因素造成的。

二战后，世界各国人口自然增长率多处于下降阶段。美国在近几十年一直有着较低的人口自然增长率，尤其是在非大都会县，截至2010年自然增长率已趋于零。在德国、意大利、波兰等欧洲国家和东亚的日韩两国，人口也在自然减少，即出生率低于死亡率，并且国际移民迁入率也相对较低。这些国家内部的迁移率，即城乡之间的人口流动，是造成区域人口数量变化的主要因素[2]。人口收缩某种程度上代表着适龄人群的低生育意愿，进而导致人口进一步收缩，如果不加以引导和控制，村镇人口尤其是青年人口向城市的聚集将使得村镇地区出生率降低，未来新增的劳动力远少于逐渐老去的劳动力，进而导致地区的低生育率和人口老龄化[18]。

在村镇人口向城市迁移的过程中，城乡之间的收入差距是很重要的影响因素。学者梅索纳达和曼特加（Mesonada & Sunyer Manteiga）提出了"人均收入差异是决定人口收缩速度的主导因素之一"的假设；并用城乡之间的收入差距、工作岗位、人口数量和老龄化规模等数据建立数理模型，发现在城乡人均收入差异显著存在时，人口流动趋势明显加快且更倾向于城市，尤其是城市主体功能区，而当城乡人均收入差异趋同时，人口流动趋势则略显缓慢[19]。

另外，人口收缩现象还与产业经济衰退造成的工作岗位不足有关。通过对人口统计数据的地区和年代细分，强森和里希特尔（Johnson & Lichter）、安德烈（Anderlik）等得出美国的人口收缩现象还与产业经济的衰退密切相关，且城乡人口数量差异日益明显的结论。随着农业生产走向机械化和集中化，原有的村镇制造业也受到全球化和自动化的冲击，所需的农业工作岗位减少，而提供的非农业岗位不足，造成大量村镇人口外流，村镇经济逐渐衰退[2-3]。在以农耕经济为主，或去工业化或第三产业低度开发的西班牙的加泰罗尼亚地区村镇，提供的工作机会有限，对人口收缩和老龄化趋势产生持续影响[12, 34]。学者麦克阿瑟（Mc Arthur）采用空间均衡模型来构建工作岗位与人口收缩的关系，研究表明：城市里工作机会的增长和村镇老龄化人口的增多与村镇人口收缩速度呈现出更加密切的关系；如果一个地区的外围出现了低数量的基础部门职位，一个相互依存的"迁移决策"就将产生，即用该地区人口数量下降和低就业率来保持相应的"均衡"[20]。

村镇基础设施匮乏影响着人口迁移。有学者用数值试验方法和可达性分析来分析交通路网对人口收缩的影响，发现好的道路基础设施将是村镇发展的先决条件：以黑山共和国为例，超过半小时驾驶时长的距离即会被视为远距离行程，人们的迁移意愿便会降低[21]。有的偏远地区缺少行车道路，不仅会让外部人口难以流入，已经外流的原当地居民也更难回流，进一步造成村镇完全人口收缩的可能性[21]。例如，位于意大利南部的亚平宁山脉，由于交通不便、经济处于不利条件且海拔较高，对该地区人口的减少产生了持续不断的强烈影响[22]。

此外，乡村的人口也与地理位置、距离城市的远近、当地经济发展水平有关，体现在随着意大利南北社会经济差距加大所呈现出的人口分布南北两极分化趋势[22]，以及在美国西部的大西洋和太平洋海岸线附近与大都会县毗邻处呈现出的、仍旧处于巅峰期的大多数村镇人口数据变化[2]。值得一提的是，这几种影响因素可能共同作用，也可能互相弥补，这一点在希腊山区的人口收缩现象上得到了验证：希腊的山地地区地理位置偏远、交通不便、基础和教育设施有限，但特有的山区景观满足了许多外来和当地游客的需求，非居民和非常住居民的消费支出弥补了经济活动中的不利条件；位于低海拔地区的村镇距离城市较近，二者间的往来更为便利和频繁，有利于村镇规模的扩大和中心聚集的形成，但当希腊村镇的产业岗位和发展前景不再对年轻人产生吸引力时，这类人群会更轻易且方便地前往城市[23]。

1.3　人口收缩对村镇发展的影响

村镇人口收缩造成资源的空耗。随着居住人口数目的减少，乡村房屋逐渐空置、凋敝，农田逐步荒置、废弃，村镇建筑和基础设施使用率也会下降，造成一定程度上的资源浪费。随着聚集场合的不断减少，学校、社区中心等公共服务项目需要被重新安排，而这对当地居民的生活条件也造成了一定影响。在一些有民俗传统的地方，流失的人口给民俗文化的传承带来很大压力[24]。同时，乡村人口的流失还会造成随重新造林产生的牲畜生产系统的急剧变化、灌木扩张、草地减少等，这些都对自然多功能景观和生物多样性产生了一定的威胁[25-26]。

村镇地区人口的外流还会阻碍当地经济发展和社会环境提升。乡村地区人口的外流导致村镇人口密度下降，使得乡村发展定居出现小规模、多中心的形式，聚集经济进一步减弱。只留下老年人和少数留守儿童的"空心化"村镇面对着更加沉重的生活负担和存续压力，以及更为不易的实施能力；同时，老龄化趋势使得当地人口的社会服务类需求日益增长，但地方税收因为人口和产业活动流失而减少，对外部资金产生了更大需求[23]。在这种情况下，该地区下降的经济竞争力和当地不稳定的财政问题会导致当地经济和社会环境的恶化，使得地区间发展差距不断扩大[27]。

此外，村镇人口收缩也对城市发展造成了压力。村镇青年人口向城市的流动带走了当地的活力和发展潜力，同时也造成了城市地区的劳动产能和承载力过剩，使城市内部的岗位竞争更加激烈，而劳动力的丰盈使得城市岗位的薪酬提供也相应压缩，原本对美好生活的追求在生活成本增加和岗位压力过大的负荷下变得更加艰难。村镇的未来发展可能性在人口收缩的背景下逐步被消耗，而城市的发展潜能也随着劳动人口过剩和资源竞争得不到充分发挥。

2 村镇可持续发展路径

2.1 政府干预和政策引导

在控制和缓解人口收缩现象的过程中，政府干预和政策引导至关重要，且干预和引导需要在早期介入。麦克阿瑟（Mc Arthur）的经济模型和数值实验表明，政策要取得成功，干预的时机至关重要[20]。如果干预缓慢，可能会导致乡村人口不可逆转地减少。日本学者通过构建乡村社区边缘化模型来研究社区边缘化各阶段的可用策略：在前边缘化阶段，公共机构可通过振兴当地经济、保持人口、招募移居者等方式提供帮助；一旦边缘化开始，即使处于早期阶段，社区的功能水平将随着人口减少而迅速下降；若在早期没有足够强力的政策扶持和干预手段来刺激人口与地区发展，一旦乡村社区边缘化越过了进入中期的临界点，社区就会加速衰退至失去自身生命力和功能性，支持策略也会变得更加被动，即默认等待社区的死亡；直到边缘化的后期，已经不必再采用支持策略，因为社区最终将达到零人口，并被完全抛弃[28]。俄罗斯政府2000年后批准了一份概述2001～2010年土地政策的文件，在10年发展计划期间，为年轻家庭和年轻专家在建造补贴住房方面花费了1770亿卢布，使得265700个农村家庭获得新住房。在国家援助项目之外，2009年俄罗斯政府还资助了一项新建私人农场的计划，通过大力培植新建私人农场、新增工作岗位以及补贴帮助农民将农业用地转为私有资产，鼓励市场在缓解村镇人口收缩方面尽一份力[29]。西班牙则通过保证教育、健康和基础服务，保证交通和网络上的可达性，采取积极税收等财政措施，通过部门和多级政府之间的合作等缓解乡村人口收缩[13]。

2.2 鼓励生育并吸引外来人口

人口的增长是缓解人口收缩问题的实质目标，因此人口增长与各项具体措施都是相辅相成的，包括刺激乡村人口生育、鼓励城市到乡村的人员迁移和吸纳国际移民。都市中外来人口的高失业率有可能阻止村镇外来移民向都市地区迁移，村镇地区的低房价也有可能吸引无力负担城市生活成本的都市人群，政府对城市家庭移向村镇的政策支持可以刺激乡村地区人口增长从而缓解村镇的人口收缩[15]。但从长远来看，这些可能带来的村镇发展机会也取决于村镇自身的承载力，如果没有充足的配套设施和良好的生活环境，短暂或少量的人口回流仍旧无法促进村镇未来潜能的有效发掘，从长期看也较难改变当地的人口结构[13]。这些配套设施不仅包括基础设施、交通设施、健身和基础医疗设施，还需要考虑到社会服务设施和不断发展的通信设施，以满足乡村新人口的现代需求，而信息和通信技术的发展也可以为乡村地区人群提供远程就业和服务的机会[30]。此外，还可以根据地区性制定计划，提供专业技能培训，以满足人口新增的就业需求或促进自由职业[6]。

外来移民尤其是外国人口的引入也被视作一项可行途径。1990年代，大量国际移民涌入欧洲，他们被当地政府寄予希望来刺激人口增长和人口结构的转变。西班牙作为世界上最大的国际移民吸纳地之一，村镇吸纳过大量外国移民，但从西班牙东北部加泰罗尼亚地区1996～2009年的数据来看，移民流更青睐靠近旅游区或市中心的郊区村镇和经济更活跃的乡村地区，对于内陆乡村来说，移民带来的刺激并没有强大到能解决地区老龄化和人口增长停滞的问题[6, 12, 31]。

2.3　挖掘地方性资源

地方性资源的挖掘是提升村镇吸引力的重要途径之一，当自身发展已陷入恶性循环时，需要通过引入新因素和新变量等外部的刺激来打破这种僵局。国外通常采用的方法包括挖掘本土的农业资源、文化资源、名人资源和地缘优势等，以此发展本地经济，吸引要素回流，提振乡村发展活力。

（1）农业资源的挖掘。外国通常通过土地的转让和兼并，或小型和迁出农村的中型生产者以出租或出售土地的方式，形成大生产者的土地承包和规模化、企业化，维持并带动人口收缩村镇农业的继续发展[32]。或者村镇将原有的农业格局作为基础，强化当地农业活动，将其与现代旅游业结合，形成新的"生态农业旅游"模式，吸引村里的年轻人从事生产、生活活动，并推广精品农产品以满足当代城市人口更高的食品需求，如黑山共和国巴尔干地区[21]。

（2）文化资源的挖掘。已经有定性研究证明物质和非物质的文化资源可以作为新的经济形式，成为乡村地域更新和健康社区的标志[33]，而历史遗迹的保留和合理开发利用可为乡村旅游带来新的活力。通常采用的方法，一是立足历史、艺术、风土文化等积极开展当地特色休闲活动，多样性地促进当地旅游经济发展，如在葡萄牙浪漫之都奥比都斯一年四季连续的集市和嘉年华，囊括了圣诞村、巧克力节、中世纪市场、国际钢琴周、圣周、街头艺人节、艺术展览等活动。二是筛选出一批有价值和有代表性的传统村落，发挥联动作用提升当地旅游业，如位于西班牙西北部的科雷尔山世界地质公园周边的几个村落，将使用了当地特殊地质石材的传统建筑作为展示特色，串联了一条中世纪建筑遗产旅游线路。自2018年以来，该旅游线路为这些传统村落增加了19%的旅游财政收入，游客向周边村镇的流入也带来经济增长，当地传统村落和优美自然环境的正面影响还带动了人们对该地区住宅和其他建筑的购买与保护[24]。与之相应，游客对当地服务资源的大量需求也促进了当地人口的回流和外来就业人口的流入，缓解了村镇人口收缩趋势，原处在被遗忘与废弃边缘的村镇在这条线路的带动下焕发了新的生机。

（3）名人资源的利用。名人效应也会为人口收缩的村镇创造新的活力，如葡萄牙新蒙特莫尔依托从2000年起在此定居的当代艺术家鲁伊·霍塔（Rui Horta），将一座16世纪的修道院打造成多学科的研究和创作中心，为葡萄牙和国际上无数艺术家提供了自由的创作空间，并通过一年到头不间断的集会，以文化性和热情好客的乡村风味迎接着世界游客[15]，为这里带来了新的发展机会。

（4）资源整合。采用联合发展模式，将地区性资源转化成区域性经济增长源泉也是缓解村镇人口收缩常用的对策。许多地区多个村镇社区通过资源共享、加强连接合并成经济共同体，形成一个类似城市的伞状结构，扩大地区性资源的影响力和发展潜力，并共享投资后产生的经济和社会效益。如，葡萄牙的阿连特茹区和蒙塔多区，基于19世纪的软木工厂这一世界上最大的生栓皮栎产地，开辟出一条跨4个市的旅游线路，并开展美食产品和手工艺品相结合的商业活动，建立地方与区域间的经济、社会合作[15]。

值得注意的是，原有资源再挖掘之后的村镇仍旧面临着乡村绅士化的困境。外来人口在带来地方活力的同时，也作为新一重利益相关方被引入。如，位于西班牙加泰罗尼亚地区的恩波达地区，凭借独特且多样的小镇传统建筑、森林和农业景观吸引了大量巴塞罗那的城市居民前往定居，上涨的房价和房地产开发越发挤压了当地村民的生活环境与生存空间，也让返回此地找寻工作机会的村里年轻人无法负荷居住成本；传统的农家风情又因原住人口的流失而难以为继，乡村景观因为新旧两种利益相关者的不同诉求而面临着是保还是改的夹缝难题[34]。

2.4 土地再利用与自然消亡

对于一些规划师来说，村镇的收缩是一种"智能退化"，并不意味着一个需要解决的问题，而是可以在计划和管理之后发展为变革的机会[35]。来自原民主德国的设计师奥斯瓦尔德（Oswald）曾提出管理不断缩小的土地空间的四项策略：拆除废弃建筑物，重新评估土地价值并回收再利用，资源和土地更加密实化的空间重组以及发挥想象力的创新型社区参与活动[36]。

在自身资源已近耗尽或基本丧失发展潜力的地区，引入新产业是一种土地再利用的可行做法：通过对乡村地区的产业革新，如新能源的勘探、开采、布置等，形成以新产业相关配套人员为核心的新一批劳动力和生产力作为新的人口基数，与其家属和子女后续形成新的人群聚落，代替传统的乡村聚落模式[37]。例如，在美国大平原地区的北达科他州西部，从事页岩油和天然气开采的劳动力就为当地村镇人口回流和增长注入了大量新鲜血液[3]。

在收缩无法逆转的情况下，让这些地区自然消亡以追求更好的品质也是一些国家采用的一种方法。拆除价值不大的废弃建筑物并维护当地环境不失为一种可能性[36]，或者也可以用艺术表达的方式暂时记录下一段对乡村生活的回忆。例如，日本德岛县的奥祖谷村，人们用人形娃娃或者稻草人代表每一位离开或者逝去的当地村民，并模拟他们的日常生活，如耕种、等车、用餐、休闲等。这种将村落生活博物馆化的展示方式有助于游客在参观过程中了解到曾经居住在这里的人们的生活轨迹和日常状态。但目前来看，奥祖谷村里的玩偶数量已经远远超过村里的剩余居民，且媒体的关注和游客的到来带给村落的正面影响远不足以支撑村落未来的发展[28]。随着常住人口逐渐减少，日渐"空心化"的奥祖谷稻草人村更有可能成为一个在人口收缩无法逆转的背景下没落村镇留给当代城市人口的传统农业生活展示样本。

3 启示与思考

据全国第七次人口普查，我国居住在城镇的人口为901991162人，占63.89%（2020年我国户籍人口城镇化率为45.4%）；居住在乡村的人口为509787562人，占36.11%。与2010年第六次全国人口普查相比，城镇人口增加236415856人，乡村人口减少164361984人，城镇人口比重上升14.21个百分点。城镇人口的持续增长与乡村人口的持续外流和人户分离息息相关。自2000年以来，我国自然村消亡速度逐渐加快，经济发达地区的乡村消亡更加剧烈[38]。据调研，"空心村"现象在广大西部地区广泛存在。通过对国外村镇人口收缩研究和实践案例的梳理与分析，可以为我国人口收缩背景下的村镇可持续发展问题研究提供如下参考经验和借鉴。

3.1 开展多学科跨专业的全面动因探究和解决策略分析

由于土地制度、户籍制度等的不同，中外村镇人口收缩动因和机制存在较大差异，但是多因素的影响、多维度的表现、多时点的变化是其呈现的共同特征，因此需要开展多学科跨专业的全面动因探究和解决策略分析。人口问题是复杂的社会问题，历史、地理、政治、经济等各种因素都作用于其中，影响动因的假说提出也需要来自经济学、统计学、社会学等不同学科提供模型验证。在精细化的人口统计数据的基础上，人口收缩的动因探究需要不同的学科共同加入，提供更为全面的研究视角和方法。在原有村镇农业经济逐渐衰退的背景下，挖掘新的地方资源和构建新的发展模式，也需要地质学、经济学、建筑学、规划学等各领域群策群力，共同为村镇发展献力献策。

3.2 政策引导与居民参与相结合

我国目前一方面村镇常住人口在不断减少，另一方面村镇建设用地在不断增多，"空心村"、一户多宅等现象明显，应对重点镇、中心村等重点区域在人口逐渐收缩但还没有发生不可逆转的减少之时，通过制定农村住房建造、住房补贴、刺激内生动力等方面政策进行干预，对"空心村"、一户多宅等现象明显的地区可通过规划整合相应的用地，提高土地利用效率。除了自上而下的政府项目，自下而上的乡村居民参与活动也尤为重要。乡村居民作为村镇的主体，对村落的资源与优势有一定的了解，通过调动他们的积极性，可以补充政府项目中对村落民情较为不熟悉的部分，解决一些具体落地问题。我国的管理体制与国外不同，在应对村镇人口收缩的问题时应扎根于我国东西部、近郊区和远郊区等不同经济发展水平和人口流动情况，提出最适宜本土的发展方式，为村镇制定明晰的发展目标和清晰的发展策略，同时有效调动当地居民的主观能动性和积极性。

3.3 分类精准施策

我国村镇地域分布广、类型多样，分类精准施策尤为必要。对于区位条件好、地方性资源丰富的村镇，应充分挖掘本土资源和地缘优势，通过开展休闲、旅游等活动，提升村镇的吸引力，刺激当地人口的回流与外来就业人口的流入；对于村镇分布相对密集、地方性资源一般的地区，应鼓励采用联合发展模式，将地区性资源转化成区域性经济增长的源泉，或通过采用"以先带后"的方式，优先投资人口结构更有优势、增长潜力更大的村镇，带动周边社区的聚拢与发展，形成以点带线带面的效果；对于区位条件较差、发展潜力小的村镇，应结合所处地域主体功能，鼓励迁并，使其用地逐步演变为生态用地或农业用地。

3.4　优化基础设施和公共服务设施

村镇的未来发展不仅取决于其对当地人口的承载力，也取决于居民和外来人口对村镇环境与社会经济的适应能力。当村镇的本土资源被充分挖掘和合理利用时，当地的就业岗位增多，工作条件得到提升，对于该地人口就会产生更多的承载力。因此，需要优化当地的交通基础设施以提高村镇的可达性，利用不断发展的信息和通信技术提升远程办公与足不出户工作的可能性，完善配套的生活和社会服务设施，满足当地居民和外来移民对更高生活质量的追求。

3.5　预防人口回流带来的乡村绅士化

新人口的到来意味着社会结构的转变，而当距离城市更近的乡村由于独特风貌带来对城市人口的吸引，使得该地区越来越近似于"城市的后花园"时，这样迁来的城市人口又可能会造成该地的乡村呈中产阶级化。这就需要配套的公共住房政策和土地调控政策密切跟上人口回流的步伐。同时，当城市居民将乡村作为度假地时，意味着工作日和该地旅游淡季的周末仍旧面临着常住人口不足的情况，这就需要提供一种灵活的住房模式，在能承载被吸引而来的外地游客的同时让当地居民在平时也有所居，从而减少住房资源的无谓扩张和浪费。地方的发展应该在维护新增人口利益以持续发展的同时维护原有住民利益，当地原有资源和景观的保护与开发也不应一味以能带来发展红利的新增人口为利益主体，而是应以扎根乡村独特的资源条件和风貌为基石，形成新的乡村文化，而非一味地向城市特征趋同，以防收缩乡村的再发展又沦为城市持续扩张的一环。

参考文献

［1］　EJOLT. Depopulation［EB/OL］.［2022-03-07］. http://www.ejolt.org/2013/01/depopulation/.

［2］　JOHNSON K M, LICHTER D T. Rural depopulation: growth and decline processes over the past century: rural depopulation［J］. Rural sociology, 2019, 84 (1): 3-27.

［3］　ANDERLIK J M, COFER R D. Long-term trends in rural depopulation and their implications for community banks［J］. FDIC quarterly, 2014, 8 (2): 44-59.

［4］　ESPON. Fighting rural depopulationin Southern Europe［EB/OL］. ESPON, 2018［2021-08-31］. https://www.espon.eu/sites/default/files/attachments/af-espon spain 02052018-en.pdf.

［5］　COULMAS F, CONRAD H, SCHAD-SEIFERT A, et al. The demographic challenge: a handbook about Japan［M］. Leiden: Brill, 2008.

［6］　COLLANTES F, PINILLA V, ANTONIO SAEZ L, et al. Reducing depopulation in rural Spain: the impact of immigration［J］. Population space and place, 2014, 20 (7): 606-621.

［7］　ALAMA-SABATER L, BUDI V, MARIA GARCIA-ALVAREZ-COQUE J, et al. Using mixed research approaches to understand rural depopulation［J］. Agricultural and resource economics, 2019, 19 (1): 99-120.

［8］　WOJEWODZKA-WIEWIORSKA A. Depopulation in rural areas in Poland-socio-economic local perspective［C］. Jelgava: Latvia University Life Sciences & Technologies, 2019 (2): 126-132.

［9］　FELDHOFF T. Shrinking communities in Japan: community ownership of assets as a development potential for rural Japan?［J］. Urban design international, 2013, 18 (1): 99-109.

［10］ Jpan Population（live）［EB/OL］. Wordometet,［202-3-8］. https://www.worldometers.nfo/world-population/japan-populaton/.

［11］ FERNANDES G P. Rural depopulation, social resilience and context costs in the border municipalities of central Portugal.dichotomies of social reorganization vs absence of public policies［J］. Economía agraria y recursos naturales-agricultural and resource economics, 2019, 19 (1): 121-149.

［12］ BAYONA J, ALONSO F G. Is foreign immigration the solution to rural depopulation? the case of Catalonia （1996-2009）［J］. Sociologia ruralis, 2013, 53 (1): 26-51.

［13］ VIÑAS C D. Depopulation processes in European rural areas: a case study of Cantabria（Spain）［J］. European countryside, 2019, 11 (3): 341-369.

［14］ FLAGA M, WESOŁOWSKA M. Demographic and social degradation in the Lubelskie Voivodeship as a peripheral area of East Poland［J］. Bulletin of geography, 2018 (41): 7-27.

［15］ ALMEIDA M A. Territorial inequalities: depopulation and local development policies in the Portuguese rural world［J］. Ager（Zaragoza, Spain）, 2017 (22): 61-87.

［16］ CNN Wire. Japan has so many vacant homes it's giving them away［EB/OL］. CNN Newsource Sales, Inc, 2018-12-05［2021-08-31］. https: //go-gale-com.libproxy.ucl.ac.uk/ps/i.do?p=ITOF&u=ucl_ttda&id=GALE|A564487505&v=2.1&it=r

［17］ KOHLER T, Elizbarashvili N, MELADZE G, et al. The demogeographic crisis in Racha, Georgia: depopulation in the Central Caucasus Mountains［J］. Mountain research and development, 2017, 37 (4): 415-424.

［18］ KAWAMURA Y. Demographic characteristics for sustainability of gemmeinschaft-type of rural communities in depopulation associated with aging in Northern Kyoto Areas, Japan［J］. Journal of Asian rural studies, 2019, 3 (1): 62-69.

［19］ SAN JUAN MESONADA C, SUNYER MANTEIGA C. Rural depopulation and income convergence［J］. Agricultural and resource economics, 2019, 19 (2): 29-45.

［20］ MCARTHUR D P, THORSEN I, UBØE J. Employment, transport infrastructure, and rural depopulation: a new spatial equilibrium model［J］. Environment and planning a, 2014, 46 (7): 1652-1665.

［21］ MICKOVIC B, MIJANOVIC D, SPALEVIC V, et al. Contribution to the analysis of depopulation in rural areas of the Balkans: case study of the municipality of Niksic, Montenegro［J］. Sustainability, 2020, 12 (3328): 1-23.

［22］ REYNAUD C, MICCOLI S, BENASSI F, et al. Unravelling a demographic 'Mosaic': spatial patterns and contextual factors of depopulation in Italian Municipalities, 1981-2011［J］. Ecological indicators, 2020, 115: 106356.

［23］ ANASTASIOU E, MANIKA S, RAGAZOU K, et al. Territorial and human geography challenges: how can smart villages support rural development and population inclusion?［J］. Social sciences (Basel), 2021, 10 (6): 193.

［24］ BALLESTEROS D, CALDEVILLA P, VILA R, et al. Linking geoheritage and traditional architecture for mitigating depopulation in rural areas: the palaeozoic villages route（Courel Mountains UNESCO Global Geopark, Spain）［J］. Geoheritage, 2021, 13 (3): 63.

［25］ GONZALEZ DIAZ J A, CELAYA R, FERNANDEZ GARCIA F, et al. Dynamics of rural landscapes in marginal areas of northern Spain: past, present, and future［J］. Land degradation & development, 2019, 30 (2): 141-150.

［26］ MARTINEZ-ABRAIN A, JIMENEZ J, JIMENEZ I, et al. Ecological consequences of human depopulation of rural areas on wildlife: a unifying perspective［J］. Biological conservation, 2020, 252: 108860.

［27］ DE KONING J, HOBBIS S K, MCNEILL J, et al. Vacating place, vacated space? a research agenda for places where people leave［J］. Journal of rural studies, 2021, 82: 271-278.

［28］ HASHIMOTO A, TELFER D J, TELFER S. Life beyond growth? rural depopulation becoming the attraction in Nagoro, Japan's scarecrow village ［J］. Journal of heritage tourism, 2020-08-25: 1-20.

［29］ WEGREN S K. The quest for rural sustainability in Russia ［J］. Sustainability (Basel, Switzerland), 2016, 8 (7): 1-18.

［30］ DEL ROMERO RENAU L, VALERA LOZANO A. Teruel, a shrinking region: dynamics and opportunities ［J］. Ager, 2015 (19): 85-116.

［31］ ALARIO TRIGUEROS M, MORALES PRIETO E. Sustainability and rural development policies: the case of Tierra de Campos Valladolid ［J］. Cuad geogr, 2020, 59 (1): 224-246.

［32］ LI X. Rural depopulation in China: a comparative perspective ［J］. International and multidisciplinary journal of social sciences-rimcis, 2015, 4 (2): 149-174.

［33］ BITE D, KRUZMETRA Z, KRONBERGA G. Culture economy as a sign of renewal of rural territories in Latvia ［C］. Riga: Latvia University of Agriculture, 2016: 57-64.

［34］ SOLANA-SOLANA M. Rural gentrification in Catalonia, Spain: a case study of migration, social change and conflicts in the Empordanet area ［J］. Geoforum, 2010, 41 (3): 508-517.

［35］ HOLLANDER J. Sunburnt cities: the great recession, depopulation and urban planning in the American sunbelt ［M］. London: Routledge, 2011.

［36］ OSWALT P, RIENIETS T, SCHIRMEL H, et al. Atlas of shrinking cities ［M］. Stuttgart and Berlin: Hatje Cantz, 2006.

［37］ KRUSTEVA L. Rural depopulation, alternative green energy sources and the media ［C］. Jelgava: Latvia University of Agriculture, 2012: 629-632.

［38］ 陈雯，闫东升，孙伟. 长江三角洲新型城镇化发展问题与态势的判断［J］. 地理研究，2015，34（3）：397-406.

长期陪伴的艺术参与式"在地振兴"
——以亚欧八个乡村实践为例

Continuous Companionship in "Local Revitalization" with the Involvement of Art:
Cases of Eight Rural Practices in Asia and Europe

任子奇　李险峰　李家宁　刘青竹　穆宇阳
Ren Ziqi, Li Xianfeng, Li Jianing, Liu Qingzhu, Mu Yuyang

摘　要　在地性是当前全面振兴进程中乡村塑造自身特色与核心竞争力的关键。"在地振兴"强调乡村在地性特征的发掘与呈现，对应了乡村振兴多元问题中文化原真性、场域特定性和人的在场性三个层面。长期陪伴的艺术参与是实现"在地振兴"的有效方式。本文选择乡村振兴中长期陪伴的艺术参与视角，解析亚欧八个乡村实践案例，归纳了三种长期陪伴的艺术参与主要模式：观察模式、创作模式和传播模式。基于在地认知的在地责任感、可累积的乡村价值和稳定的长期陪伴关系，本文总结了长期陪伴的艺术参与式"在地振兴"机制，讨论了其对我国的借鉴意义。

Abstract　Locality is the key to shaping rural characteristics and core competitiveness in the current process of comprehensive revitalization. "Local revitalization" is the exploration and representation of the local nature of rural revitalization, corresponding to the three areas, namely culture-in-itself, site-specific and in-situ, in the multiple problems of rural revitalization. Continuous companionship of art involvement is an effective way to the rural "local revitalization". This paper chooses the perspective of continuous companionship of art involvement in rural revitalization, analyzes the cases of eight rural practices in Asia and Europe, and summarizes three main modes of continuous companionship in the process of art involvement: observation mode, creation mode and dissemination mode. Then this paper explores the mechanism of continuous companionship of art involvement in local revitalization, and discusses its referential significance to China: local responsibility based on understanding, cumulable rural value and stable long-term companionship.

关键词　长期陪伴；艺术参与；乡村"在地振兴"；在地责任感；乡村价值

Keywords　continuous companionship; art involvement; the rural "local revitalization"; local responsibility; rural value

引言

　　自从党的十九大报告强调文化对国家、民族的重要意义[1]以来，乡村文化振兴逐渐成为学术界研究和关注的焦点。在建设层面对乡村人文价值的收集、运用、彰显和影响也成为乡村振兴理论和实

本文得到中国农业大学熊亮老师的长期指导，在此表示感谢。

任子奇，中国农业大学园艺学院，博士研究生。

李险峰（通信作者），博士，中国农业大学园艺学院，教授，博士生导师。

李家宁，中国农业大学园艺学院，硕士研究生。

刘青竹，中国农业大学园艺学院，硕士研究生。

穆宇阳，中国农业大学园艺学院，硕士研究生。

践的主流研究方向之一。学者从价值取向[2]、组织方式[3]、发展模式[4]、治理手段[5]等方面提出了地方性和在地性的重要意义。实现"在地振兴"的建设路径、陪伴方式和组织形式成为具体振兴案例的研究热点问题[6]。欧洲乡村新内生式（neo-endogenous）发展模型和理论也强化了陪伴式发展指导的重要意义[7]。此外，还有大量案例肯定了在数年的陪伴式发展中，参与者与村民形成紧密的情感共同体与发展共同体[8]对乡村长期发展具有积极影响。

艺术参与是乡村实现"文化振兴"和"在地振兴"的重要方式之一，目前世界上已有大量艺术乡村和文化旅游乡村等建设成果，并出现特征各异的振兴模式。总体来看，艺术参与对乡村特征高度的关注与对民生应然状态的尊重为乡村空间和文化建设赋予了更高标准[9]。艺术多元、灵活的方式有机会形成与当地契合的长期陪伴关系[10]，在长期互动中深刻感知在地特征和文化[11]，并与规划设计和社会学等展开跨学科实践，吸引多元主体参与"在地振兴"，成为乡村进一步发展的可持续力量。本文旨在通过国内外长期陪伴的艺术参与案例分析其模式和机制，为我国乡村振兴探索在地性和构建稳定陪伴关系提供借鉴。

1 乡村"在地振兴"与长期陪伴的艺术参与

1.1 在地性的内涵与乡村"在地振兴"的关注点

国际视野中，"在地性"的概念与全球化趋势伴随产生。段义孚最早从人文主义的视角审视人地关系，地方性（localization）被作为与全球性一同发展的要素[12]。在地性是地方性理论的延续，并强调"在"的意义[13]。随着社会科学、建筑学和艺术学等学科对其深入解释，"在地性"的概念被细化为"在场性"（in-situ）、"场域特定性"（site-specific）和"文化原真性"（culture-in-itself）三个层面[14-15]。

乡村"在地振兴"中的在地性不同于地域性研究中的类型学视角，它关注的是其边界状态和内生特征。关于"地"的边界问题，"在地振兴"通常为乡村聚落自然或约定俗成的可辨识边界，其中的物质空间形态、场所文脉特征和原真生活方式等是乡村认同感、地方特色与乡村间差异性的根源[16]。"在地振兴"是在地性从上述三个层面与乡村振兴多元问题的对照，也是分解乡村振兴复杂问题的一种方式（表1）。

与在地性对应的乡村振兴问题分解 表1

在地性	乡村振兴问题	问题分解
文化原真性	文化记忆	个体记忆：村民生产生活方式，以及价值观、行为标准和思维模式； 集体记忆：族群节事、传统集体生活生产方式、婚丧嫁娶等仪式； 社会记忆：具有重大意义的时代性、社会性事件及其影响
	文化符号	物质符号：村落布局、建筑形态、生活与生产物件； 信息符号：图腾、方言词句、节事习俗、生产习惯与在地标识

在地性	乡村振兴问题	问题分解
场域特定性	空间格局	地缘肌理：受地理影响，体现生存智慧、人地关系的空间利用特点； 聚落形态：受建造技术和社会关系影响，体现人居关系的场地风貌
	关系格局	发展脉络：发展脉络和乡村变迁； 关系网络：家族结构、宗族秩序，差序格局
在场性	参与体验	参与权责：合作方式、资源归属、共有资产及场地的管理和运作； 运营体验：事件的策划和组织，主体关系的形成和变化，主体感知
	价值判断	价值创造：可持续的价值诞生、积累、加工和转化； 价值分配：红利和收益分配，成果推广，产业链和服务链延伸

资料来源：作者根据参考文献［12，14］绘制。

1.2 艺术参与的"在地振兴"

艺术参与在一定程度上为"在地振兴"提供了一种未来图景。艺术参与的乡村建设被认为起源于欧洲17世纪兴起的艺术驻地项目。最初以提升物质空间环境为目标，渐渐走向艺术展示与相关活动，如增建艺术馆、美术馆、画廊、印刷厂等艺术基础设施并通过互联网传播推广。狭义的艺术参与主体指艺术家、设计师等创作者，随着艺术形式和艺术事件的丰富，形成了广义的艺术参与主体（以下简称"艺术主体"），包括艺术中介、艺术商、项目管理人员、出版人员、评论人员等[17]。

新中国成立后，我国艺术参与乡村建设的目的从宣传发展为多元目标。"大跃进"的"新壁画运动"是艺术形式进入乡村的重要事件，全国各地争相以创建"壁画省""壁画县"为口号[18]。彼时义务教育尚未普及，壁画成为低成本、易于理解的乡村宣传方式，但对自然事物的夸张也间接造成传播失真。改革开放至今，依托乡村物质环境更新和产业发展的若干经验教训，乡村的生活方式、生产仪式和空间形式受到艺术主体关注，乡村在地特征和原真文化的转述成为艺术参与的主要目的。如今艺术参与的乡村振兴是跨专业合作的成果：艺术学科的前瞻力、传播力、创造力与社会科学的人文观照、价值判断、长期陪伴[19]，以及与建筑、规划、风景园林学科工程技术的流程性、严谨性、落地性相互补充。艺术参与的"在地振兴"呈现出符号性、叙事性、分析性、媒介性和实验性的特征（表2），并在具体案例中表现出不同的物质空间形式和人文特点。

艺术参与的特征、实质与对"在地振兴"的问题回应 表2

特征	实质	对"在地振兴"的问题回应
符号性	哲学问题和美学问题的艺术提炼与转述； 将意向化的人类情感物化为可感知的形式； 符号学话语重现，描述和讨论文化价值	文化符号 价值判断
叙事性	基于文化语境的空间记录（包括民俗文化、史地文化、产业文化等）； 探索人、物质空间、自然环境和精神情感的交流方式与相互影响； 运用艺术语言解析在地元素，唤起他者的关注和认同感	文化记忆 关系格局

特征	实质	对"在地振兴"的问题回应
分析性	提出问题,分析问题涉及的元素,描述问题的多方面; 结合美学和现实经验,对已有或当前的发展价值勇于提出质疑; 探索重构或修补物质空间、社会关系的艺术语言	价值判断
媒介性	展现场域社会关系的发展脉络、功能构成和合作偏好; 群体记忆的载体构建、传播范围及方式控制; 时空信息的分享和社会意识的传达,并鼓励受众给予回应	运营体验 文化符号 关系格局
实验性	扎根城乡环境,观察空间和社会的具体问题; 结合以往记忆的梳理和规律的总结,对未来趋势作出预判; 关注未来的不确定性,构思具体方案并加以排演	运营体验 文化记忆

资料来源:作者根据参考文献[18]绘制。

2 长期陪伴的艺术参与式"在地振兴"模式

"长期陪伴"起源于欧洲人类学家为了解殖民地风土人情,数年深入一个聚落调研人的体质、语言、社会等,从微观洞察全局[20]。乡村振兴的"陪伴"一般表现为外来乡建主体充分融入乡村在地生活,与在地村民、村集体形成密切的合作关系,共同承担在地发展责任,一致推进发展目标并协同应对发展问题[21],为乡村提供长期、系统的咨询服务、智慧支持和技术指导。长期陪伴的艺术参与传承于我国传统乡土社会自发式建设中对家园的艺术化处理,如屋舍庭院的修筑和装饰、农田水利等大型的基础设施建设和开垦运动中大地景观的建造、宗族祠堂中的仪式感和文化元素的强化,但自发建设中的艺术参与常因艺术修养和审美情趣限制而出现短程雷同和形态媚俗等问题。长期陪伴的艺术参与还在长期建设中的政府和资本的指向性物质空间更新目标下得以强化,建设主体关注空间的艺术化处理以及在地文化的表达[22]。但出现的问题是艺术参与的指向性物质空间更新有时被质疑未充分考虑村民真实需求以及未充分尊重村民话语权,在实施中仅注重工程质量的监管而非人文审美层面的监督引导,以及拘泥于城市建设的"消费主义"思维致使乡村建设出现"消费符号化"趋向[23]。

如今,国内外成功的艺术乡村在实践中探索出适应长期发展的模式。长期陪伴的艺术参与一般起始于方法固定、主体简单的实验,随着实践和理论话语体系完善,逐步走向有理论引导、吸引广泛主体和跨界力量参与的乡村发展实验[24]。此类乡村振兴方式意在守护人文传统,培育内生价值,鼓励异质媒介,构建具有在地认同感的生活家园[25]。根据陪伴方式不同,长期陪伴的艺术参与在实践中可分为艺术观察、艺术创作和艺术传播三种典型模式,因地制宜地推动乡村在地性的表达和艺术特征的注入。随着长期陪伴的艺术参与走向成熟,乡村生长规律和生活哲学受到尊重,艺术从物质空间的氛围装饰走向对乡村生产生活的切实体察与乡村发展的构想和排演。

2.1 "艺术观察"模式:根植于乡村的在地认知

"艺术观察"模式是在对乡村深入认知的基础上,艺术主体陪伴乡村在地主体共同建设、共同管理的模式。其特征是认可和融入乡村在地生活，尊重原真文化和生产哲学，而非以居高临下的视角、救苦救难的态度完成乡村改造任务。一般表现为艺术主体结合"考现学"①和社会人类学观察方式，或出于居住和生活的感知，诠释地方美学[26]，与在地主体构建某种形式的共同体，一同参与对乡村未来的策划。

在我国台湾地区，有社会责任感的艺术家和建筑师会自发扮演观察者的角色。在台南县后壁乡土沟村，艺术家和设计师因在此居住和工作，与乡村社区建立了深厚的信任和情感，观察地方故事以及空间或社会性问题；继而成立文化营造协会、举办艺术创意活动、吸引高校艺术和设计专业人士深入乡村观察设计；其后，协会组织建设乡村美术馆，引导管理者和社区采用规范的流程推进艺术创作、展示收藏、作品出售与乡村生活的融合。日本家岛町的专项计划则是当地公务所发起，邀请设计师事务所参与构建NPO组织，共同拟定社区发展计划，吸引政府共3亿日元的长期资金支持，并由当地居民担任NPO法人管理资金，由此开展土特产项目、旅店项目、空置房屋改造等品牌建设和社区空间营造，并邀请日本庆应义塾大学学生参与岛内各行各业的工作体验。5年后，家岛町社区探索出稳定的运营模式，艺术主体在培育自立的在地社团后退场[27]。

根植于乡村的艺术观察可以改变因陌生和疏远造成的认知隔离，使创造或设计走出"怀旧式幻想"[28]。同时，艺术观察模式有利于乡村内生力量和村民创新思维的培育。在实践中，村集体和村民构成的在地主体希望重构地方美学[29-30]，创造性地将艺术融入在地价值转化和在地文化书写，表现出实验性、叙事性的特征。艺术主体自发或受邀参与，或作为在地主体的一部分，长期投入乡村建设。面对政府或企业等外援主体，艺术主体承担策划、组织和资金管理等角色，并从对物质空间和民俗特征的关注走向对农政问题中的社会性、系统性和经济性问题的关注，从而落实在地主体最本真的需求。

2.2 "艺术创作"模式：依托于时间的价值累积

18世纪欧洲位于乡村的艺术驻地项目是艺术创作模式的早期形态。到19世纪，大批艺术家自发追寻乡村优美的风光和宁静的生活，落脚于乡村从事长期创作，并在创作时产生积聚效应。随着艺术家作品的认可度提升，乡村艺术吸引力增加，艺术交流、游学和旅游为乡村带来新的发展契机。

欧洲有大量因艺术创作而闻名的乡村。法国阿尔勒莫奈旧居的睡莲花园当前被改造为睡莲博物馆，其旅游收入成为小镇的主要收入来源之一；巴黎南郊巴比松画家村中，农民画家米勒故居被改造为博物馆，卢梭故居被改建为巴比松美术馆，画家们曾聚居的甘尼（Ganne）客栈被重建为巴比松市镇博物馆，乡村巷道成为艺术展示走廊，如今艺术"朝圣"和艺术游学催生出这座村庄的住宿、餐

---

① 20世纪初，日本民族学者今和次郎基于东京关东大地震灾后复兴提出"考现学"（modernology）概念，主张观察居民活动对城市样貌的影响，采集日常空间演变信息并运用图绘等方式加以记录。他们认为"考现学"与考古研究同等重要。

饮、纪念品与旅游服务业等新业态。比利时麦绥莱勒艺术中心坐落于卡斯特莱小镇的乡村农场，原为建筑师卢·詹森（Lou Jansen）的单体建筑作品——圆形印刷工作室，为了纪念版画家弗兰斯·麦绥莱勒而改建为可以提供完整版画印刷服务的艺术家驻地工作坊，同时购买邻近农民住宅作为驻地艺术家的居所和餐厅；意大利蒂娜别墅（Villa Lena）艺术家驻地依托乡村酒店，每年邀请艺术家到此进行短期创作并协商收集其作品，积累场地人文价值。

艺术创作模式通常为乡村注入较强的符号性特征。虽然短期艺术驻地项目易变成"艺术圈"小范围创作交流，但若延长时间脉络，长期的艺术创作将带给乡村不可限量的艺术价值，并以此产生可持续的发展模式。如今，欧洲越来越多的乡村发出"艺术创作"邀请。在政府和赞助商提供的政策指导与资金支持下，艺术服务从最初的艺术家画室扩展为创意居住、艺术展示、艺术产品配套服务等。

2.3 "艺术传播"模式：推广至多维的主体参与

"艺术传播"模式通过推广艺术参与成果，吸引更多参与主体与活动，实现大范围的艺术互动。艺术传播涉及媒体、网络、印刷品和相关文化创意产品，是乡村艺术事件、艺术行动和艺术作品与外界沟通的重要路径。各类乡村艺术节是乡村"艺术传播"的主要模式，一般表现为长期的乡村传播基础建设和周期性的艺术参与相结合[31]。

日本的乡村艺术节被认为是从现代艺术衍生而来的新艺术种类[32]。1987年，日本福武集团作为外援主体，面对濑户内海地区乡村长期人口流失、产业萧条的状况，希望通过策划艺术事件引发人们对当地社会问题的关注。安藤忠雄等设计师在此后的十余年驻地进行美术馆等艺术展示的设施设计。2010年，第一届濑户内国际艺术祭举办，外援主体邀请艺术主体策划了一系列雕塑和现代艺术的创作与展览，并吸引大量志愿者参与落成。如今，每三年一次的濑户内国际艺术祭激活了当地旅游业，引发了外出村民周期性回乡服务，甚至留在家乡参与艺术节事的筹划。印度新德里叩居艺术村倡议由艺术家经营"艺术家空间"，购置乡村建筑，每年举办艺术展示，吸引艺术家入驻创作。与濑户内国际艺术祭不同，叩居艺术村追逐艺术和时代热点，以网络作为主要交流方式，采用新媒体传播，将社会问题的艺术表现和深层思考作为经营重点[33]。

艺术传播模式体现出较强的实验性与媒介性，通常需要政府、公司或投资集体、NPO等多元主体协作。参与在地建设的同时，艺术主体成为外援主体的合作角色和在地主体的组织培训角色。外援力量注入乡村需要在艺术主体的引导监督下协调政策支持、资金支持和文化融合，并针对空间和艺术事件具体落实。

因各地发展目标、乡村地理环境和文化等差异，在长期陪伴中，艺术观察、艺术创作和艺术传播三种参与模式的过程与艺术主体作用因各项目具体情形而异（表3），也促成各自模式下的艺术参与特征的不同偏向（图1）。同时，三种艺术参与的经典模式并非总是独立存在，在特定实践阶段可能相互转换或并存。

模式	案例	时间/周期	过程	艺术主体作用
艺术观察	中国台湾地区台南县后壁乡土沟村	艺术观察19年	2002年成立土沟农村文化营造协会，举办创意活动；台南艺术大学社区营造组入驻，寻求环境教育契机；农村美术馆建成，传达"村是美术馆，美术馆是村"；透过"艺术圈域"的关怀价值，鼓励青年返乡	原真文化探索在地问题发现在地行动组织
艺术观察	日本姬路市家岛町专项计划	艺术观察19年	2002年召开"社区营造研究会"，自发组建推动团体；寻找艺术主体和企划团队支持，架构NPO组织；2006年获得政府长期资金支持并开展建设；5年后，在地社团自立，艺术主体退场	组织在地主体管控外援资金成熟后退场
艺术创作	法国巴黎巴比松画家村	艺术创作始自1830年	19世纪艺术家自发入住与集聚；1922年米勒故居被改建为博物馆，1947年被列入文物遗址；1995年画家们曾聚居的甘尼客栈被重建为巴比松市镇博物馆	艺术价值积累在地特征影响
艺术创作	法国阿尔勒莫奈睡莲花园	创作43年传播44年	1883~1926年莫奈移居于此进行创作；1977年重建花园，布置游客区	艺术价值积累在地特征影响
艺术创作	比利时法兰德斯麦绥莱勒艺术中心	艺术创作49年	1972年为纪念版画家弗兰斯·麦绥莱勒而命名；扩展原工作室建筑，邀请当代艺术家驻地创作；为艺术家提供技术和生产的设施支持	艺术价值创造在地文化传承外援主体吸引
艺术创作	意大利托斯卡纳萨娜别墅艺术家驻地酒店	艺术创作14年	2007年原庄园再开发提供艺术家入驻的场地；由萨娜别墅艺术基金会提供资金支持；2013年转变功能为公寓和创意住宅	艺术价值创造外援主体吸引
艺术传播	印度新德里叩居艺术村	艺术传播24年	1997年叩居研讨会提议由艺术家经营"艺术家空间"；购置建筑，寻求创造艺术的新可能性；网络推广，2008年举办首届Khoj Live国际表演节	艺术场域经营相关参与吸引
艺术传播	日本濑户内海地区乡村	创作34年传播11年	福武集团主导，1987年提出艺术村开发思路；安藤忠雄等推动直岛美术馆等艺术基础设施落成；2010年第一届濑户内国际艺术节举办，后周期性举办，每三年举办一次	外援主体配合在地主体培训

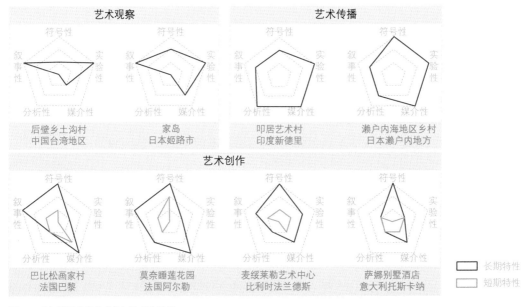

图1　三种长期陪伴的艺术参与模式的特征

3 长期陪伴的艺术参与式"在地振兴"机制和借鉴意义

3.1 长期陪伴的艺术参与式"在地振兴"机制

艺术参与的"在地振兴"本质上是艺术力量带来的乡村景观类型与治理方式的拓展，在地主体、外援主体与艺术主体以不同方式协作，推动乡村振兴中在地性的发掘和呈现。对应"在地振兴"关注的问题，艺术参与的"在地振兴"机制可归结为相互认同、相互吸引和相互补充三种机制。

（1）相互认同机制是指观察模式下，艺术叙事与原真文化相互认同。艺术观察模式基于艺术主体对乡村在地文化和生活方式的认知和认同，以社会学、人类学研究或在地工作生活的方式与在地主体产生信任，参与乡村发展具体推动事宜，并通过自身的艺术创造力构建叙事性和实验性方案，引导乡村空间建设。外来的艺术主体通常在当地发展团队得以自立之后退场。

（2）相互吸引机制是指创作模式下，艺术符号与场域特征相互吸引。艺术创作模式依托乡村独有的场域特征对艺术家产生吸引力，通过在地创作和交流，引发艺术群体聚集效应；运用艺术的符号性表达方式和媒介性传播优势形成乡村内生动力并影响乡村特征，开发基于艺术价值的人文艺术活动，引发更广泛的艺术参与；在多年艺术价值沉淀后，乡村的艺术媒介性逐步增强，相关艺术服务形成更完整的产业链。在地主体也在此过程中获得更多学习、服务和发展机会，探索与艺术主体更多的合作方式以及自身振兴路径。

（3）相互补充机制是指传播模式下，艺术媒介和在地体验相互补充。艺术传播立足于乡村以往的艺术价值积淀和艺术服务基础，由外援主体或艺术主体组织，实现广泛参与周期性节事活动。一方面，艺术传播具有较强的媒介性，通过互联网、数字科技等方式，为世界提供了解乡村在地文化的契机，为艺术主体展示作品创造机会；另一方面，艺术传播具有较强实验性，通过策划和开发的艺术活动，开展配套旅游服务产业，形成较稳定的艺术体验游客参与和产业合作模式，吸引在外务工居民周期性返乡。

长期陪伴的艺术参与式"在地振兴"的三种机制在对待乡村振兴具体问题时，既可能独立孕育乡村振兴的动力，也可能相互结合，依托当前环境，生成乡村发展的综合推动力。

3.2 长期陪伴的艺术参与方式对我国的借鉴意义

3.2.1 强化在地认知以培育在地责任感

一直以来，乡村传统风貌、原真生活与人居哲学被视为乡村在地特征，特别是在乡村人口收缩、人文历史在乡村物质空间更新中受到冲击的时代背景下，对乡村在地性的认知更为重要。上述案例中，艺术参与的重要经验在于通过观察、创作、传播等方式强化参与主体的在地认知，由此构思出的发展方案得以守护乡村内生特征和原真文化。乡村作为发展和变化的有机体，对其认知的过程也是动态的、长期的、多角度的。实践中，参与主体的在地认知程度直接影响着乡村在地特征的留存或消亡。

在地责任感应基于乡村在地认知。但值得思考的是，外来力量在进行在地认知和培育、在地责任感时需要长期投入人员和资金支持，而在地主体的发展期许、认知表达和推进能力在各地具有较大差异和不确定性。受限于我国当前的建设标准、资金管控方式和规划设计流程等具体情形，深入的在地认知和在地责任感培育更多见于研究团队，其实践和推广需要各方参与主体长期的共同努力。中国农业大学在我国河北省易县桑岗村开展长达25年的乡村调研，深入了解乡村发展瓶颈后发起巢状市场项目，吸引艺术主体入场，为改建民宿提供免费的创意与设计服务支持，并陆续完成艺术工作室与会议展示厅建设，引导在地主体积极探寻自主发展路径，推动巢状市场走向以体验经济与在地服务为重点的2.0版本。

3.2.2 寻找可持续的乡村价值积累方式

艺术参与为乡村提供了一条艺术价值积累的可行路径。艺术价值作为人文价值的一种是乡村持久竞争力的体现，在未来有望长久地推动乡村发展。乡村振兴应注重乡村价值积累，淡化以往工具理性影响下对乡村服务能力和经济能力的强调。此外，创作过程为乡村生活和生产带来异质主体和异质方式，刺激内生潜力，吸引外界助力，促进乡村艺术基础设施建设、乡村艺术服务产业链的形成和各类艺术交流。

如今在我国"知识下乡、统筹扶持、建造下乡、艺术下乡"的乡建趋势下，政府规划建设广西油画家村和黄山书画艺术小镇等项目，通过各类补贴为艺术家提供创作和生活的场所，培育艺术气氛。在乡村价值积累的过程中，时间、维持方式和艺术初心都十分重要。然而，艺术家短暂参加的乡村艺术展览或艺术节对乡村价值的积累作用有待商榷。此外，很多乡村建设以艺术为噱头，动辄取名"国际艺术村"，通过资本的力量将乡村建筑改建为艺术工作室等业态，吸引外来运营主体和消费主体，置换在地居民，以吸引消费为目的，缺乏艺术价值积累初心和对人文价值的长期考虑；更要警惕乡村在地主体或艺术主体因对乡村在地价值认知不充分，在艺术参与进程中对在地特征造成无意识的破坏。

3.2.3 构建稳定的长期陪伴关系和多层主体结构

乡村振兴战略需要长期的、稳定的多方关注与投入。长期陪伴的艺术参与，参与的主体通常有各自的局限性：在地主体发展意愿较强，但组织能力和对资本的运作能力不足；艺术主体具有较强的人文精神和在地责任，但投入乡村建设的时间和精力受到外界条件的限制；外援主体具有政策和资本力量，但需要合理的方案将政策和资本落实到乡村建设。此外，还有志愿者、在地建设团队等多种参与主体，规模和影响力越大、越复杂的艺术参与模式往往涉及更多主体的协同、合作与利益分配。因此，构建稳定的长期陪伴关系和合适的多层主体结构是有效推动乡村振兴的保障。

我国20世纪中期土地改革后，乡村传统基于族群的公共资源管理与发展模式转变为社会主义集体经济的管理与发展模式。乡村中实际管理主体多元，涉及共有建筑空间或土地物品的权属与利益分配十分复杂。如今在乡村振兴实践中，更多主体的参与对乡村发展既是机遇，也是挑战：多元主体的能量与智慧成为乡村发展的强大助力，并在一定程度上组织和培训在地主体，使合作关系走向更加稳定、合理的长期陪伴关系；但多层主体在配合中也无法避免地存在效率问题、利益分配问题、治理问题以及陪伴成本问题，需从产业、人才、文化、组织等方面寻求平衡途径，多角度助推乡村振兴。

4 结语

乡村是一代代中国人的精神家园，承载着地方的文化记忆，也是应对城市未知风险的重要缓冲地带[34]。然而，在我国高速城镇化进程下，乡村生活方式和生产方式受到冲击，乡村在地特征趋向雷同和城镇化。很多乡村未及获得城市反哺就衰败或消失。"在地振兴"是保存乡村原真文化，实现精明收缩的乡村振兴路径。长期陪伴的艺术参与式"在地振兴"是守卫乡村文化基因的方式，也是对乡村文化价值的重新定义。然而，由于不同乡村在文化和生产方式上的差异较大，文中所述的三种长期陪伴的艺术参与模式呈现出各异的行动方案，在我国乡村具体实践中还需依托自身特点开展相关振兴行动和艺术参与试验。对其机制的理解和应用有助于形成适合我国国情的行动方案。不同于以改变乡村为初衷，长期陪伴的艺术参与式"乡村振兴"从"读懂"乡村开始，发掘民生诉求，统筹考虑乡村持久竞争力、价值判断和在地资源，缓慢而坚定地感知乡村，推动乡村软实力提升和"人"的振兴。

参考文献

[1] 习近平. 决胜全面建成小康社会夺取新时代中国特色社会主义伟大胜利[N]. 人民日报, 2017-10-28（001）.

[2] 张京祥, 姜克芳. 解析中国当前乡建热潮背后的资本逻辑[J]. 现代城市研究, 2016（10）: 2-8.

[3] 叶敬忠, 张明皓. 恰亚诺夫主义视角的农政问题与农政变迁[J]. 开放时代, 2021（3）: 47-59, 6-7.

[4] 龙花楼. 中国乡村转型发展与土地利用[M]. 北京: 科学出版社, 2012.

[5] 杨忍, 张菁, 陈燕纯. 基于功能视角的广州都市边缘区乡村发展类型分化及其动力机制[J]. 地理科学, 2021, 41（2）: 232-242.

[6] 董晓婉, 徐煜辉, 李湘梅. 乡村社区韧性研究综述与应用方向探究[J/OL]. 国际城市规划: 1-15 [2021-08-31]. http://kns.cnki.net/kcms/detail/11.5583.TU.20210820.1646.003.html.

[7] 闫宇, 汪江华, 张玉坤. 新内生式发展理论对我国乡村振兴的启示与拓展研究[J]. 城市发展研究, 2021, 28（7）: 19-23.

[8] 周思悦. 宁波市王家岭村乡村建设规划——基于规划师陪伴式的实践方法探索[D]. 南京: 南京大学, 2018.

[9] 李明烨, 汤爽爽. 法国乡村复兴过程中文化战略的创新经验与启示[J]. 国际城市规划, 2018, 33（6）: 118-126.

[10] 克斯廷·戈特, 蒋薇, 丁宇新. 内生型发展导向下德国乡村地区存量空间的潜力激活——以巴登—符滕堡州MELAP项目为例[J]. 国际城市规划, 2020, 35（5）: 35-44.

[11] 阿莱达·阿斯曼, 陶东风. 个体记忆、社会记忆、集体记忆与文化记忆[J]. 文化研究, 2020（3）: 48-65.

［12］ 段义孚. 恋地情结［M］. 志丞，刘苏，译. 北京：商务印书馆，2018.

［13］ 吕帅. 城乡边缘空间景观设计［D］. 北京：清华大学，2015.

［14］ 陈可石. 设计致良知［M］. 长沙：湖南科学技术出版社，2020.

［15］ 罗文博. 田园综合体背景下乡村公共建筑"在地性"设计的策略初探［D］. 南京：东南大学，2019.

［16］ 汪正龙. 穆卡洛夫斯基的美学思想——兼论布拉格学派的美学贡献［J］. 广州大学学报（社会科学版），2006（6）：73-78.

［17］ 武定宇. 演变与建构——1949年以来的中国公共艺术发展历程研究［D］. 北京：中国艺术研究院，2017.

［18］ 赵容慧. 艺术介入策略下多元伙伴关系为核心的新农村社区营造模式研究［D］. 北京：北京大学，2016.

［19］ 王铭铭. 社会人类学与中国研究［M］. 北京：三联书店，1997.

［20］ 王磊，孙君. 农民为主体的陪伴式系统乡建——中国乡建院乡村营造实践［J］. 建筑师，2016（5）：37-46.

［21］ 申明锐，张京祥. 政府主导型乡村建设中的公共产品供给问题与可持续乡村治理［J］. 国际城市规划，2019，34（1）：1-7.

［22］ 吴祖泉. 建设主体视角的乡村建设思考［J］. 城市规划，2015，39（11）：85-91.

［23］ 刘金海. 知识实践视角下的"乡村建设"研究——基于定县教育、邹平实验和乌江试验的比较分析［J］. 人文杂志，2021（4）：115-121.

［24］ 周思悦. 宁波市王家岭村乡村建设规划［D］. 南京：南京大学，2018.

［25］ 马泰·卡琳内斯库. 现代性的五副面孔［M］. 顾爱彬，李瑞华，译. 北京：商务印书馆，2002.

［26］ 山崎亮. 社区设计：比设计空间更重要的是连接人与人的关系［M］. 北京：北京科学技术出版社，2019.

［27］ 张晖. "民族志转向"与艺术乡建的"在地性"问题［J］. 公共艺术，2018（5）：16-19.

［28］ 洪荣满. 公共艺术的在地性与跨媒体趋势研究——以"移动美术馆"计划为例［J］. 美术学报，2018（4）：102-106.

［29］ 张立. 乡村活化：东亚乡村规划与建设的经验引荐［J］. 国际城市规划，2016，31（6）：1-7.

［30］ 董金柱. 印度与巴西的乡村建设管理法规及启示［J］. 国际城市规划，2010，25（2）：21-25.

［31］ 温铁军. 百年中国，一波四折［J］. 读书，2001（3）：3-11.

［32］ CLUCK M. Popular Bohemia: modernism and urban culture in nineteenth-century Paris［M］. Cambridge, MA: Harvard University Press, 2005.

［33］ MIWON K. One place after another: site-specific art and locational identity［M］. The MIT Press, 2004.

［34］ SEIGEL J. Bohemian Paris: culture, politics, and the boundaries of bourgeois life, 1830-1930［M］. Baltimore: Johns Hopkins University Press, 1999.

东亚经验

EAST ASIAN
EXPERIENCE

应对收缩的日韩乡村社会政策与经验启示

Rural Social Policies and Experiences in Japan and South Korea in Response to Rural Shrinkage

张立　李雯骐　白郁欣

Zhang Li, Li Wenqi, Bai Yuxin

摘　要　老龄化是东亚国家正面临的发展挑战，乡村收缩是其直接表征。本文首先概述日韩两国乡村收缩的特征与若干影响；继而基于政策研究和田野考察分别介绍日本和韩国为应对乡村收缩提出的社会政策主要内容，并评价其实施效果；最后提出对我国应对乡村收缩的启示，即接受乡村收缩的总体客观规律，将重点放在乡村活力的营造和维持上而不仅仅导入人口，具体措施包括优化资源配置效率，探索制度创新，注重对"人"的价值挖掘，以及提升居民参与和政府支持的协同等。

Abstract　Aging population is a development challenge which most East Asian countries are faced with, and rural shrinkage is a direct manifestation of it. This paper first summarizes the characteristics and impacts of rural shrinkage development in Japan and South Korea, and then introduces the main social policies for rural shrinkage in Japan and South Korea, as well as evaluates their implementation effects, based on policy researches and empirical studies. Finally, the paper discusses several enlightenment for China's rural development, namely to accept the objective law of rural shrinkage, and focuses on the construction of rural energy and maintain, not just for the import of population, specific measures include optimization of resource allocation efficiency, explore the system innovation, pay attention to the value of "people", and improve the residents' participation and cooperation with government support, etc.

关键词　乡村收缩；发展；日本；韩国；社会政策

Keywords　rural shrinkage; development; Japan; South Korea; social policy

作为现代化进程的正反面，人口向城市地区的快速流动与集聚引发了乡村地区人口的持续流失。以人口大幅减少且高度老龄化为最直观特征的乡村收缩是全球性议题。在东亚地区，现代化发端最早的日韩两国反映了经济与城市化水平高度发达下小农乡村[1]社会收缩的典型状态。2021年日本65岁以上的老龄人口占比28.9%[2]，韩国为16.6%[3]。进一步的数据显示，2010年日本农业从业者平均年

国家自然科学基金项目（51878454），住建部科研项目（2021-R-068）。本文发表于《国际城市规划》2022年第3期。感谢赵民老师等对日韩乡村田野考察的支持。

张立，博士，同济大学建筑与城市规划学院城乡规划系，高密度人居环境生态与节能教育部重点实验室，副教授，博士生导师，中国城市规划学会小城镇规划学术委员会秘书长。

李雯骐，同济大学建筑与城市规划学院城乡规划系，博士研究生。

白郁欣，硕士，浙江省城乡规划设计研究院有限公司，规划师。

① 本文所指"乡村"包括乡村地域内的村庄和乡镇，大抵对应日本的"村"和"町"，韩国的"面"和"邑"。

② 日本总务省统计局数据，详见：https://www.stat.go.jp/data/jinsui/new.html。

③ 韩国统计局数据，详见：https://kosis.kr/visual/nsportalStats/detail.do;jsessionid=1upGEy10SGtulZbzaq4LuiNoHZA8bzLF8itd8XIivrrpvbdn7LKXVyga147U1vpw.STAT_WAS1_servlet_engine4?menuId=10&NUM=1014&cntUpdate=Y。

龄66岁[1-2]；韩国虽然整体的老龄化程度不高，但其农村的老龄化程度非常惊人，2007年农村老龄人口比例高达32.1%，高出城市22个百分点[1]。

随着人口结构变化发酵而产生的社会问题逐渐成为社会政策和相关研究的关注议题。日本学者自20世纪60年代起开始关注日益严重的过疏化问题，研究重点已从早期对过疏化人口流动的现象、乡村社会转变等问题的探讨，转向对"限界集落""有秩序的撤退"等理论方面的研究[3-4]；韩国学者自70年代起主要深入研究"新村运动"以及之后韩国乡村社会的现实走向[5-6]。长期以来，国内对日韩乡村政策的研究多聚焦于经济发展视角或振兴导向的政策研究，对典型政策如日本的"一村一品"、韩国的"新村运动"等已形成较为丰富的研究成果。但同时，国内研究忽略了社会政策基于社会问题而生的内涵，且未充分注意到政策领域之间的相关性，即以日本、韩国为代表的乡村政策衍生于经济政策，并随着时间的推移不断加深其社会政策意涵，是构成日韩乡村发展政策的一个重要方面[7-8]。尤其对于乡村收缩问题而言，人口流动所引发的是更为复杂的社会衰败问题，社会政策的出发点从振兴到一般意义上的福利保障与供给，需要解决在社会公平、公正引导下的资源配置、福利供给问题，以最大限度地维持收缩地区的社会常态运行。因此，针对这一特定问题的研究需要从经济政策视角转向社会政策视角。

20世纪70年代，德国经济学家瓦格纳（Adolf Wagner）最初提出社会政策的要义是"将国家立法和行政干预作为主要手段，以排除分配过程中的弊害的国家政策，其最终目标是通过国家干预促进社会整体福利水平的提升"[9]。本文以与我国发展背景相似的日本和韩国为例，基于对两国乡村长期的田野考察，研究其乡村收缩的总体特征和应对乡村收缩的主要社会政策，以期为我国未来制定面向乡村收缩的相关政策提供国际经验参考。

1 日韩乡村收缩的现象特征

1.1 日韩乡村收缩的总体进程

乡村收缩最直接的表现是人口总量的持续下降和与之伴生的人口老龄化。日本的乡村人口收缩是社会流动和人口自然减少所产生的双重结果。自20世纪60年代起，日本社会开始关注町村地区由于人口大量向城市地域的流动而导致的乡村过疏化现象。随着乡村人口的持续老化、日本全社会自然增长的人口数量急速下降，加之日本较高的农业机械化程度不断释放出农业剩余劳动力，进入21世纪后日本乡村地区的人口以较城市化高速发展阶段更快的速度在减少（图1），被称为乡村的"新过疏化"①现象[10]。人口的自然减少是这一阶段人口收缩的主要原因（图2）。根据2021年日本政府最新出台的《关于支持过疏地区可持续发展的特别措施法》对"过疏地域"②的定义，2021年日本共

---

① "新过疏化"指中小城市也逐渐成为过疏化地区的现象，即过疏化的对象已经同时包含日本的乡村与都市地域。
② 人口条件：1975~2015年人口减少率满足以下四个条件之一，即1）人口减少率在28%以上；2）人口减少率在23%以上，且2015年高龄老人比例在35%以上；3）人口减少率在23%以上，且2015年年轻人（15~30岁）比例在11%以下；4）1990~2015年人口减少率在23%以上，地方政府在2017~2019平均财力指数均在0.4以下（平均财力指数等于标准财政收入额/标准财政支出额，平均财力指数越低，地方政府财政自给程度越低）。详见日本2021年《过疎地域の持续的な发展の支援に关する特别措置法》。

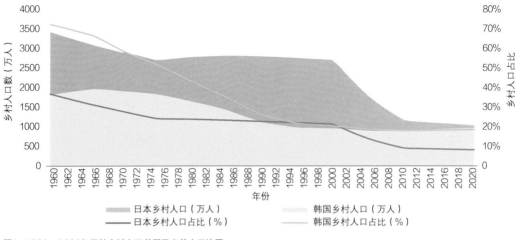

图1　1960～2020年日韩乡村人口总量及占总人口比重
（资料来源：世界银行2021年数据）

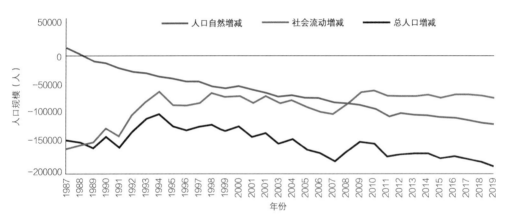

图2　1987～2019年日本过疏地区人口自然增减与社会增减变化
（资料来源：作者根据参考文献［11］绘制）

有820个过疏市町村（279个市、410个町、128个村），总面积占日本国土面积的60%，人口却仅占总人口的8.2%。而就乡村地区而言，超过半数的町村都处于过疏状态，尤以山区、边远地区村庄居多[11]。

　　与日本已进入人口的自然减少状态不同，韩国受近代战争等的影响，大部分村镇的历史并不是很长，并不存在明显的城乡文化联系。因此，在弱乡土情结羁绊下，加之现代化前期由经济发展严重倚赖出口和大城市企业所导致的过度城市化[12]，韩国乡村地区在大力推进城市化的进程中衰落速度更快（图1），以至于韩国学者认为韩国农村以比世界上任何发达资本主义国家农村都要快的速度解体[13]。截至2015年，韩国邑面人口占全国人口的比重由1970年的58.8%快速下降至18.4%（图3）。

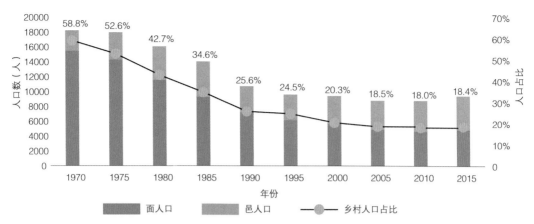

图3 韩国邑面人口情况

（资料来源：作者根据参考文献［12］整理绘制）

1.2 人口收缩下的乡村社会功能瓦解

日本学者以"生产和生活机构的崩坏"来描述彼时日本乡村的过疏状况，并认为过疏的过程实质上代表了作为生产与生活空间的村落社会的解体过程[14]。具体而言，人口减少对乡村地区发展带来的直接负面影响包括房屋资源的高度空置（图4）、公共设施与教育设施等基础设施运营成本大且供给困难[15]、社区功能衰退[16]、城镇活力下降[17]、基层政区的撤并、城镇边缘地区与乡村空间的混杂[18]等。除人力与物质资源外，对乡村社区内生能力的瓦解更体现于对地方经济能力的削弱。由于日本的地方税收主要为面向个人和居民家庭的住民税和不动产税，人口是重要的税基，人口（家庭）减少的潜在影响是地方税收能力的下降，且高龄单身家庭与独居老人数量的增多持续增加当地的经济压力和财政负担①。

此外，作为乡村核心生产要素的务农人口的减少，直接推动了乡村农业生产方式的转变。一方面，务农人口的离村导致农地的大量抛荒或转为他用，尤其是在对乡村农用地管制较为松散的韩国，抛荒农地转为非农用地的比重更高；另一方面，尤以日本为例，随着个人和家庭耕作能力的下降与务农成本的上升，农地向社区新农民公社或企业等经营主体规模化集中的趋势更为显著（图5）。

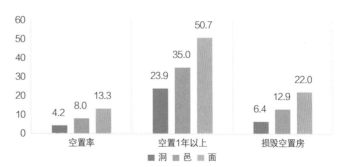

图4 韩国2014年空置房比例（单位：%）

（资料来源：作者根据参考文献［19］整理绘制）

---

① 例如，2014年笔者在东京都奥多摩访谈中了解到，当地税金贡献只占财政收入的12%，其余的88%财政收入来自中央与东京都的补助（地方交付税、都支出金等），而民生费用占据财政支出的较大比重。

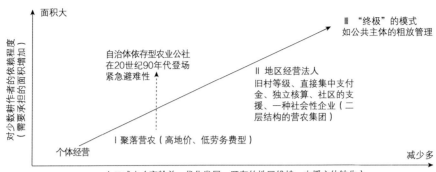

图5　日本中山间地区农业耕作的责任主体
（资料来源：作者根据参考文献［20］绘制）

2　应对收缩的日韩乡村社会政策主要内容

2.1　以小城镇作为乡村地域中心，连接城市与农村

韩国从1972年启动了针对全国邑、面的小城镇培育事业，主要经历了四个阶段（表1），核心目标是将小城镇作为连接城市与农村的节点，以此缩小城乡差距。前三阶段培育事业的方式方法大致相似，侧重于对小城镇各项基础设施与公共服务设施的改造提升；第四阶段培育事业突出强调挖掘小城

韩国小城镇培育事业四个阶段　　　　　　　　　　　　　　　　　表1

要素 \ 时间		1972～1976年	1977～1989年	1990～2001年	2001～2012年
主题		农村中心培育	准城市培育	缓解城乡差距	均衡区域发展
目标		将小城市培育成周围农村地区的生活、文化、物流的中心地区	改善小城镇落后的生活环境，培育其自主生产能力，使其能够承担准城市的职能，从而缩小城乡生活水平的差距	将小城镇所在地开发为农村地区集经济、文化、行政等功能于一体的综合性中心地，通过振兴地区经济和完善地方居住生活基础设施，谋求福利的均衡，进而缓解城乡差距	扩大小城镇的复合型中心职能，使小城镇成为新的生产据点和新型居住空间，为区域均衡发展作出贡献
措施		以改善基础环境为主，集中整治街道和市场环境（道路、河川、建筑、广告牌、停车场、道边水沟、窄胡同、电网等）	集中于街道、市场等基础环境的整治，涉及的范围、规模相对于"小城市培育事业"有所扩大	街道整治：改善道路和下水道等；环境整治：改良住宅等；市场物流设施整治：整理中心商业街等	培育小城镇综合计划： （1）培育具有代表性与高竞争力的本地产业； （2）支援市场、中心商业街等现代化、专业化建设项目； （3）为提升人居环境扩充城市基础设施； （4）保护传统文化和历史资源，振兴旅游事业
洞*、邑、面数量（个）	选取	1505	1458	1443	194
	实际落实	397	844	606	100
支援金额（亿韩元/个）		0.1	1.65	12.4	300

注：*洞为韩国城市地区的基础行政层级，相当于我国城市中的区一级。

镇的"发展"潜力，并在方式方法上有所改善，核心的变化是先保"质"再求"量"——优先支援条件优越尤其是在前三个阶段培育较好的邑面，之后再考虑普惠。在具体的执行方式上，通过《小城镇培育事业10年促进计划（2003—2012年）》规定邑面需制定十年计划：前三年行政自治部和国库补助资金管理部门集中出资进行基础建设，使小城镇实现自主化发展；后七年则主要进行民间投资和自发的诱导性建设事业，并大大提高了各级政府财政投资的支援力度[21]。

2.2 "中心据点+圈层"的乡村公共资源配置

在考虑如何为收缩地区公平、有效配置公共服务与基础设施问题上，日韩两国通过多等级生活圈构建，将乡村纳入大城市的服务圈层，其核心是依托区域资源来弥补收缩地区因人口下降而导致的设施配置能力不足。

日本自1969年第一次全国综合开发计划开始，便一直致力于生活圈的构建，先后发展出"广域生活圈""市町村圈""定住圈构想"和"地方生活圈"等不同尺度的生活圈概念。地方生活圈依据距离、人口、设施的不同可划分为四个等级（图6），根据不同范围的生活需求布置相应的公共服务设施。市町村基本处于一次生活圈（>5000人）和二次生活圈（>1万人）范围内，通过地方生活圈与周边中小城市连接，町村能够享受政策优惠和城市大市场，有助于稳定当地人口。此外，地方生活圈也成为日本对乡村地区进行社区结构优化与行政区划调整的重要方式[23-24]。

与日本层级化的生活圈构想相似，韩国于1990年第三阶段小城镇开发事业中提出"农村定住圈开发计划"，旨在各级农村中心集中投资建设现代化的生活基础设施与有竞争力的生产设施。对此，在农村地区划分定住生活圈—定住区—住宅区三个层级，分别对应中心城市—中心邑面—中心村落。中心城市主要为市郡①，人口在2万人以上，在经济发展、社会文化、行政功能上起到连接上级广域自

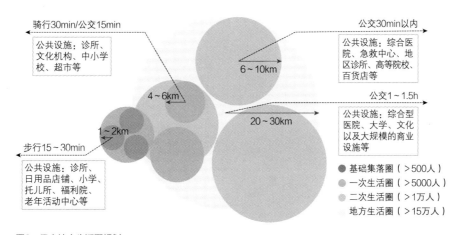

图6　日本地方生活圈规划
（资料来源：作者根据参考文献［22］绘制）

① 郡为韩国的二级行政层级，相当于我国的县。

治体和下级邑面的作用；中心邑面的人口在1000人以上，是下级邑面的中心地；中心村落是下级村落的中心地，由5~10个村落形成，是满足农村社会化生产与保障生活设施的基础层级（图7）。

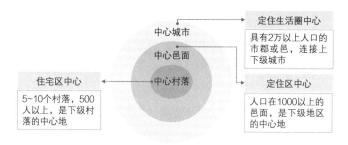

图7 韩国农村定住生活圈系统示意图

由于定住生活圈政策主要聚焦于农村内部的基础性完善，只注重物质空间建设，整体效果不如预期[25]。韩国政府在最后一阶段小城镇综合培育事业结束后调整思路，于2015年开启了新一轮的中心地开发事业，核心思想是通过在邑面中心增设或更新各类公共服务设施，进一步强化邑面中心地行政、文化、交通、贸易等功能，提升它对周边农村地区的服务能

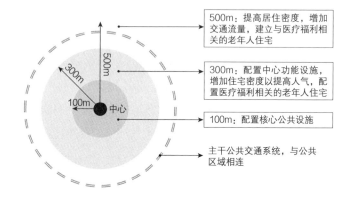

图8 韩国的中心地开发理论模型

力，并且有选择地集中于农村社区。因此，中心地开发事业的基础模型以邑面地区的公共中心位置为起点，分别界定100m、300m和500m的开发范围。靠近中心地带配置核心公共设施；中心地300m范围内尽可能增加居住密度和老年住宅密度，以提升人气和提高服务便捷度；500m范围内也保证一定的居住密度，加强老年人住宅建设；在近郊地带建立环路，作为主干公共交通系统与公共区域相连（图8），进一步提升中心地与偏远乡村之间的可达性。

2.3 完善促进城乡流动的住房政策，引导归村

面对老龄化、少子化现象，如何导入外来人口是提高地区活力的关键。这其中，鼓励城市人口进入农村定居的相关政策被列为促进"城市与乡村交流"的一项重要政策设计。日本政府将城市居民迁住乡村的类型划分为U、I型移居和两地区居住：U型移居指农村籍贯的人搬去城市居住后又搬回老家；I型移居指城市籍贯的人搬去农村生活；两地区居住指在城市与农村都有住房，根据生活状况两地往返的状态。为推进U、I型移居，日本中央政府通过建立网上住房银行为居民提供房屋交易的平台，而多地的町村政府都积极出台不同程度与形式的住房补贴措施以吸引外来人定居。

以东京都的奥多摩町为例，对新居民采取渐进式补贴，即补贴多少与实际居住的年限紧密相关。在实际操作中，奥多摩町结合地处山区不宜开发的现实条件，采取三种不同措施为新居民提供住房：1）低价出售住宅用地，由町政府和其他相关人员组成第三方，利用町政府的资金购买土地并进行开

发，再以低价将分割的土地出让给新居民家庭，以减少建房成本；2）青年住房补助，政府统一持有房屋并向年轻人优惠出租，使用面积70m²的两室一厅收取约3万日元的月租金①（图9）；3）空房银行，政府主动收购或租赁条件较好的闲置房屋，统一向有租房意愿的群体出租，部分艺术家会租借房屋形成小型的SOHO创作小屋[26]。从田野考察来看，这些政府主导建设的出售和出租房屋基本全部入住，初步实现了移住新居民的政策目标。

图9 奥多摩町低价租赁房屋

韩国于21世纪初发起的"归农·归村"计划同样意在鼓励城市人口自发性迁移到农村居住，政策针对三类归农归村人群②进行归农教育和新型职业农民培训，并出台购置房屋、健康福利、经济活动、税收支持等方面的社会保障制度，为培育青年农业人、促进城乡交流起到了积极的政策效应[27]。

2.4 注重内生导向的发展动力，激活地方文化自信

在回应乡村收缩问题时，除了提供能够使乡村得以维系存续的硬件配置外，一个核心问题是收缩地区需要什么样的发展路径？在经过长期的物质建设投入后，日韩两国都开始探索强调发挥地域资源、充分尊重与调动地方居民发展意愿的内生式发展路径[28-29]。

20世纪80年代日本政府开始推行被称为"个性地域"的市町村建设——由都道府县推荐，再由中央行政机构指定117个市町村为个性地域。90年代中央行政机构又指定了22个个性地域市町村，它们在历史、地理、风土或文化等方面均有一定的特色。日本政府指导町村特色化发展的思想是将地域资源进行极致化利用，即立足于当地的资源开发进行环境保护，创造就业机会，促进经济社会和谐发展。个性地域创建不仅需要町村自身的资源基础，也需要政府和居民拥有敏锐的洞察力，更需要选择有效、独特的挖掘、开发和运营方式，使居民、政府、民间组织等协力合作。

韩国基于过去针对落后地区的开发政策所出现的问题，提出"新活力事业"以挖掘地方的自我发展动力，改变对中央政府财政支持的过度依赖。与之前强调设施和物质空间环境改造相比，"新活力事业"更加关注"软环境型"地域开发理念，强调挖掘当地的特色与资源，包括乡土资源地区特性化、地区文化旅游资源开发、地区形象和市场开发、教育及人才培养、生命健康食品开发和海洋水产资源活用等多种专项事业在内的差别化落后地区开发事业[30]（表2）。

---

① 该价格和周边青梅市均价8万日元的月租金相比是十分低廉的。
② 第一类U型即离乡的返乡人群；第二类I型即城市居民自发迁居到乡村；第三类J型，指由故乡前往城市而后因特定原因移居到其他农村者。

类型	市（郡）	代表事业
乡土特色资源开发	35	发酵食品开发，柿子产业化，奶酪生产，世界名茶培育
地区文化旅游资源开发	12	新环境有机农业，绿色旅游；博物馆村庄培养；冒险体育运动中心建设
地区形象和市场开发	7	生态健康山村地区市场，happy700品牌强化，黄土地开发
教育及人才培养	5	外国语教育特别区建设
生命健康食品开发	6	高丽人参、药草的感官体验型事业，新环境汉方草药产业育成，生草药的特化地区建设
海洋水产资源活用	5	海洋生物产业竞争力强化，滩涂地体验型观光地培育

资料来源：作者根据参考文献［37］整理绘制。

3　应对收缩的日韩乡村社会政策实施及其效果评价

3.1　从政府主导到共同参与的实施组织机制

两国在针对收缩地区的政策实施上，主要分为自上而下和自下而上两种方式，由早期的政府主导投资向自立促进、社会组织参与的转型是其中的重要发展趋势。

多元的社会组织参与是日本乡村政策富有活力的重要原因。在过疏化问题持续严峻的过程中，社会各界对过疏化地区的援助参与也日趋多元，非营利组织和社会型企业开始替代政府担任如"城市与农村相连"的协调人等中间者的角色，逐步培育出了以当地居民为主体，地区社会福利机构、非营利组织等社会组织为主要支援力量的地域福利共同体[29, 31]，成为日本当前推进乡村社会政策的主要责任主体形态。

韩国早期自上而下的政策由中央主导实施，一定程度上抑制了地方的自主性。自中心地开发事业起逐渐强调居民参与，采取逐年开发的方式以确保与居民充分沟通。此外，为了保证与居民沟通的有效性，更全面地听取居民意见和需求，政府出资训练了一批农村中心地开发事业促进者，他们以更专业的视角和更强的沟通能力去挖掘农村目前存在的问题，并反映给政府部门，与居民、政府部门沟通解决方案并改善问题，从而保证项目有更好的成效并更贴合当地需求（表3）。

中心地开发事业和参与者在项目各阶段的职能　表3

阶段	邑面管理团队	邑面居民	专家	项目管理团队	市郡政府
准备	业务规划	参与讨论	参与讨论	项目潜力挖掘	获取项目资格
规划	社区教育，收集居民和专家意见，举办讨论会	提出意见和建议	提出意见和建议	进行实地调研，制定基本计划并对居民进行宣传	提供财政支持
设计	根据业务内容召开会议，制订详细设计草案，促进达成共识	提出意见和建议	提出意见和建议	逐步设定开发目标和计划	—
施工	工作监督和人员支持，持续的推广和参与	人力资源支持	公共设施建设指导	—	—
管理	监督、维护，鼓励居民参与	人力资源支持	意见指导	—	—

资料来源：作者根据参考文献［37］整理绘制。

3.2 以法律为支撑、配套具体实施行动的社会政策体系

在对社会政策的保障上，日韩的主要做法是将社会政策提到立法的高度，以法律的方式并辅以配套的政策体系，实施自上而下的梯次推进。例如，日本自1970年开始制定针对过疏地区的相关法律文件，每10年进行一次修订，先后于1970年发布《过疏地域对策紧急措施法》、1980年发布《过疏地域振兴特别措施法》、1990年发布《过疏地域振兴特别措施法》、2000年发布《过疏地域自立促进特别措施法》、2010年起继续沿用该法，并出台了延长法，进一步扩充了相关措施的目标对象范围和公共事务范畴；2021年最新颁布《关于支持过疏地区可持续发展的特别措施法》，强化了在乡村人力资源培育、信息技术运用和可再生资源利用等方面的可持续发展目标（表4）。通过历次《过疏法》对过疏地区形成持续的资源投入与政策保障，并且随着对过疏化问题的认识不断调整法律中的政策内容与评估标准，从而适应不同阶段下过疏化乡村的发展需求。

日本历版"过疏法"颁布背景与主要措施　　　　　　　　　　　　表4

要素	《过疏地域对策紧急措施法》	《过疏地域振兴特别措施法》	《过疏地域振兴特别措施法》	《过疏地域自立促进特别措施法》	《过疏地域自立促进特别措施法》（延长法）	《关于支持过疏地区可持续发展的特别措施法》
时间	1970～1980年	1980～1989年	1990～2000年	2001～2010年	2010～2021年	2021年
目标	防止人口过度减少，强化地区设施建设基础，改善居民福利，缩小地域差异	促进过疏地区的振兴，提升居民福利，增加就业，缩小地域差异	促进过疏地区的振兴，提升居民福利，增加就业，缩小地域差异	促进过疏地区的自主发展，提升居民福利，增加就业，缩小地域差异，提升国土风貌水平		指出针对过疏地区发展的综合性和系统措施，加强乡村人力资源培训、信息和通信技术应用、促进可再生能源使用等
背景	以应届毕业生为中心的城市人口快速吸纳；897个市町村人口减少10%以上，117个市町村人口减少20%以上，36个村人口减少30%以上	居民缺乏就业机会和医疗保健，年轻人口外流导致的老龄化	克服第二次石油危机的东京新一极化发展，出现老龄化、工业和公共设施开发延迟等"新的人口减少问题"	人口老龄化持续，自然增长率加速减少；农林渔业严重停滞；村落生存危机；年轻人持续外流	老龄化进程显著；缺乏熟悉的日常交通；区域医疗系统被弱化；需要灵活的政策支持，以充分利用每个地区的本地资源和独创性	支持人口减少地区的发展是均衡国土发展的重要支撑，要强化此类地区信息化、交通功能的提供和改善、医疗保健的供应系统，改善乡村教育，妥善管理乡村农地、森林等问题
政策考虑	紧急措施，确保生活环境最低限度的维持，在可能发展的地区发展工业基础设施，防止人口过度减少、地方社区崩溃、市政财政崩溃	过去因人口减少导致社区功能弱化、生活水平与生活功能下降；通过全面系统的促进措施改善居民福利，增加就业和缩小差距	从"促进"到"振兴"；发挥地区的个性，重视基于地区独立性和独创性的地区发展；不仅要重视公共设施的发展，还要重视地区综合发展，包括私营部门的活力	国家视角下人口稀缺地区的新价值与公共利益功能，从"激活"到"促进独立"，一个可以展示个性并能够独立发展的社区	—	推进企业选址、完善产业基础设施、实现农林渔业管理现代化、培育中小企业和促进企业家精神、发展旅游业等方式促进产业发展；通过改善通信设施和利用信息通信技术，推进过疏地区的信息化；完善道路等交通设施等，改善居住环境，促进当地可再生能源的利用
					旨在实现未来居民可以安全放心生活的社区	

要素	《过疏地域对策紧急措施法》	《过疏地域振兴特别措施法》	《过疏地域振兴特别措施法》	《过疏地域自立促进特别措施法》	《过疏地域自立促进特别措施法》（延长法）	《关于支持过疏地区可持续发展的特别措施法》
时间	1970~1980年	1980~1989年	1990~2000年	2001~2010年	2010~2021年	2021年
成效	市町村道路改善率从9%~22.7%，铺装率从2.7%~30.6%；会议设施维护80%；1975年人口下降速度放缓（10%~8%水平）	市町村道路改善率从22.7%~39%，铺装率从30.6%~55.7%	减少了交通通信系统的支出占比，增加了对产业促进、老年人健康福利、改善生活环境等方面支出投入	市町村道路改善率达54.2%，铺装率达70.5%；提升生活的稳定性和福利水平；形成具有地域特色的社区（游客数量增加）	—	

资料来源：作者根据参考文献［32］绘制。

3.3 实施成效评价

日本针对町村过疏化现象采取的政策措施主要是完善其物质空间建设，振兴地方经济以及促进地方文化环境的改造。在过疏化地区振兴方面，政府通过在财政上的投资和政策上的优惠来自上而下地完善过疏化地区建设，地方也积极采取措施解决过疏化问题，从而防止地区衰败。地方生活圈的打造更是开拓了市町村向上借用资源的思路。时至今日，日本又相继出台了包括"地方创生"①等在内的多项振兴策略。总体而言，日本对于收缩地区的发展支持无论是中央政府层面、地方政府层面还是当地居民，都有强烈的意识。在长期的政策引导、资金投入和资源开发的努力中，一定程度上缓解了町村的衰败，也促进了部分町村的振兴。

韩国从小城镇培育事业到中心地开发事业，一系列连贯性的政策对邑面地区的综合改良起了极大的促进作用。小城镇培育事业和中心地开发事业均以培育农村中心地为目标，主要通过改善基础环境，兼顾邑面的特色化发展来均衡城乡差距。定住圈开发事业是小城镇培育事业的前期准备，着重于面的设施改善；中心地开发事业汲取经验，放缓开发进度，并重视居民意见，注重主题开发。虽然韩国村镇建设的自下而上参与度并不是很高，但其自上而下的支援是比较成体系的［33-34］。

客观上，政策体系无法逆转乡村收缩的宏观趋势。但是，日韩在应对乡村收缩的过程中逐步建立起"对内强化保障、对外强化支持"的社会政策体系：一方面加强对收缩地区的基础设施与福利供给，并通过文化自觉与"福利共同体"的建设树立起地方的文化自信；另一方面将收缩地区纳入更大区域范围的城市服务网络，并通过各方面的政策支持促进新的人口进入乡村，以持续的社会政策投入作为对大趋势下城乡关系的调整与弥合。

---

① 该项政策是日本政府为了修正首都东京的极化发展、减缓地方人口减少、提升日本整体活力所提出的一系列政策总称。由于该项政策的主要实施对象为市县，故不在本文中详细展开论述。

4 对我国应对村镇收缩的启示

自20世纪90年代中期，我国乡村人口总量开始呈现减少态势，虽相比于日韩而言下降速度较缓（图10），但近几年也呈现加速下降的趋势，大致可对应日本在70年代和当前阶段，韩国在1990~2000年的乡村人口收缩阶段。第七次全国人口普查的数据显示，2020年城镇化率已达到63.89%的，65岁以上人口的比重达到13.5%。乡村人口减少的压力不仅在于人口迁出，还在于人口自然更替的加速。未来的乡村收缩不仅会发生在偏远落后地区，也将成为全国范围内的普遍问题，这也是我国在吸收日韩等国家经验时需要充分认识到的重要前提。

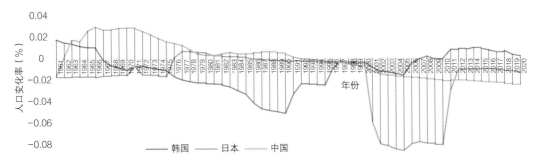

图10 中日韩三国乡村人口增长（减少）速度比较
（资料来源：世界银行2021年数据）

4.1 接受乡村收缩发展的客观规律

在过去几十年的发展中，日韩在乡村地区进行了持续的政策投入，在提高农业生产效率和改善农民生活条件方面发挥了积极效应，但总体上由人口结构变化导致的人口减少难以避免。例如，日本地处山区的奥多摩町虽然持续推进振兴行动，但人口在2000~2015年仍减少了32.6%。这表明区域城市化过程对人口、资源、空间集聚的强化，相关政策如果不能影响居民"用脚投票"，政策的实效性则将大打折扣。从更深层的意义上而言，落后地区振兴有其促进公平正义的社会意义，却与资源集聚效益相悖。在乡村总体收缩的大趋势下，要客观认识村镇的发展演化规律，寻求空间集聚与社会公正的适度平衡，将重点放在乡村活力的营造和维持上[33, 35]，而不仅仅是将人口导入。

4.2 改善设施布局，强化中心功能、优化资源配置

日韩的乡村社会政策均从基础设施建设和环境改善入手，逐步转向产业振兴和主题开发。相比之下，韩国更偏重基础设施建设和环境改善，日本则两者兼顾。无论是扶持相对落后地区、创造先进范例，还是全国性提升改造，两国均注重物质空间改善，即基础设施建设和环境改善，前者主要涉及道路交通、通信设施等，后者的改善包括垃圾处理、环境保护、公共服务设施建设等。为有效应对乡村收缩所造成的资源供给困难和设施浪费共存的矛盾，两国均提出"中心+圈层"的公共服务设施配置

模式，并持续强化乡村中心地域公共服务能级。这与我国当前推进的"强化县城综合服务能力和乡镇服务农民功能"的总体要求相契合。日韩乡村社会政策的相关理论模型、生活圈的层次划分方法和年度实施机制能够在我国乡村地区生活圈的构建中充分发挥作用。

此外，日本进一步探索了地方生活圈的广域联合制度，以大城市带动市町村的长足发展。这为我国探索收缩地区乡镇的公共服务设施如何在更大范围内建立城乡的联动配置提供了重要的经验参考。

4.3　主动探索制度创新，盘活资源使用

日韩经验表明，应对乡村收缩并不是简单的人居空间的迁并集聚（现实中也存在极大的实施困难），而是需要针对乡村资产的有偿退出、空置资源的盘活与再利用、土地的福利性再开发等方面作出积极地制度创新探索，在制度设计上寻求突破以有效应对收缩带来的负面影响。除上文提到的相关定居政策外，日本多地政府针对空置房屋数量日益增长的问题，以网上住房银行模式为居民提供房屋交易的平台，鼓励有空置房的家庭主动出租房屋，以促进租房市场的供需结合。韩国针对乡村地区的废弃学校、空置房屋资产等展开了再利用的探索，并针对自然资源特色进行深度开发等，从而改善村民收入，保持乡村活力（图11）。

对于我国而言，要积极研究农村三权（农地承包权、宅基地使用权、集体经济分享权）的退出机制[36]，合理规划"管控下的保留与发展"也是应对乡村收缩应有的题中之意。当前，乡村地区的中小学校、企业厂房、供销社等正处在收缩中，宜作好相关的制度创新以支持资源的合法高效利用。

图11　韩国某滨河村落利用冬季滑冰项目开展服务创收

4.4　积极应对人口结构转变，注重对"人"的价值发掘

注重对来自本地和社会的人力资源的培育，是长期贯穿日韩乡村发展的社会政策主线。在人口收缩地区，与青年人口大量流失相对的是老年人口成为当地乡村发展的"中坚力量"。部分老年人尚且具备一定劳动能力，且往往有更为强烈地为本地村镇发展作出贡献的意愿。在日本乡村考察的过程中，笔者也发现有诸如"长寿者协会"等由本地高龄者自发形成的民间组织，经过一定的技术培训后开始有组织地从事村庄内的锄草、剪树枝等环境美化工作。可以看到，日本政府积极鼓励和支持老年人社团活动，将老年人作为村镇重要的人力资源来开发，满足他们服务社会的愿望，而不仅仅将其视为社会负担，这同时也提升了他们的社区归属感和自身的精神状态。在韩国，我们的田野调查也发现，60岁以上的乡村人口仍然在工作，在为乡村的活力持续作出自己的贡献。

对于我国当下老龄化的村镇发展现实而言，要适应人口结构转变，将人口劣势转化为新的人力资源优势和特色，与此同时提高本地人口的参与感和幸福感。日韩的经验无疑具有十分重要的启示意义。

4.5 激活自下而上的内生动力，同时强化政府支持的体系化

从相关社会政策的实施来看，主要分为自上而下和自下而上两种方式。韩国对邑面地区的培育更注重其农村中心地的职能，故主要强调物质空间的改善，缺乏对当地特有产业的挖掘，且中央和地方政府的主导性更强，居民参与力度相对较弱（中心地培育事业虽重视居民参与，但依旧以自上而下的方式进行开发）。相对而言，日本推进自下而上建设的主动性更高，提倡激发居民自主开发意识，注重特色产业培育，更有针对性地提升了村镇物质环境改造和社会经济发展。

相比之下，我国现阶段的村镇建设主要是自上而下的被动发展，居民参与程度远低于日本，也不及韩国的中心地开发事业。日韩经验的启示在于，处于收缩趋势的中国乡村宜探索更多的自下而上的发展模式，促进多方参与建设。政府在开发建设中应建立有效的沟通机制，为居民参与乡村建设提供更多路径，从而带动地方自主建设的积极性，全面调动乡村潜在的财力、物力和人力及其社会资本。

参考文献

［1］ 张玉林. "现代化"之后的东亚农业和农村社会——日本、韩国和台湾地区的案例及其历史意蕴［J］. 南京农业大学学报（社会科学版），2011（3）：1-8.

［2］ 王志国. 台湾现代农业农村发展的若干特点及其借鉴意义［J］. 中国发展观察，2015（9）：77-81.

［3］ 新沼星织.「限界集落」における集落機能の維持と住民生活の持続可能性に関する考察―東京都西多摩郡檜原村M集落の事例から―［J］. E-journal GEO, 2009（1）：21-36.

［4］ 羽田司，松原伽那. 過疎山村における住民生活の存立形態：飯山市福島地区を事例に［J］. 地域研究年報，2017（39）：161-180.

［5］ 朴振焕，潘伟光. 韩国新村运动：20世纪70年代韩国农村现代化之路［M］. 北京：中国农业出版社，2005.

［6］ 李仁熙，张立. 韩国新村运动的成功要因及当下的新课题［J］. 国际城市规划，2016，31（6）：8-14.

［7］ 田毅鹏. 东亚乡村振兴的社会政策路向——以战后日本乡村振兴政策为例［J］. 学习与探索，2021（2）：23-33，174.

［8］ 沈权平. 韩国乡村振兴社会政策的起源、演进及政策路向［J］. 中国农业大学学报（社会科学版），2021，38（5）：49-57.

［9］ 曾繁正. 西方国家法律制度：社会政策及立法［M］. 北京：红旗出版社，1988.

［10］ 作野広和. 中山間地域における地域問題と集落の対応（<特集>少子高齢化時代の地域再編と課題）［J］. 経済地理学年報，2006（4）：264-282.

［11］ 総務省地域力創造グループ過疎対策室. 過疎対策の現況［R］. 2021.

［12］ 吴梦笛，陈晨，赵民. 城乡关系演进与治理策略的东亚经验及借鉴［J］. 现代城市研究，2017（1）：6-17.

［13］ LEE I H. Change of rural development policy in South Korea after Korean war［J］. Journal of regional and city planning, 2021 (2): 130-149.

［14］ 森岡清美，塩原勉. 新社会学辞典［Z］. 东京：有斐閣，1993.

［15］ 董禹，曾尔力，李罕哲，等. 城市收缩背景下日本基础教育设施规划应对策略及其启示［J］. 西部人居环境学刊，2021，36（3）：116-124.

［16］ 春燕. 新型城镇化背景下地区人口老龄化与人口缩减叠加的问题及应对：日本经验与启示［J］. 城市发展研究，2020，27（1）：95-101.

［17］ 卢峰，杨丽婧. 日本小城镇应对人口减少的经验——以日本北海道上士幌町为例［J］. 国际城市规划，2019，34（5）：117-124.

［18］ TOMOYA K. Land use policy and community development at the shrinking stage of Japan［J］. Meiji Gakuin law journal, 2021 (111): 21-47.

［19］ Minstry of Agriculture, Food and Rural Affairs. Housing Census［DB/OL］. ［2021-10-10］. http://kns. cnki.net/kcms/detail/11.5583.TU.20211229.2144.002.html.

［20］ 千贺裕太郎. 农村规划学［M］. 宋贝君，张立，译. 上海：同济大学出版社，2021.

［21］ 金钟范. 韩国续新村运动之农村发展政策——专项事业开发特点与启示［J］. 经济社会体制比较，2007（3）：128-132.

［22］ 游宁龙，沈振江，马妍，等. 日本首都圈整备开发和规划制度的变迁及其影响——以广域规划为例［J］. 城乡规划，2017（2）：15-24，59.

［23］ 田光弘，友清貴和. 施設・サービス圏域から捉える市町村の類聚性：生活圏域と市町村合併の整合性から見た圏域設定手法に関する研究 その2［J］. 日本建築学会計画系論文集，2006，71（602）：43-50.

［24］ 伊藤惠造. スポーツによるコミュニティ形成と「生活圏」に関する社会学的考察—神戸市・垂水区団地スポーツ協会を事例として—［J］. 秋田大学教育文化学部研究紀要，2016（71）：61-70.

［25］ 申东润. 韩国小城市发展的经验［J］. 当代韩国，2010（2）：55-63.

［26］ 奥多摩町総務課. 2015奥多摩町勢要覧［R］. 2015.

［27］ 余侃华，魏伟，杨俊涛，等. 基于乡村振兴的人才机制的反思与模式建构：以韩国"归农·归村"计划为镜鉴［J/OL］. （2021-11-11）［2021-12-13］. https://kostat.go.kr/portal/eng/surveyOutline/7/1/index.static.

［28］ WIRTH P, ELIS V, MÜLLER B, et al. Peripheralisation of small towns in Germany and Japan-dealing with economic decline and population loss［J］. Journal of rural studies, 2016 (47): 62-75.

［29］ HASHIMOTO A, TELFER D J, TELFER S. Life beyond growth? rural depopulation becoming the attraction in Nagoro, Japan's scarecrow village［J］. Journal of heritage tourism, 2021, 16 (5) 493-512.

［30］ 王丽娟. 日韩农村建设的历程、特点及经验借鉴［D］. 上海：同济大学，2019.

［31］ 田毅鹏. 20世纪下半叶日本的"过疏对策"与地域协调发展［J］. 当代亚太，2006（10）：51-58.

［32］ 総務省地域力創造グループ過疎対策室. 過疎対策の現状と課題［R］. 2018.

［33］ 张立. 乡村活化：东亚乡村规划与建设的经验引荐［J］. 国际城市规划，2016，31（6）：1-7.

［34］ 李姣秀，张立. 韩国新村运动的政府援助及应用策略［J］. 国际城市规划，2016，31（6）：25-29，34.

［35］ 赵民，李仁熙. 韩国、日本乡村发展考察——城乡关系、困境和政策应对及其对中国的启示［J］. 小城镇建设，2018（4）：62-69.

［36］ 赵民，游猎，陈晨. 论农村人居空间的"精明收缩"导向和规划策略［J］. 城市规划，2015，39（7）：9-18，24.

［37］ 한국농어촌공사. 농촌중심지 정비방안 및 계획기법현장실증 연구［R］. 2016.

日本过疏化问题治理经验对我国乡村振兴的启示

Japan's Experience on Depopulation Problem Governance and Its Inspiration to China's Rural Revitalization

路青

Lu Qing

摘 要 日本较早进入人口减少社会，近几十年来，其过疏化问题愈发严重。随着少子老龄化发展，过疏化地区的年轻阶层持续向以东京都市圈为代表的大都市区流出。为治理过疏化加剧所导致的问题，日本采取了确立相关法律法规、合并设市、"地方创生"等一系列治理手段。借鉴日本过疏化问题的治理经验，本文反思了我国乡村发展的问题：过去城乡建设过程中优先发展城市，出现乡村国土空间被破坏、侵占，乡土文化丧失的现象；乡村振兴战略指引下，有些城市又以规划城市的思路来发展乡村，忽视了区域和城市发展规律。国土空间规划体系的确立以及国土空间规划编制工作的开展，为解决乡村问题提供了契机。面对城镇化与乡村系统发展问题，应坚持城市与乡村差异化均衡发展，本着"一地一策"的原则开展乡村振兴工作。

关键词 人口减少；人口流出；过疏化；都市圈；城乡关系；乡村振兴；日本；少子老龄化

Abstract Japan has entered a depopulated society at an early stage, and its degradation problem has become more serious in recent decades. With the development of declining birthrate and aging population, there has been a continuous outflow of young people from depopulation areas to the metropolitan areas represented by the Tokyo metropolitan area. To deal with problems brought about by depopulation, Japan has adopted a series of governance measures such as establishment of a series of related laws and regulations, union degradation area into new city, and regional revitalization. Drawing lessons from Japan's experience on depopulation governance, this paper reflects on the problems of rural development in China: in the past, priority was given to urban development in the process of urban and rural construction, resulting in the destruction and encroachment of rural space and the loss of local culture; guided by the rural revitalization strategy, the rural space is developed by the idea of urban planning, ignoring the law of regional and urban development. The establishment of national spatial planning system provides an opportunity to solve the rural problems. In the face of urbanization and rural system development, we should insist on the balanced development of urban and rural differentiation and carry out rural revitalization in accordance with the principle of "one place, one policy".

Keywords population reduction; population outflow; depopulation; metropolitan area; urban-rural relationship; rural Revitalization; Japan; aging with fewer children

路青，北京大学城市与环境学院，博士研究生。

引言

城市化促使经济活动空间集中[1-2]，但也加剧了城乡之间的差距。根据齐普夫定律（Zipf's Law）[3]，巴蒂预测，未来的小城市数量将比大城市多，大多数人生活在小城镇而不是大城市中[4]。但人口减少社会的到来使这一过程变得复杂，乡村和小城市的人口外流严重，而外流地则多为大城市。

日本在1960年代后半期开始的快速经济成长过程中，日本大都市圈大多已经经历过人口增加的城市化阶段和郊区化阶段，乡村人口向城市急剧流出，迎来了整体人口减少、核心区人口集中化的局面，在人口减少的背景下，人口倾向于迁向中等规模以上的都市圈，而不是小规模的都市圈[5-7]。其中，最具代表性的当属加剧的"东京一极集中"所造成的中央与地方的差距进一步加大的局面[8-10]。战后的90年间，东京都市圈的常住人口从768万增加到约3652万，占总人口的比例从13.7%增至27.8%[11]。2016年，流入东京都市圈（包括东京都、埼玉县、千叶县、神奈川县，一都三县）的人口约为11万（根据调查居民基本台账①）；与此同时，东京都市圈、大阪都市圈、名古屋都市圈三大都市圈以外的地区，同样在2016年则迁出10万人以上（图1）。移居东京都市圈的人大部分是15～19岁或者20～24岁的年轻人，多在入学或就职等阶段时移居。近年来，伴随日本少子高龄化的发展趋势，乡村或小城市地区年轻阶层向城市迁出的步伐没有停止，从地方流入的东京都市圈

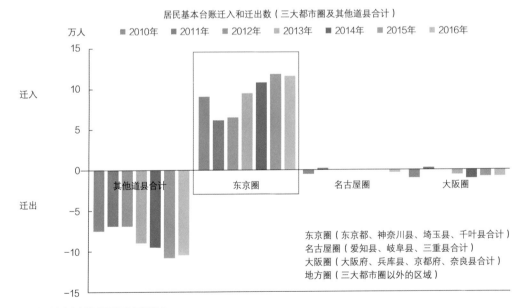

图1　人口流向各都市圈引起人口过疏化
[资料来源:《与地区振兴相关的现状和问题》（日本内阁秘书处城镇、人民、工作创造总部秘书处）]

---

① 即统计数据。居民基本台账是日本户籍体系的重要组成部分，是由政府依据居民卡（住民票）编制而成的资料册。所谓居民卡（住民票），是指政府为在当地确定住所的居民以个人为单位制作的记载有该居民基本信息的卡片。其主要目的是证明居民的居住关系，简化居民住所申报手续。

的人口逐步增加，年轻人口比率的下降和高龄者比率的上升进一步加剧了地区的"过疏化"[12]。

人口减少和少子老龄化已不仅是发达国家的问题[13]，其已与就业、健康、居住等问题一并成为我国的普遍问题。日本由于少子化和急剧的高龄化发展，步入人口减少社会已成为共识，其关于人口减少背景下过疏化问题的研究和治理的经验和教训，有助于为我国制定相应策略提供参考。

1 日本的过疏化问题

在人口减少、少子高龄化的日本，人们并不特意在远离市中心的郊外购置住宅，反而在市中心或车站步行圈购置住宅的趋势正在加快[14]，都市圈外围或大城市周边的人口再次向核心区域集中，按照这种趋势，郊外住宅区很有可能会失去下一代居住者[15]。近年在国内被广泛讨论的收缩城市论[16-17]，与日本人口减少导致郊外变化的讨论思路是一致的。

相比于城市区域，乡村地区的人口流失更早且更为严重。自1960年代开始，日本乡村地区的年轻人（包括应届毕业生）大量流向城市，中老年阶层陆续外出打工，伴随出现的大量家庭离村现象，乡村地区家庭及人口减少显著，随之而来的是产业衰退以及乡村居民的生活困难现象，统称为人口过疏化[18]。

1.1 过疏化的定义

"过疏"一词最初正式出现在1966年日本经济审议会的地方部会中间报告中，报告开头中写道，"昭和三十年代（1955~1965年），日本经济经历了世界罕见的高速增长，对地方经济和社会的影响是极其巨大的，导致了地区差距问题、过密问题和过疏问题三点问题"[19]。关于过疏化，日本学者从人口[20]、经济[21]、社会[22]等方面进行了定义。总体而言，过疏化是指由于人口外流而不能维持原地区的社会生活条件，导致原地区公共财产供给的成本（包括维护、管理费用）上升、公共财产的质量下降现象。过疏化是由人口外流引起的现象，人口外流的主要原因是乡村与城市劳动者的收入差距、乡村生活方式的城市化、乡村居民意识的变化等。由于年轻人的流失导致地区老龄化加剧是一种无法维持社区正常节奏的动态现象，因此过疏也可被视为一种动态现象。

日本总务省按照人口的长期和中期条件以及财政能力条件，对过疏地区域进行了界定（表1）。

2017年修订版《过疏地域自立促进特别措施法》中对过疏区域的界定　　　　表1

人口条件 （符合长期条件或者中期条件之一即可界定）	长期条件	对于25年间人口增加率10%以上的团体，若：45年间的人口减少率在32%以上；或45年间的人口减少率在27%以上，且现在高龄者比例在36%以上；或45年间的人口减少率在27%以上，且现在年轻人比例在11%以下
	中期条件	25年间人口减少率21%以上
财政能力条件 （符合其中之一即可界定）	财政能力指数	0.5以下
	公营竞技收益	40亿日元以下

注：高龄者指65岁以上的老年人，年轻人指15~29岁的人；财政能力指数=基准财政收入额/基准财政需要额，取过去三年的平均值。
资料来源：日本总务省资料"人口过疏对策的现状和课题"。

其中，过疏市町村共817个，占日本全国1718个市町村总数的47.6%，面积占日本国土总面积的59.7%；过疏市町村的人口约1088万余，占全国人口的8.6%，且广泛分布于日本全国（表2）。

资料来源：作者根据2021年4月1日日本总务省统计结果和2015年日本国势调查结果绘制。

日本过疏化地区现状　　　表2

现状	人口稀少的市镇村	全国	人口稀少地区的比例
市镇村数（个）（截至2020年4月1日）	817	1718	47.6%
人口（万人）（2015年）	1088	12709	8.6%
面积（km²）（2015年）	225468	377971	59.7%

1.2 过疏化产生的原因

对于造成人口过疏化的因素，学者认为是多样的，如城市化进程中都市圈的虹吸作用和区域经济发展不均衡导致的人口迁徙等。森川洋从城市系统的观点讨论了日本国内人口移动，通过对人口移动的分析，确认了日本的城市体系现状，并且讨论了以地方圈活性化为目的的联合中枢都市圈构想和定住自立圈构想[23]。丰田哲也就收入的地域性差距和人口移动的变化进行了讨论，收入水平和社会人口增加率之间呈现正相关加强，从低收入地区到高收入地区的人口移动活跃[24]。

1.3 过疏化产生的影响

过疏化可对居民生活、地方发展和自然环境三方面产生直接不利影响。从居民生活角度来看，由于人口过疏的乡村和市町村的工作岗位减少，商店减少造成居民购物不便，公共交通减少造成居民出行不便，医院和诊所减少造成居民就医不便，不少居民的生活水平已经无法维持。从地方发展角度，过疏化导致无法高效地组织农业分工，日常生活所需的基础设施欠缺，住宅老化、房屋空置率增加[25]，以及传统文化无法得到传承等。从自然环境角度来看，耕地荒废、森林无法得到妥善管理、山区的保水功能下降、病虫害问题严峻。而过疏化所在的乡村地区几乎都是农林水产业的主力军，在食物供给方面支撑着城市的生活，因此人口过疏化的加剧不仅导致乡村地区居民的基础设施和医疗体制无法维持，还将对城市的生活产生广泛影响。

2 日本过疏化问题的治理经验

为治理过疏化问题，日本的中央政府、地方政府和民间团体等采取了一系列有效对策，具体可概括为以下六方面：1）确立过疏化市町村的财政基础[26]，充实地方付税，强化过疏市町村的财政基础，同时扩大过疏对策事业债[27]；2）"地方创生"，阻止人口减少[28]。为了应对人口减少和老龄化问题，积极振兴人口稀少地区的产业，扩大就业，并提出支援育儿等措施[29]；3）建立居民安心、安全的生活基础[30]，积极推进全域的便民事业，提供医疗保障[31]、交通保障[32]、就业保障[33]、教育环境保障[34]等。4）建设交通可达性高且便利的道路体系。建设高规格干线道路等路网，促进过疏化地区社会的活性化。5）利用地区资源振兴产业和创造就业机会，包括农地利用、森林管理、渔业振兴、活用地区资源的观光及地方产业振兴等，支援活用过疏化地区环境和特性振兴产业，创造新的工作岗位。6）促进地区活性化，积极推进形成区域运营组织等聚落对策，通过与城市的交流以及与多元主体的合作，激活社区活力、培养和使用人才等。下面将从日本针对过疏化问题制定的法律法规体系、行政区划管理经验、国家防灾减灾对过疏化以及由中央到地方推行的"地方创生"四方面展开，介绍日本在国家层面治理过疏化问题的经验。

2.1　日本针对过疏化问题的法律法规和相关措施

针对过疏化地区，日本制定了具体的法律法规，以提升过疏化乡村地区的活力。法规包括1953年的《离岛振兴法》、1961年的《产炭地区振兴临时措施法》、1962年的《豪雪地带对策特别措施法》、1965年的《山村振兴法》、1969年的《广域市町村规划》以及1970年的《过疏地区对策紧急措施法》。《过疏地区对策紧急措施法》出台后多次更名，分别为1980年《过疏地区振兴特别措施法》、1990年《过疏地区活性化特别措施法》、2000年《过疏地区自立促进特别措施法》，并于2010年、2012年、2014年、2017年相继进行修正（表3）。这一系列的法律法规旨在促进过疏地区的可持续发展，通过采取必要的特别措施（财政措施、行政措施和税制措施），对因人口大幅度减少而导致当地社会活力下降的地区以及生产能力和生活环境发展低下的地区实施全面和系统的帮扶。一定程度上，保证了这些地区的人力资源，促进了日本的发展和经济的增长，扩大了就业机会，改善了居民的福利，纠正了地区差异。

日本针对过疏化问题制定的法律法规及对策的变迁历程　　　　　　　　　　　表3

法律名称	有效期	背景	目的	主体思路	实施成效
《过疏地区对策紧急措施法》	1970～1979年	应届毕业生大规模涌入城市，897个市町村人口减少率达10%以上，117个市町村人口减少率20%以上，36个村人口减少率30%以上	防止人口过度减少；强化地区社会的基础设施，提升居民福祉，缩小地区差距	应对过疏化问题的紧急对策，确保生活环境中的国家最低限度，在可开发的地区完善产业基础，防止人口过度减少、地区社会崩溃、市町村财政崩溃	市町村道的改良率由9%上升至22.7%，铺装率由2.7%上升至30.6%；集会设施整备率达到80%；1975年人口减少趋缓，减少率由10%降低至8%
《过疏地区振兴特别措施法》	1980～1989年	居民的就业机会和医疗服务不足，以年轻人为主的人口流出导致老龄化加剧	振兴过疏地区，提升居民福祉，扩大雇佣，缩小地区差距	过去因人口减少导致社区功能恶化、生活水平下降、生活功能不改善，通过全面系统的促进措施改善居民福利、增加就业和缩小区域差距	市町村道的改良率由22.7%上升至39%，铺装率由30.6%上升至55.7%

法律名称	有效期	背景	目的	主体思路	实施成效
《过疏地区活性化特别措施法》	1990～1999年	经历了第二次石油危机后的新东京"一极集中"，老龄化以及产业方面、公共设施整备方面的落后等导致新的人口过疏问题出现	过疏地区的活性化，提升居民福祉，扩大雇佣，缩小地区差距	从促进振兴到促进生活化；发挥地区的个性，重视基于地区独立性和独创性的地区发展；不仅重视公共设施的发展，还重视地区的综合发展，包括私营部门的活力	交通通信体系整备的经费比重下降，产业振兴、高龄者等的保健福利、生活环境整备的份额增加
《过疏地区自立促进特别措施法》	2000～2020年	老龄化持续加剧、人口自然减少的比重增大，农林水产业发展明显停滞，聚落存续危机，年轻人持续流出	促进过疏地区的经济自足，提升居民福祉；增加工作岗位，缩小地区差距，构建美丽国土	国家视角下过疏地区的新价值与公共利益功能的再挖掘，从促进生活化到促进自立，形成各具特色并自立的社区	市町村道的改良率达到54.2%，铺装率达到70.5%；生活安定和福利提高；形成了有个性的地区（游客人数增加）

资料来源：作者根据日本总务省地域力创造小组过疏对策室《过疏对策概要》（2020年4月）整理。

可以看出，针对过疏化地区，日本提出了完善交通通信体系、提高居民福利、振兴产业、重组地区社会的目标，并在财政、金融、税制上采取了各种特别措施，向因人口大量流向城市、当地人口锐减而被指定为过疏地区的市镇村提供综合支援。尽管如此，由于治理效率低以及法律法规和相关规划的滞后性，日本过疏地区数量仍持续增加。

2.2 过疏化市町村合并设市——"平成大合并"

为应对日常生活圈的扩散、少子老龄化社会的到来、由于地方分权导致的市町村作用的变化以及严峻的财政状况，1999年日本国会通过《关于为推进地方分权构建相关法律体系的法律》（俗称"地方分权一揽子法"），于1999～2010年在日本全国开展了"平成大合并"，市町村数从1999年3月末的3232个减少至2010年3月末的1727个[35]。然而，行政区划调整并未使得市町村的财政基础强化效果达到预期[36-37]。远离中心区域的边缘区域被分化，过去作为核心部的地区在新市町村体系中也被定位为边缘区域，加剧了这些区域的过疏化[38-39]。

2.3 "3·11"东日本大地震引发的过疏化问题反思

2011年3月11日的东日本大地震有两个特点：一是受灾地区不是大城市，而是距离东京约500km的太平洋沿岸的小城镇和乡村，即过疏化区域；二是核电站事故使受灾区的土壤和水受到污染，造成乡村的生态环境根本上的破坏。日本从这次危机中重新认识到了过疏化地区所具有的价值[40]——过疏化的乡村不仅是过密区域的食物供给地和水源地，也提供了乡村与自然共生的各种生活经验，以及居民相互支持、共同生活的方式的宝贵经验。由于日本整体人口减少，再加上从地方流入东京都市圈的人口持续增加，这样下去到2040年，日本全国523个市町村的人口将跌破1万，面临巨大的危机[41]。未来的日本国土规划中是放弃乡村，还是重新发现其价值并对之活化，对此讨论很激烈。为阻止东京都市圈的人口集中，必须将资源和政策分散到地方的核心城市，在地方建立各自的据点地区。

2.4 仓促的"地方创生"战略治理效果不佳

2014年，安倍内阁为了解决上述过疏化问题，正式探讨"地方创生"，并在内阁府创置了负责地方政策的"城镇、人、工作创生总部"，任命地方创生大臣。"地方创生"是人口过疏地区开展的社区营造与地方实践，通过特色产业和空间改造吸引人口回流，提升地方持续发展的内生动力，进而干预和挽救面临凋敝的地区。

近年，地方移民和"地方创生"备受关注[40, 42]，在地方圈确实可以看到田园回归，其原动力是对以年轻人为中心的地方圈的期待感。

针对各地方自治团体的未来展望和人口过疏对策战略等，地方团体在居民参与的同时进行协调，国家和都道府县层面则从侧面支援作为基础自治体的市町村。但是急于求成的日本政府要求"国家主导、整齐划一主义、上传下达"，在短时间内提出了"地方创生"的战略[43]。只要有新的财政资金，无论地方自治团体能否"消化"，国家均下拨资金；地方为利用此笔资金需要制定相应措施，但由于缺乏专业能力和时间，地方自治团体往往会将方案制订等工作外包并过度依赖，导致某些智囊团为了获取订单而暗中活动，甚至反客为主，在"地方创生"中出现咨询顾问泡沫等，"地方创生"策略治理过疏化问题效果不佳。

3 日本过疏化治理经验对我国乡村振兴的启示

3.1 我国城乡关系失衡问题突出

我国城镇化水平经历了连续40多年的高速增长，从1978年的18.6%增加到2020年的60.6%左右，堪称"世界奇迹"。但长久以来，二元互动关系中乡村处于弱势状态并与城市割裂。具体表现为以下几方面。

（1）城市发展优先

传统城乡规划以城市发展优先，导致对乡村和生态系统忽视，带来国土空间抵御自然灾害能力弱、栖息地退化及物种多样性减少、自然资源利用效率低下、自我调节能力弱、地方文化的丧失等问题。

（2）用城市的思路发展乡村

城镇化过程对乡村自然和乡土文化造成了巨大破坏，原规划体系意识到这一问题并开展了一系列乡村建设，进行了规划方法论的反思和调整。但这一时期的乡村建设没有尊重区域和城市发展规律，在乡村套用了城市发展的模式，尝试用城市的逻辑解决乡村的问题，未能实现乡村的可持续发展。

（3）乡村振兴工作中忽视城镇化的主导作用

在乡村振兴工作中，忽视了城镇化带来的经济发展对乡村就业和市场拉动的作用。乡村本身存在地域差异、资源差异、社会差异、市场差异，用城市支援乡村、对城市与乡村平均用力的振兴思路是不可取的。

（4）国土空间规划为乡村振兴提供了契机

随着自然资源部的成立以及国土空间规划体系的不断完善，我国的国土空间规划进入了生态文明的新时代。在生态文明建设的新时代思维下，城市发展的生态意识逐渐增强，城市生态的底线思维正在转变成为城市发展的前提，集约、高效的城镇化和全面、融合的乡村系统发展已成为当前国土空间规划的重要议题。在新时期我国"五级三类"国土空间规划体系中，县级和乡镇级国土空间规划具有侧重实施性的特征[44]。国土空间规划体系的确立以及国土空间规划编制工作的开展，为解决乡村问题提供了契机。

3.2　如何坚持城市和乡村差异化均衡发展

受制于传统规划技术，农业空间的规划和乡村发展在城乡一体化的格局中一直处于边缘地位。以往严肃的、自上而下的规划管控与活跃的、自下而上的乡村需求难以对接，农业空间规划技术手段和缺失的标准已无法满足当下乡村系统发展和全域空间管控的需求。此外，传统乡村规划的编制主体、实施主体与需求主体相互独立，规划管理过程中与乡村空间生产的自组织即村民主体完全隔离，容易激化社会矛盾。乡村发展的短板不仅表现在经济发展水平落后于城市，还表现在传统文化资源的流失、农民精神文化需求的短缺以及全社会对乡村文化价值认识的偏差，导致乡村文化的"空心化"、虚无感以及与现代文化对接能力的缺失。如何坚持城市和乡村差异化均衡发展，笔者在总结日本过疏化对策的基础上，提出六方面建议。

（1）承认城市与乡村之间的差别

城市文明和乡村文明是两种并行不悖的文明形态。日本在过去几十年的过疏化问题治理过程中，在城乡基础设施、公共服务、生活方式等方面逐渐消除了城乡之间的差距，这一变化是循序渐进和因地制宜的。我国已经进入人口慢速增长和老龄化时代，需用新的城乡关系去理解城市就是城市、乡村就是乡村。城市无须标榜高绿地率，而应适当提高建设密度。通过土地高度集约利用，尽可能减少对乡村国土空间的占用，同时不把城市建设的模式带进乡村，让村民认识到乡村自身的文化价值。

（2）及时设立配套的法律法规

日本在治理过疏化问题方面虽然有着较为成熟的法律法规体系，但相对被动，属于先出现问题再思考治理的模式——其法律和规划执行与落实滞后、管控能力较低，严重影响了过疏化的治理效果。我国开展乡村振兴工作应加快相关法律法规的制定以及配套规划的编制。

（3）以都市圈视角协调城乡关系

日本人口主要向三大都市圈集聚，另有一部分人口从小城镇和乡村向地方都市圈集聚。人口的迁徙与集聚和生态要素的流动均不受行政边界的约束，国土空间规划中涉及的具体的城镇化与乡村发展问题是跨区域、跨行政边界的。在国土空间规划研究与编制过程中，不能仅仅独立探讨城镇与乡村本身，应从国家、区域（跨行政区域，如都市圈[45]、流域）、市域、县域等多尺度开展研究。城市建设追求高效、集约，尽可能减少对乡村农田、耕地、湿地、山林和自然保护地的占用。

（4）建立全域管理的乡村发展与保护规划模式

"3·11"东日本大地震后，日本反思过疏化区域的重要生态安全价值和粮食安全价值，强调区域生态格局协同与资源保护。近年来区域性、流域性环境问题已取代单一、个别的环境事件，成为制约我国发达地区迈向高质量发展阶段的主要制约因素之一。乡村全域管理体系的建设十分关键，且与经济社会发展之间存在协同发展机制，通过区域协调建立合理有序的乡村全域管理体系是乡村健康可持续发展的必要条件。

（5）乡村发展的核心是基本公共服务和基础教育

为吸引人口回流在过疏化地区开展的一系列"地方创生"战略，使得重回田园变成了可能。贫困地区作为我国社会经济发展的"洼地"，其"社会—经济—生态"等多维度复合贫困特征深刻影响了地区间的社会公平与城镇化进程。"精准脱贫"是党和政府发展战略的"三大攻坚战"之一，是决胜我国全面建成小康社会的关键。城乡之间同步发展，关键是加强乡村的教育服务，通过加强教育培养乡村居民的就业能力，实现城乡间自由选择就业。

（6）实事求是地制定乡村振兴规划

日本在乡村振兴规划中存在过度依赖政府的主导和"外脑的运作"等问题，急于求成，产生了一系列的不切实际的咨询方案。我国自然、地理、气候、生物、人文都有着巨大差异，很难找到特征完全相同的两块土地，换言之，任何一个地区形成的规划与设计的工作经验都很难直接应用到另一地区。因此，乡村振兴规划应以地方特色为基础，按照"一地一策"的原则来制定。

积累专业知识和方法的规划设计院与各类智库本身是宝贵的资源，地方政府应善于利用此类资源。乡村振兴的主角是居民和地方政府，因此各类智囊团在提供专业知识的同时需要适当管理，避免出现主客颠倒的情况。

4 结语

日本已成为人口减少、少子老龄化现象最突出的国家，过疏化问题是日本特殊的国情背景下的特殊产物。近年来，我国生育率持续走低，少子老龄化的问题开始凸显，在一些地区陆续出现了人口收缩现象，虽然尚未达到日本过疏化问题的严重性，但应防患于未然。通过对高度城市化、人口减少的日本的过疏化问题的现状及治理经验的研究，可得到如下几点启示：1）承认城乡之间的差别，避免将城市建设模式带入乡村振兴工作；2）加快乡村振兴相关法律法规的制定以及配套规划的编制；3）以都市圈为视角开展区域治理协调城乡关系；4）建立全域管理的乡村发展与保护规划模式，强调区域生态格局协同与资源保护；5）加强乡村基本公共服务和基础教育服务，吸引人口回流；6）乡村振兴规划应以地方特色为基础，按照"一地一策"的原则来制定。

参考文献

［1］ FORESTER J. Planning in the face of power［J］. Journal of the American Planning Association, 1982, 48（1）: 67-80.

［2］ FRIEDMANN J. Planning in the public domain: from knowledge to action［M］. Princeton: Princeton University Press, 1987.

［3］ ZIPF G K. Human behavior and the principle of least effort: an introduction to human ecology［M］. Martino Fine Books, 2012.

［4］ BATTY M. Inventing future cities［M］. MIT press, 2018.

［5］ 徳岡一幸，山田浩之. わが国における標準大都市雇用圏：定義と適用-戦後の日本における大都市圏の分析（2）-［J］. 經濟論叢, 1983, 132（3/4）: 145-173.

［6］ 金本良嗣，徳岡一幸. 日本の都市圏設定基準［J］. 応用地域学研究, 2002（7）: 1-15.

［7］ 神田兵庫，磯田弦，中谷友樹. 人口減少局面における日本の都市構造の変遷［J］. 季刊地理学, 2020, 72（2）: 91-106.

［8］ 小池司朗，清水昌人. 東京圏一極集中は継続するか?［J］. 人口問題研究, 2020, 76（1）: 80-97.

［9］ 佐々木信夫. 東京の危機に関する一考察—「老いるインフラ」問題—［J］. 経済学論纂, 2021, 61（3/4）: 45-64.

［10］ 宮本憲一. 大都市の落日—東京大都市圏の改革を［J］. 学術の動向, 2020, 25（8）: 87-88.

［11］ 佐藤英人. 人口減少・少子高齢化社会と対峙する郊外住宅地の将来［J］. 地域政策研究, 2019, 21（4）: 67-81.

［12］ 麻生憲一. 過疎集落の現状と分析（1）-過疎化進展のプロセスと過疎対策［J］. 奈良県立大学研究季報, 2011, 21（3）: 147-156.

［13］ KINSELLA K, VELKOFF V A. The demographics of aging［J］. Aging clinical and experimental research, 2002（14）: 159-169.

［14］ 森川洋. 2010年の人口移動からみた日本の都市システムと地域政策［J］. 人文地理, 2016, 68（1）: 22-43.

［15］ 豊田哲也. 日本における所得の地域間格差と人口移動の変化：世帯規模と年齢構成を考慮した世帯所得の推定を用いて（〈特集〉地域格差の経済地理学）［J］. 経済地理学年報, 2013, 59（1）: 4-26.

［16］ 龙瀛，吴康. 中国城市化的几个现实问题：空间扩张、人口收缩、低密度人类活动与城市范围界定［J］. 城市规划学刊, 2016（2）: 72-77.

［17］ 陆明，梁凡，吴远翔. 收缩规划背景下收缩城市界定与分类的国际和中国本土化探析［J/OL］. 国际城市规划, 2021［2021-08-29］. http://kns.cnki.net/kcms/detail/11.5583.tu.20210823.1547.004.html.

［18］ 皆川勇一. 過疎問題の人口論的考察［J］. 人口学研究, 1989（12）: 25-35.

［19］ 麻生憲一. 過疎集落の現状と分析（1）-過疎化進展のプロセスと過疎対策［J］. 奈良県立大学研究季報, 2011, 21（3）: 147-156.

［20］ 上条悦司. 過疎地域の人口移動の予測モデル［J］. 地域学研究, 1973（4）: 1-19.

［21］ 萩原清子. 過疎問題の経済学的考察［J］. 地域学研究, 1984（15）: 185-211.

［22］ 高野和良. 過疎高齢社会における地域集団の現状と課題［J］. 福祉社会学研究, 2011（8）: 12-24.

［23］ 佐藤英人，清水千弘，唐渡広志. 最寄駅徒歩圏居住に向けた中古集合住宅の役割—2000年代の東京大都市圏を事例として—［J］. 人文地理, 2018, 70（4）: 477-497.

［24］ 佐藤英人. 人口減少・少子高齢化社会と対峙する郊外住宅地の将来［J］. 地域政策研究，2019，21（4）：67-81.

［25］ 芦田裕介. 戦後農村における地域社会の変容と家族主義：「空き家問題」を中心に［J］. 三田社会学，2017（22）：21-37.

［26］ 梶田真. 過疎地域における財政構造の変化と地域変容［J］. 人文地理，1997，49（3）：289-302.

［27］ 河合芳樹. 平成の市町村合併がもたらした地方財政への影響［J］. 商学研究論集，2020，53：111-131.

［28］ 山口泰史. 中山間地域において自発的活性化に取り組む「地域づくり組織」の共通性―― 中国地方を事例として――［J］. 季刊地理学，2019，71（2）：74-81.

［29］ 中澤高志.「地方創生」の目的論［C］//経済地理学会第63回大会プログラム，2016.

［30］ 栗原真行，青木俊明. 社会資本政策に対する住民の意識構造［J］. 都市計画論文集，2001，36：907-912.

［31］ 桑田但馬. 日本の地域医療問題と地方自治体の役割：農村・過疎地域医療へのアプローチ［J］. 総合政策，2011，12（1）：25-49.

［32］ 森山昌幸，藤原章正，杉恵頼寧. 高齢社会における過疎集落の交通サービス水準と生活の質の関連性分析［J］. 土木計画学研究・論文集，2002（19）：725-732.

［33］ 市川康夫. フランスにおける農村の人口回帰と過疎化の展開［J］. 地理空間，2015，8（2）：337-350.

［34］ 文部科学省. 小学校学習指導要領解説生活編［R/OL］.（2008-06）［2021-01-06］. http://www.mext.go.jp/component/a_menu/education/micro_detail/__icsFiles/afieldfile/2009/06/16/1234931_006.pdf.

［35］ 総務省.「平成の合併」について［R/OL］.（2010-03）［2021-01-06］. http://www.soumu.go.jp/main_content/000056852.pdf.

［36］ 伊多波良雄. 市町村合併の効率性分析：京都府・滋賀県・兵庫県のケース［J］. 經濟學論叢，2012，64（2）：355-380.

［37］ 役重眞喜子，広田純一. 行政と地域の役割の分担に市町村合併が与える影響-岩手県花巻市東和地域を事例として［J］. 農村計画学会誌，2014（33）：215-220.

［38］ 森川洋. 通勤圏との関係からみた「平成の大合併」［J］. 地理学評論 Series A，2011，84（5）：421-441.

［39］ 小池司朗，山内昌和.「平成の大合併」前後における旧市町村別の自然増減と社会増減の変化-東北地方と中国地方の比較分析-［J］. 地学雑誌，2016，125（4）：457-474.

［40］ 青山彰久. 都市にとっての農村，農村にとっての都市［J］. 農村計画学会誌，2015，34（1）：23-28.

［41］ 増田寛也，日本創生会議. 提言 ストップ『人口急減社会』［J］. 中央公論，2014（6）：18-43.

［42］ 江崎雄治. 地方圏出身者のUターン移動［J］. 人口問題研究，2007，63（2）：1-13.

［43］ 清水浩一. 過疎対策とシンクタンク［J］. 研究所年報，2018（48）：199-202.

［44］ 曹广忠. 县域村镇格局重构与规划治理探索［J］. 小城镇建设，2021，39（12）：1.

［45］ 路青，蔡震，吴昊天，等. 中国都市圈全景扫描及其发展规律研判［J］. 规划师，2021（10）：5-11.

日本山形县金山町应对收缩的社区营造经验与启示

Experience and Enlightenment of Community Construction in Response to Shrinkage in Kaneyama, Yamagata Prefecture, Japan

林彤　耿虹

Lin Tong, Geng Hong

摘　要　在我国快速城镇化的过程中，出现了小城镇的人口规模减小、社区活力下降等收缩问题。日本已在长期关注此类现象的过程中形成了较为成熟的社区营造模式，即在小城镇收缩和老龄化问题的背景下采取自下而上的建设方式，并在长期的实践中获得了显著成效，为应对我国当前城镇化发展过程中的小城镇收缩问题提供了借鉴与启发。本文以日本金山町为例，从社区营造相关的"人、文、地、产、景"五个方面提取其应对收缩的主要建设经验，根据中日社区营造目标与主体的一致性，将金山町经验转化为我国小城镇应对收缩的社区营造路径：强化居民共同体意识与行为能力，奠定社区营造的合力基础；通过激活地域文化记忆，建立文化培育机制，营造有深度的社区品质格调；发挥小城镇的自我认知主动性，立足资源优势培育特色城镇产业；引导居民创造生活美景，打造城景共荣与天人和合的品质空间。

Abstract　In the process of rapid urbanization in China, there have been shrinkage problems such as the reduction of population scale and community vitality in small towns. Japan has formed a relatively mature community building model in the process of paying attention to such phenomena for a long time: to deal with the problem and background of small town shrinking and aging in a bottom-up construction way, and has achieved remarkable results in long-term practices, which provides reference and inspiration for responding to the shrinkage of small towns in the current process of urbanization development in China. Taking Kaneyama in Japan as an example, this paper extracts the main construction measures to deal with the shrinkage from the five aspects of people, culture, land, industry and scenery, related to community construction, and transforms the experience of Kaneyama into the community construction path of small towns in China, according to the consistency of community construction objectives and subjects between China and Japan: Strengthen residents' community consciousness and behavior ability, and lay the joint force foundation of community construction; By activating regional cultural memory and establishing cultural cultivation mechanism, we can create a deep community quality style; Give play to the self-awareness initiative of small towns and cultivate characteristic urban industries based on resource advantages; Guide residents to create beautiful living scenery and create a quality space for common prosperity of urban scenery and harmony between nature and human-being.

关键词　小城镇；金山町；社区营造；地域活化；应对策略

Keywords　small towns; Kaneyama; community construction; regional activation; coping strategies

本文由国家自然科学基金面上项目（51878306）支持。

林彤，华中科技大学建筑与城市规划学院，硕士研究生。

耿虹，博士，华中科技大学建筑与城市规划学院，教授。

引言

城市收缩是现阶段全球城市普遍面临的现象，也是当前城市研究的热点问题，与城市增长共同被认为是普遍的发展规律[1]。城市的繁荣与衰退对城市空间产生了显著影响，是城市发展道路中动态、复合的演变过程[2]。20世纪初期，在产业调整、经济转型等的影响下，世界范围内出现了劳动力结构性失业、经济萎缩、资本外流等一系列现象。德国政府资助的"收缩城市研究"证实，全球范围内人口超过100万人的450个城市地区，在过去50年间失去了1/10的城市人口[3]。收缩城市在全球范围内不断蔓延，中国一些城市也同样出现了收缩的特征[4]。

城市收缩是多因素在多维度上共同影响的过程，主要表现为社会和经济的结构性变化。国内外众多学者从因果关系、人口变化等角度对收缩城市进行了现象表述[5-6]。根据既有研究，国内外小城镇的收缩机制存在共通之处——城市在面对内部转型的压力时，未能适应环境的变化而导致社会和经济的全面衰退，全球各地域的小城市、小城镇和乡村承受着城镇化大格局中难以扭转的收缩压力。中国小城镇作为衔接城乡的过渡性载体，其快速发展、发展受限、逐渐收缩的历程与中国独特的城镇化内在机制相关[7]。在国情把握的基础上，透视全球小城镇发展进程探索其应对收缩的经验，有助于为中国小城镇的发展路径提供指引。

日本在1970年左右完成城镇化快速发展阶段，进入城镇化稳定发展时期，在两个阶段的过渡期，大城市得到了快速发展，但小城镇的人口、经济、社会等收缩问题日益严峻。由于小城镇的改造过程涉及众多居民的利益，日本政府主导型的社区营造计划很难获得居民们的支持。因此，日本政府适时地调整了基层管理机制，赋予了小城镇更多的自主权[8]。日本国会于1991年修改了《地方自治法》，给予町自治会民事主体法律地位[9]。社区营造成为当时日本社区改造的新思路，使除政府以外的多元主体活跃于社区建设过程中，能够调动民间力量，弥补了政府治理的不足。1998年《特定非营利活动促进法》出台，提出"推进以社区营造为目的的活动"，非营利组织开始飞速增加。自此社区营造在日本全面展开，成为日本应对小城镇收缩的主要方法。

我国正处于城市快速发展的城镇化中后期阶段，城镇化速度开始放缓，人口红利逐渐消失，中小城镇发展缺乏动力的现象凸显。日本小城镇社区营造方法已经积累了很多现实经验，本文通过引入日本金山町社区营造案例，探索小城镇在面临收缩问题时的适应性发展路径，为我国小城镇振兴发展提供经验借鉴。

1 社区营造的来源及其应用

1.1 社区营造的来源

"社区营造"源于日本"造町运动"，在日本经济高速发展的背后，出现了众多环境和社会问题，自发形成的组织和团体主动改善镇村面貌，提高生活质量，这些对镇村建设起到关键改善作用的活动即是社区营造的雏形[10]，在解决亟待应对的问题和生活中的细小问题时具有不可替代的作用。根据日语的释意，社区营造通常是指住在一定地理范围内的人们为了保护生活环境、提高生活质量，持续以集体行动来处理共同面对的社区生活议题，同时创造共同的生活福祉[11]。日本的社区营造过程经历了三个阶段：政府主导型的统治阶段，市民参与型的过渡阶段以及现在市民主体型的成熟阶段。众多研究学者、建筑师、规划师和民间非营利组织的加入，使得社区营造活动更具专业性和科学性，由此形成了村民主导、政府支持、专业团队建议、自治组织机构协调的社区营造系统，营造的范围由传统村落更进一步扩大到一般村落。通过对社会、生活、文化、产业等方面的积极改善，出现了"一村一品""美丽乡村"等具有广泛代表性的营造行动。

1.2 社区营造在我国的应用

我国学者结合日本金山町的经验，不仅将社区营造用于乡村建设、城市更新、历史街区复兴等方面，还更进一步拓展到社区规划师和社区治理、人地村一体化机制、韧性社区、长效减贫等更广泛的研究上。基于我国学者结合国情对社区营造的探索与应用，社区营造已成为和谐社会建设的一个重要命题，目的是将居民的居住场所建成一个有认同感和人文关怀的"大家庭"[12]。尽管多领域的研究已构建了社区营造的理论基础，但仍处于探索阶段，尚未形成完整的、可推广的模式。因此，本文通过分析日本小城镇在应对收缩时的适应性发展路径，结合中国国情，以丰富我国社区营造的发展模式，对改善人居环境、保护传统文化、丰富社区治理、构建和谐社会具有积极意义。

2 金山町小城镇收缩特征

2.1 研究对象概况

2.1.1 基本情况

金山町位于日本山形县的东北部，是一个人口约5500人的小城镇，总面积161.79km²，森林面积占比71.2%，其中私有林面积为45.6km²，国有林面积69.7km²，近1/5的人口享有森林所有权。江户时代，金山町作为驿站繁荣起来，是羽州街道的货物运输节点，沿道路布局的城镇形态保留至今。现新干线通行，约3h即可到达东京。

2.1.2 产业发展状况

金山町位于典型的大雪地带，充足的降水为雪松提供了理想的生长环境。林业是金山町的基础产业。早在1760年，大家族以向贫民提供年供供贷款的方式，吸引他们来植树造林，因此树龄最长的"大美伦杉"①

---

① 大美伦杉是由FSC森林认证（森林可持续经营认证），由岸三郎兵卫家族所有的杉木的名称。250年树龄以上的大美伦杉是金山杉的象征。

已达250年。金山町的杉木种植遵循长伐期施业[1]，逐渐形成了地域品牌"金山杉"[2]。金山町秉持着
"伐后再种"的林业原则，依靠循环经营，形成了长期具有活力的山林。同时，金山町的灌溉农业基
础设施建设良好，粮食生产、蔬菜种植、果树园艺等复合农业成为居民重要的依赖型产业。

2.2 收缩特征及其原因

二战后日本为恢复经济增长，将有限的资本投入大城市的建设中，促使大量人口向大城市集中，
镇村地区人口流失严重，大城市的快速发展与镇村地区的收缩形成了强烈对比。

2.2.1 人口维度：劳动力迁出，老龄化、少子化问题加剧

根据山形县的统计年鉴数据整理，金山町的人口从1950年开始下降，流出至东京都市圈等发达
地区[13]（图1）。1970年左右，由于人口显著减少，村落的维持变得困难，于是政府加大了对城镇
环境景观的建设，通过环境改造吸引居民留在城镇中。但1989年以后，老龄化、少子化加剧，人口
自然降低。截至2015年，金山町人口减少到5829人，老龄化率达31.6%，年龄在14岁以下的年轻
人占比为11.2%，成为一个典型的老龄少子化小镇（图2）。此外，自1965年起，金山町农业人口不
断下降，林业从业人口从1990年开始也持续下降，近年才呈现相对稳定的状态（图3）。

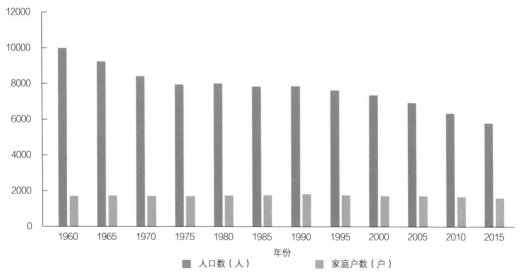

图1　金山町人口与住户变化趋势
（资料来源：作者根据参考文献 [13] 绘制）

---

① 长伐期施业，是指以通常的主伐树龄（如杉树为40～50年）的两倍树龄进行主伐的森林施业方法。长伐期的木材一般
　作为寺庙、神社的建筑和造材而被产品化，但作为包括建筑构造物在内的住宅用材向一般市场销售。
② 金山杉指伐木树龄为80年的树木，一棵完整的木料便可以提供柱、梁、桁等住宅的全部构件。

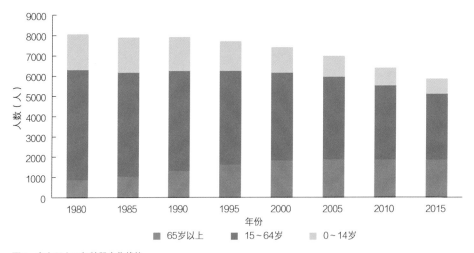

图2　金山町人口年龄段变化趋势
（资料来源：作者根据参考文献［13］绘制）

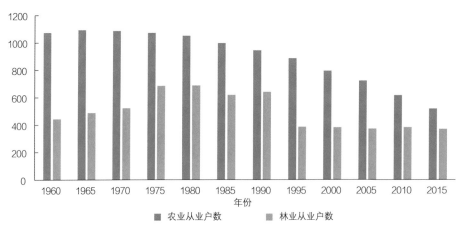

图3　金山町从事农业和林业的户数变化
（资料来源：作者根据参考文献［13］绘制）

2.2.2　经济维度：支柱产业受到冲击，社会资本外流

金山町财政总收入从2001年开始大幅度下降，直到2008年之后才出现波动性回升（图4）。制造业和建筑业一直以来是金山町的支柱产业。2018年第一、二、三产业的产值占比情况显示（图5），第二产业的产值占比达到36%，但受到全国经济下滑等方面的冲击，第二产业的从业人数自2000年后大幅度下降（图6）。直到制定的一系列营造计划见效后，2018年全町总经济收入值回升到50.6亿日元（约合2.62亿元人民币），其中林业和建筑部门产业的产值占比大幅度超过山形县与日本全国水平（图7），给金山町带来显著的经济效益。

农林业面对国内外严峻的竞争，产品价格低迷，加之从业者高龄化、负责人减少等问题，经营状况持续困难。随着生活方式和消费结构的多样化趋势，绿色农产品、精品大米、蔬菜园艺作物等得到推广，产品由实体销售转向网络渠道销售，扩大了地域农产品的影响力。同时，金山町独特的农法、

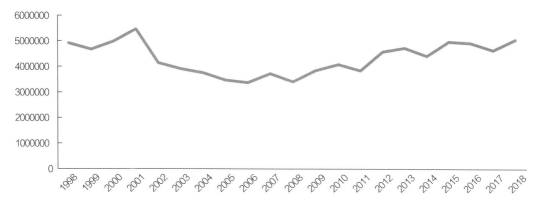

图4　金山町总经济收入变化
（资料来源：作者根据参考文献［13］绘制）

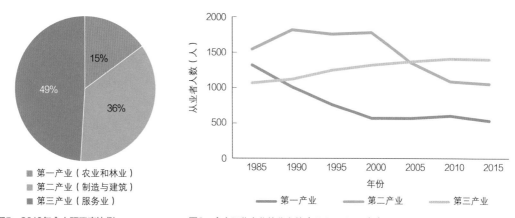

图5　2018年金山町三产比例
（资料来源：作者根据参考文献［13］绘制）

图6　金山町分产业从业人数（1985～2015年）
（资料来源：作者根据参考文献［13］绘制）

技术、文化和景观也逐渐被发掘利用，因此农业人口在2000年后呈现逐渐稳定的态势（图6）。

2008～2014年，由于全球经济不景气出现的投资中断和延期现象，导致制造业企业数量减少了两成以上，从业人员也大量流失。例如，2008年共有制造业事务所366家、从业人员2554人，到2014年减少至279家、1782人[14]。

批发零售业是金山町最主要的经济来源之一。近年来，商业分布范围随着生活圈扩大，零售店沿道路大规模展开，但受消费者需求多样化和购买行为变化的影响，经营环境日益严峻。另外，由于经营者高龄化并且缺乏后继者，沿街的空余店铺逐渐增加。

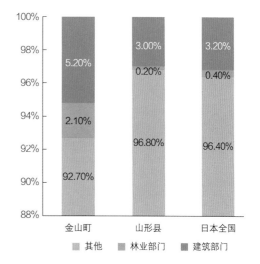

图7　2018年林业和建筑部门产值占比
（资料来源：作者根据参考文献［13］绘制）

2.2.3 空间维度：城镇"空心化"加剧，景观风貌遭遇危机

金山町作为江户时期繁荣的交通驿站，沿街道布局的传统商人住宅成了"金山型住宅"[①]建造的开端。商户不仅对外销售各种酿造品、服饰、杂货等，还管理大面积的森林，许多历史悠久的家族选择在此定居。由于1950年日本的出生率急剧下降，人口老龄化、劳动力迁出等成为小城镇的普遍现象，金山町空置房屋的数量呈现递增趋势。受私人产权的限制，空置的住宅无法被拆除或再利用，政府应对危房的修缮工作十分艰巨，且日本居民的私有产权意识很强，很难组织群众配合政府的改造计划。与此同时，一方面由于新建筑热潮的影响，很多新建筑技术开始应用于金山町建筑的建造和修缮，给传统城镇风貌的维护带来危机；另一方面，政府推动城市规划工作向镇中心集聚，通向城镇外围的公共汽车路线运行减少，给外围的人们进入该镇带来极大不便。

3 金山町社区营造内容

日本社区营造专家宫崎清主张将社区营造分为"人、文、地、产、景"五大方面[14]。金山町政府与民众共同策划了一系列促进小城镇自立发展的行动，在打造特色魅力的城镇中取得了优异的成绩（图8）。

3.1 人：以居民为主体共同谋划城镇建设

将政府部门、企业和社会力量结合在一起，能有效推进社区营造。小城镇在发展过程中涉及的共同利益把多方力量汇聚在一起，通过资金支持、政策支持、人力支持、战略合作和工作营等行动方式，解决老年和儿童群体生活、年轻人和弱势群体的就业等一系列现实问题。社区居民和居民组织成为核心动力，培育社区自组织力量能取得更好的社区营造成果。

3.1.1 丰富社区功能，推进居民自治

社区自治是本地居民认识地域并发现其价值的重要过程。收缩问题导致金山町曾经繁华的街区住宅空置、商铺倒闭。日本《地方自治法》的修改促使非营利组织活跃起来，出现了官民合作共治的格局。金山町政府为居民提供参与町政策协商、行动策划的机会，助力居民与大学、非营利组织、志愿者团体、企业等机构合作对话，为解决小城镇收缩问题发挥了重要作用。金山町于1983年开展了"街道（景观）建设100年运动"[16]，提出政府工作人员与居民、非营利组织以举办"交流会"的方式，集合众人对城镇发展的想法，商讨社区建设内容，并逐步使居民的想法成形，构建人们血脉相连的小镇。非营利组织在计划完成后仍参与服务保障过程，如社区防盗组织、自主防灾组织等，为安全舒适的环境提供助力。

---

① "金山型住宅"是用金山地区生产的杉木根据传统工法建造的住宅，对于其外墙和屋顶的材料以及色彩，当地都有所规定。

图8　金山町社区营造在"人、文、地、产、景"五方面的相关政策与行动（1951~2020年）
（资料来源：作者根据参考文献［16］整理）

阶段划分：

基础构建阶段（1951~1970年）政府主导	概念形成阶段（1980~1985年）市民参与	实施阶段（1986~2020年）由市民参与过渡到市民主导

时间轴：1951　1955　1957　1963　1969　1971　1972　1974　1975　1979　1981　1983　1984　1985　1986　1987　1992　1993　1995　1997　1998　2002　2004　2006　2008　2011　2012　2015　2018　2020

人
- 1955　金山町森林组合成立
- 1957　开展"一起动手清洁宅居环境运动。"
- 1963　开展《金山町全町美化运动》
- 1969　拟定《地方自治法》
- 1972　制定《美丽的大自然·纯洁心的町》
- 1974　制定《金山町基本事项和综合开发计划》
- 1981　制定《金山町基本事项和综合开发二次计划》
- 1987　设立全町美化运动促进委员会
- 2004　制定《自治社区发展基本条例》
- 2006　制定《健康长寿宣言》
- 2008　被认证为"梅格塔玛儿童花园"
- 2012　制定的"金山町·人·工作创造综合战略"

文
- 1963　制定镇歌
- 1971　召开第一届市民运动会
- 1979　举办"工业节、成立町文化艺术协会"
- 1981　制定《金山町住宅建筑设计竞赛》
- 1983　制定《金山町地域住宅希望计划》
- 1998　稻泽番乐被认定为山形县无形民俗文化财产

地
- 1972　制定《金山町基本事项和综合开发计划》
- 1975　制定《金山町基本事项和综合开发二次计划》
- 1983　制定《模型生态城市整备计划》
- 1987　提出《金山町全町公园化构想》
- 1992　提出《最上地区生态城市》
- 1995　制定《金山町综合开发第三次计划》
- 1997　制定《金山町21世纪末来行动规划》
- 1998　制定《金山町新综合发展计划》
- 2002　制定《金山町第四次综合开发计划》
- 2006　制定《金山町第五次综合开发计划》
- 2008　制定《金山町土地恢复计划》

产
- 1955　金山町森林组合成立，保护和培育森林
- 1957　制定《金山町产业振兴计划》
- 1963　农业与林业设施改善与整治
- 1971　实施地区农业品牌化
- 1983　振兴地区农业
- 1987　开发町内旅游产业
- 1995　林业与旅游业融合发展
- 1997　发展牧业
- 2006　制定《金山町农业促进计划》
- 2008　制定《工业促进条例》

景
- 1963　开展《金山町全町美化运动》
- 1972　开展《建设一个富饶、美丽而宜居的町运动》
- 1974　治理《金山町村落整体风貌》
- 1981　制定《街道景观建设100年运动》
- 1983　举办《金山町住宅建筑设计竞赛》
- 1984　制定《金山町地域住宅希望计划》
- 1985　公布《金山町街道和景观条例》
- 1992　提出《金山町全町公园化构想》
- 1993　提出《最上地区生态城市》
- 1995　制定《绿色宪章》
- 1997　提出《生活道路建设计划》
- 1998　提出《街道景观整备计划》
- 2002　提出《街道公营住宅整备计划》

3.1.2 适老化生活改造，关注下一代培育

为应对日益严重的老龄化现象，金山町引入了"老年住宅社区"的概念，并构建医疗护理系统。提倡町内所有人员积极参与老年社区的打造，并派遣医生、护理人员对有需要的老年人提供上门医治服务。在公共空间的共建过程中，老年人可以递交少量资金以代替参与社区劳动。

在下一代培育方面，从五感发达的婴儿期开始，孩子们会收到金山杉制作的木制玩具，以近距离地感受杉木和了解杉木，培养孩子们对林业的理解。举办祭典和地域传统文化活动，培养小镇世代之间的交流。学校安排自然体验、文化体验等课程，增强孩子们与小镇的情感联系，培养他们对小镇的热爱。

3.1.3 制定产业计划，提供就业保障

2018年金山町政府制定了《金山町农业促进计划》，建立金山农业合作社，以水稻种植和园艺作为核心农业，维持品牌农产品的生产；另外，还制定了《工业促进条例》，企业雇佣镇上居民将获得补助，新建或扩建的工厂也可获得补贴。通过强化农业和工业的就业机会，吸引年轻人回小镇扎根。林业、建筑业以及制造产业的发展，吸引了事务所、企业等机构入驻办公，吸引了为小镇服务的年轻人来此定居。此外，为了使居民都能为小镇发挥各自的作用，政府引入了工作强度较低的花生种植、枫树蜜酿造等工作岗位，为小镇内女性和老年人提供就业机会[17]。

3.2 文：尊重地域文化，扩大文化影响力

文化是社区营造的血脉与生命线，是凝聚人与社区的重要力量。通过打造传承式小城镇风貌，延续记忆式文化活动，留存地域性的景观空间等，加固人与人、人与镇之间的情感联系，增强居民的文化自信和自豪感。

3.2.1 规范并鼓励"金山型住宅"建设

"金山型住宅"是金山町最重要的名片之一（图9）。金山町从1978年开始举办住宅建筑竞赛，由町政府赞助的工会主办，木匠、建筑从业者均可参加，致力于研究优质的"金山型住宅"。"街道（景观）建设100年运动"规定了"金山型住宅"的标准，对建筑物的新建、改建、修缮以及外观色彩等都进行了规范，并且出台了对应的补助金制度（图10）。"街道（景观）建设100年运动"中制定了以保持美丽景观、活化地域产业为目的的《金

图9 "金山型住宅"外形
（资料来源：参考文献[15]）

山町街道景观条例》。从《金山町街道景观条例》实行至2018年，政府共补助了1677件建筑构筑物和515栋"金山型住宅"，对城镇风貌的控制成果显著。"金山型住宅"的相关政策、补助、活动有效延续了传统的建筑形制，并很好地留存了传统的建造技艺、住宅建造流程等文化遗产。

图10 "金山型住宅"建设标准
（资料来源：参考文献［15］）

3.2.2 举办文化活动，扩大文化传播

金山町传承已久的稻泽番乐被认定为山形县非物质文化遗产，用于祈祷五谷丰登、灾病退散、家人平安，是一种充满力量的民族舞蹈。此外，还有柳原番乐、安泽歌舞伎、上中田番乐御面和金山祭等富有魅力的文化遗产。将这些非物质文化遗产融入居民生活的文化活动，既留住了本地居民，也吸引了外界游客的光顾。町政府以厅舍大楼为据点，接受全国各地游学团队的访问和交流，利用游学之森①、牧场、温泉酒店等空间承办各类活动，打造"金山交流"平台。此外，金山町也在积极探索新的信息交流方式，充分利用传承的历史和资源，打造了金山町文化杂志《金山的时间》，用居民所拍摄的金山町照片汇集成杂志《金山生活地图》，向外界以及下一代传达金山町的魅力。

3.3 地：打造舒适宜居的空间载体

土地是影响城镇居民生存发展的基础资料，土地生态安全是由社会经济和自然环境共同推动的。快速城镇化导致城镇空间格局不断变化，因此需要充分预想自然灾害下的应对策略，在全域范围内构建社区生活圈，推进安全舒适的城镇建设。

3.3.1 打造广域的经济圈和生活圈

为了减少因生活不便导致的人口流出，近几年金山町加快与周边的市町村确立合作关系以及日常生活所需功能和服务的建设。通过一系列行动，包括加强金山町地域管理能力、最上地区联合发展和市町村事务合作等，实现了与周边地区服务共建、共享。生活方面通过支持移动贩卖车和流动家庭护理等新业务，解决外围乡村居民和老龄人口的基本需求。为应对大规模自然灾害，金山町积极推进国土安全政策，从建筑物耐震和抗朽化、交通网络修整、医疗保健体制完善和信息通信覆盖等方面入

---

① "游学之森"是指金山町为日本各地学校设置的自然体验基地，在森林中开设自然观察、木工手作、食物体验、植树体验、动物足迹探寻等课程。

手，保护居民的生命和财产，实现可持续发展。金山町也注重活用社区人才，培育居民成为社区服务的支柱力量，打造居民全年龄段都能活跃的生活圈，推进健康安全的城镇建设。

3.3.2 整合设施功能，紧凑建筑布局

金山町人口减少、人口密度下降等现象导致基础设施利用率低、使用不便，也给町政府的财政带来较大负担。同时，城镇收缩导致空置住宅数量逐年增加，有倒塌危险的房屋散落在整个小镇。因此，政府逐步削减对基础设施建设的投资比例，减少对外围服务设施的投入，通过租用或购买小城镇内的空置住宅进行改造，将投资重点转向建设福利民生设施，包括公共休息室、公园、"金山型住宅"体验房、经济适用房和街角交流室等。空置住宅改造的公共设施、活动空间、商业街和交通站点等散布在各街区，作为展示金山町文化和生活的窗口，同时也是小镇居民的精神载体，可激发空间的活力。

3.4 产：构建丰富的小镇产业网络

振兴小城镇的产业是社区营造的核心内容，从调整产业结构着手，充分放大当地特色产业，深入挖掘具有地域特色的产业链，以最大限度地带动小城镇经济的发展，为居民提供稳定的工作岗位和收入，推进小城镇的可持续发展。

3.4.1 延伸金山杉的产业链，丰富町内产业类型

一棵80年的金山杉，不同段材可分别用于不同的建筑结构。一根金山杉可以提供一栋住宅从构架到装修的所有主材，剩下的边材根据质量的不同，再用于加工其他产品，如酿酒的酒桶、手工艺品、家具等[15]。通过延伸传统建筑产业链扩大了木材的消费，提高了金山杉品牌影响力，全面推进了林业发展。此外，金山町还致力于振兴观光旅游产业，扩大当地产品消费。通过活用自然、饮食、景观和历史文化等地域资源充实驻留型观光路线，并带动住宿、餐饮和零售等相关行业发展。以创造就业机会为目标，积极推动全町绿色旅游。目前，金山町已初步实现了林业、旅游业的振兴发展，正在拓展更多样化的产业——发展高档的山菜种植产业，从我国东北引进花生产业，种植枫树并制作糖浆、啤酒、甜品等以发展系列食品产业，并计划构建小镇丰富的产业网络。

3.4.2 规范"金山型住宅"，带动地方经济

"金山型住宅"不仅是传统的文化名片，同时也是小镇重要的经济支柱。居民建造"金山型住宅"，可以获得80万日元（约合4.35万元人民币）的补助金，通过建造"金山型住宅"给全镇带来的经济效益不低于小型的公共工程。"金山型住宅"具有以下几方面优点：一是可以根据预算和要求灵活建造；二是越旧越有价值；三是木造建筑的节能性很强，同时也能享受节能住宅的补助金、减税等优惠制度的支持；四是建造经济，可以留在城镇内部，"金山型住宅"均由当地工匠修建，不需要外力的支援，不仅维持了镇上工匠的稳定就业，工艺也得到了传承（图11）。

3.5 景：坚持人、城镇、自然的和谐共生

优化小城镇景观，营造舒适宜居的生活环境是社区营造的重要目的。在坚持人与自然相平衡的原则下，通过制定区域规划、确定景观引导措施、构建单体空间或节点等措施，让传统建筑和自然空间始终保持活力。

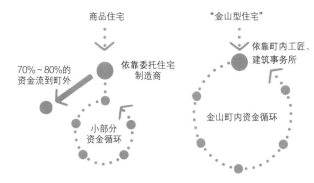

图11 "金山型住宅"循环经济与商品住宅经济对比
（图片来源：作者根据参考文献［15］绘制）

3.5.1 制定景观引导措施，整体环境景观化

金山町属于最上川中游流域，河流对小镇居民生活起着非常重要的作用。《金山町景观条例》中提出"创建有个性的城镇景观，维护和促进自然之美，营造新的街景市容，造就舒适的城镇，打造充满自豪的城镇"五大发展目标[18]，通过小镇街道和后山森林景观两个部分的联合提升塑造小镇形象，针对风景视廊塑造、景观与建筑之间的高度距离、建筑庭院与街道的关系、建筑外立面装饰、道路绿化和地面铺装等方面提出了设计规范，细致处理城镇与自然的关系，并使小镇各处的人工环境景观化（图12）。

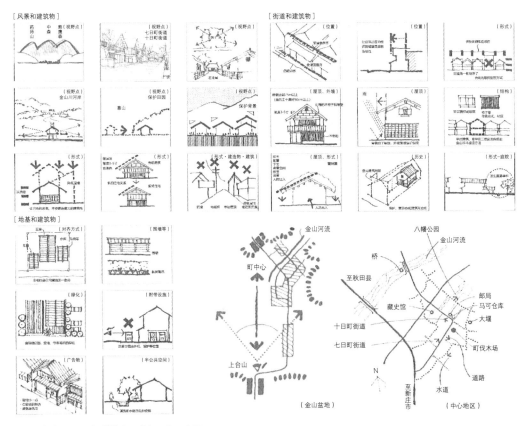

图12 金山町景观引导措施以及空间活化示意图
（资料来源：参考文献［16］）

3.5.2 恢复自然环境，注重城镇与自然的关系

金山町是最上川中游流域，自古以来河水十分清澈。小镇内修建了大堰——"眼镜堰"、流雪沟、引水渠等13类水道。大堰不仅用于灌溉农田，也作为景观水系遍布町内（图13）。水道结合小镇内的道路、公园等拓展亲水空间，营造舒适的环境氛围。在修整沿路水道与池塘空间时，为保持水道清澈，尽可能地利用自然石材作为驳岸。经过多年来居民的自觉维护，金山町获得了"金山河川公园""大清水川亲水空间"等称号。以金山町厅舍大楼为代表的公共建筑灵活地运用金山杉作为建筑材料，使建筑物融入街景和自然环境中，典型的建筑有金山幼儿园和金山町火葬场等。

图13　金山町大堰渠道沿路水景

4　金山町社区营造对我国应对小城镇收缩的启示

社区营造的内容主要受政府决策制度、产权制度、社区管理、公众意识等方面的影响，通过分析各因素对中日社区改造的影响差异，找到其中的共性特点，可以进一步明确适合我国国情的社区营造策略和路径。

4.1　我国小城镇收缩的困境和中日差异

4.1.1　我国小城镇收缩困境

我国改革开放后，新农村建设、取消农业税等扶持政策为小城镇带来了快速发展的短暂春天，规模小、数量多的乡镇企业开始广泛分布。但城市的发育不足对消费、就业和投资的抑制作用迅速显现，需要通过要素迁移和交通改进促进城市集聚，从而提高城市效率[19]，于是城市转向规模化、创新型的产业发展。同时，全球化使国际企业之间的竞争日益激烈，区域发展的重心逐渐集中于大城市，大规模资源要素流入大城市，压缩了小城镇的发展空间，乡镇企业的发展环境逐渐恶化[20]。随着政策向大城市、城市群倾斜，小城镇能够获取的发展机遇减少。人口方面主要表现为人口来源减少以及自身人口流失，农村大量剩余劳动力越过小城镇直接进入城市，小城镇的人口也开始向大中城市流动[21]。经济方面主要表现为乡镇企业发展停滞，农业发展动力不足，商业发展环境不成熟。

在条块分割的乡镇行政管理体制中，一方面，小城镇的开发、审批等权力集中于县（市）主管部

门，小城镇普遍难以通过自上而下的途径获取发展要素[22]。除了部分拥有历史文化遗产、地区重点产业的小城镇，大部分小城镇能够享受的制度红利较少。另一方面，小城镇政府事权与财权的错位分配使其难以推动经济和社会发展[23]。在小城镇改造过程中，政府经常面临财政收支失衡的压力，因此无法完全依靠政府自上而下的力量解决收缩的问题。此外，我国很多小城镇的改造通常采取一次性投入的方式，改造完成后的管理维护则缺乏长效的资金支持，导致项目看不到长效性的回报，小城镇的人口流失和功能弱化成了普遍现象。

4.1.2　我国应对收缩的经验和社区营造的适用性

农业农村现代化的推进释放了大量农村劳动力，当下正是将农村剩余劳动力转移到小城镇就业的良好契机。把乡镇建设成为服务农民的区域中心，有望实现县乡村功能衔接互补。而缓解小城镇资源流失、劳动力缺乏、设施落后和发展乏力等一系列收缩现象的关键在于：留住乡村转移劳动力，实现就地城镇化；强化小城镇联系城乡的纽带作用，积极承接要素转移。我国已有不少学者用社会经济类、空间统计类、地理空间和景观类等指标判断测度地区的收缩态势，并根据动因和空间形态划分不同的收缩类型和模式[24-25]，从土地制度改革、城镇村层级体系构建、融入区域发展、技术升级和产业转型升级等方面提出适应性的发展路径[26-28]。

"社区营造"正是从物质环境、社会体系、运转动力方面应对小城镇的收缩问题，激活小城镇的生命力。其在政府、市场与社会三方之间构建了一个可以发挥共同力量的平台，达成共同的行动准则，以顺利推进小城镇可持续、和谐发展。因此，小城镇需要将自下而上的社区营造机制融入中国特色城镇化过程中，采取差异化的收缩应对策略。当然，"人、文、地、产、景"五个方面的营造方法更适用于具有一定特色、土地资源潜力大、面临收缩趋势但并未完全衰退、整体仍处于向上发展期的城镇，对于无文化特色、无产业、区域发展差、处于全面衰退期的小城镇的适用性较小。

4.1.3　中日社区营造的差异

中日两国在城市规划和社区管理上存在较大差异。日本由于私有化的土地制度，政府直接参与社区规划的力量有限，很难强势推动，因此只能引导群众的力量参与社区管理。日本社区群体和志愿者活动从20世纪中期开始活跃于社区改造过程中，社区自治在一系列政策和法律的支持下走向成熟，居民作为地缘群体有着强烈的共同价值观，形成了基层政府与町自治会、社区内外的非营利组织、社区居民合作共治的社区治理格局[29]。而我国社区改造以政府或市场为主导的自上而下的形式为主，大部分社区群体、非营利组织是依附于政府而存在的，自下而上的社区自治功能较弱，公众参与在城市规划法规中缺乏实体性和程序性内容[30]。在应对小城镇收缩问题时，政府的主导力量更多是从地区发展的整体利益出发进行社区改造，作出引进产业、土地集约、迁并村庄等一系列决策，甚至会牺牲居民的意愿。我国这类大政府、小社区的做法十分容易看到成效，将社区改造简单化、任务化，但往往导致小城镇丧失原有特色（图14）。

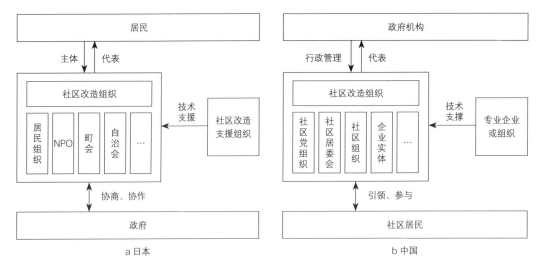

图14 中日两国社区改造要素组成与相互关系
（资料来源：作者根据参考文献［31-32］绘制）

我国虽没有日本小城镇由土地产权、经济利益相连接的非营利团体，但社区营造的目的——振兴发展，社区营造的核心主体——人，这两部分是一致的，面临的收缩困境也是相似的，此外我国拥有强有力的政府领导优势。日本通过社区营造积极地应对小城镇收缩，在现阶段已经取得了一定的成果，因此可以利用中日小城镇社区营造的共同点以及发展的"时差"，学习日本小城镇的经验。

4.2 我国小城镇社区应对收缩的社区营造启示

本文从金山町的历史经验中，解读了日本小城镇社区营造的成功做法，根据中日小城镇社区的异同，提出社会、文化、产业、环境四方维度下的一体化营造模式，即立足于居民生活塑造共同体意识，形成社区营造的基础动力；从文化根本上激活社区血脉；落实小城镇经济振兴，发展特色产业；提升环境空间品质，实现城景共荣、天人和合。一体化的营造模式在自上而下的规划中兼容个体需求的差异，二者互相补充，实现自上而下的规划与自下而上的社区营造内在统一，塑造动力结构平衡、组织运行效率高并可持续发展的小城镇。

4.2.1 通过共同体意志强化与组织建构，为社区奠定内力凝聚基础和行动协调机制

要促进生成自下而上的社区营造动力，并形成与自上而下的制度力量传导有序、承接有效的健康机制，有必要在探寻社区共同利益和价值纽带的基础上，有效建构社区共同体，以协调各方利益、责任和行动步调，并出台相应政策。人是社区营造的首位要素，而从抓住人的文化情感、价值认同、利益诉求和行动整合能力这四个方面凝聚社区群体力量，方能形成有规模有秩序的社区组织，强化居民共同体的意识，并进而与政府引导的社区改造政策力量形成合力，共同开创有目标、有认同、有效率、可持续的社区营造新局面。

（1）文化认同是共同体建立的天然纽带。发掘当地的历史文化基因、摸清人们当下的生活脉络，培育当地居民之间的情感纽带，将其贯穿于人们对这块生活热土的认知和缔造将来的责任中，塑造一个文化共同体。当社区的发展面临较大议题时，人们自然而然地团结起来，用群众的智慧去解决问题，推动社区的持续运营。

（2）价值共同体可以调动居民的参与性和成就感。在共同的文化基础上建立长远的共同发展目标：健康的生活、安全的环境、稳定的发展、和谐的社会以及可预见的美好未来。共同的价值导向能让居民们拥有一份共同的责任感，感悟到家乡的发展掌握在自己手中。居民依靠自律开展活动，包括居民公约、邻里纠纷处置、帮困救助、活动组织、志愿服务等。同时，政府建立健全的制度，培养较高的公民意识，如制定社区营造的相关条例，建构以民为主体的组织框架，推动社区营造工作。

（3）利益共同体是行为活动的出发点。要瞄准共同利益，在经济和内容上形成有效的运营模式，用利益共同体将大家拧在一起。例如，日本金山町社区，由于收缩而出现的大量闲置空间成了集体困扰，但也容易转化为集体利益纽带。创建自然友好、美丽宜居、产业振兴的小城镇对所有个体来说都有巨大的利益价值，居民提供用地和服务、人才提供技术、政府提供资金和政策扶助、非营利组织制定活动计划等，向着明确的方向循序渐进地追求成效。

（4）形成统一行动纲领，提升统一行动能力，通过行动共同体来实现共同的文化、价值与利益目标。社区营造由政府、社区组织、居民与企业等形成的行动共同体来协作完成：政府部门起到监督、协调和支持的作用；社区组织、人才和居民为实施主体，提出适应自身社区改造的建议，策划并参与活动；企业在社区营造过程中提供物资、资金支持等，共同朝着明确的方向循序渐进地追求营造成效。

4.2.2　钩沉、激活地域文化记忆，引导建立文化培育机制，展现社区营造的人文深度和品质格调

由于我国城乡二元结构的长久影响，城郊小城镇以及偏远地区均普遍存在小农经济的局限性，因此在社区营造过程中容易被地方势力和个人利益牵制，因此必须通过建立阶段性的制度规范，在环境整治、风貌建设过程中兼顾文化的培育，培育居民的集体意识、倡导文化传承式的规划，通过文化记忆点的植入加固集体的感情维系。

文化是社区共同体构建的基石，也是社区空间魅力的展现，因此社区空间改造不仅是简单的拆建，还需要在空间中体现原有的生活方式、文化记忆。社区的人文元素融入环境对集体信念的形成具有深远意义。保护传承历史文化，将传统文化融入现代生活，即是在维系社区邻里之间的情感网络，保护小城镇的生活方式，积累社区文化记忆资产，实现地域文化代代相传、生生不息，从而让小城镇更具文化感染力。统一小城镇建筑风貌，规范传统建造母题与方式，以及举办历史文化活动等行动，以一种不断丰富内涵、永续传承的方式为社区空间创造出新的价值。此外，建立规则意识，将居民的行动置于规章制度的框架之下，可改变居民各自为政的陋习，推动社区营造有序进行。因此，需要唤醒居民的文化自豪感，引导居民以共同体的意识，从整体到局部全方面地融入地域文化进行营造，使传

统的文化要素能够融入现代的场所空间，丰富城镇空间的功能，让城镇处处都体现出文化积淀的魅力。

4.2.3 引导和培育地方特色、时代特色资源主导下的产业品牌，促进镇村产业融合发展，奠定可持续发展的经济基础

小城镇在我国当下的背景中依然具有衔接城乡关系、促进要素流动、服务乡村振兴的重要结构性功能[33]，不仅是新型城镇化的载体，也是乡村振兴的重要平台。保持和发扬本地传统产业，引入能与本地生产环境有效衔接、融合的新兴产业，是小城镇能够可持续发展的关键。我国不少小城镇的发展模式已在传统挖掘与在地产业培育方面取得了一定成功，如浙东南、苏南围绕优势的农村经济、高端新兴产业、文化品牌打造特色小镇；云贵、山西等远离强资源的地区则利用"小镇网红""农民网红"放大气候资源、绿色健康食品、生态旅游产品等优势。

由于产业发展模式具有不可复制性，所以必须要发挥小城镇的自我认知主动性。一方面，要充分发挥自身的地域、资源和区位优势，打造规模化的、有辨识度和品牌效应的产品供应系统，消除收缩导致的不利影响，注重提升发展自信心；另一方面，既要与高等级的城市建立直接的分工合作关系，也要与周边乡村地区形成联合发展，融入区域发展格局。同时，需要认识到农业生产具有集经济、生态、社会于一体的价值，通过线上、线下多种渠道积极联合都市，发展观光农业、有机生态农业、创意农业、农业实践等。产业发展的目的是带动乡镇经济的整体提升，为镇村居民提供稳定的工作和收入，因此小城镇需要因势利导，发挥资源优势，保护传统产业，发展生态农业，带动居民生活水平和生活质量的提高，为城镇环境营造提供稳定的资金支持，实现小城镇的可持续发展。

4.2.4 着力景观建设，引导居民创造生活美景，打造城景共荣、天人和合的品质空间与心灵家园

景观是一个小城镇避免收缩，在同类竞争中取胜的核心工具。小城镇的景观所蕴含的自然和文化多样性，不仅是当地民众珍贵的集体记忆，还是面向未来理想生活的活力源泉[34]。首先，小城镇的景观需要具有功能性和实用性，树林、农田、住宅建筑、水渠、公园等景观要素应与居民的日常生活和需求紧密地联系在一起。其次，景观打造应具有地域性，融入当地的人文属性和产业特色，提升居民生活的归属感。此外，景观是为美化环境、维护生态安全而存在，景观打造需要有提升环境品质的重要作用，且除了环境品质的改善，更应该创造属于居民自己的美学生活，景观形态塑造应源于居民自发的愿望，而非标准化模式。

因此，在景观建设过程中应充分发挥居民的能动性。发扬小城镇的工匠精神，集聚当地工匠与设计者的力量，将家乡的改造权交到他们手中，从而更进一步凝聚居民对家乡的认同感。此外，也需要鼓励居民加入景观设计与空间改造过程，将公共空间的景观设计渗透到每家每户的住屋中。制定小城镇景观建设规范引导意见，保障、维护小城镇风貌的底线，在此基础上融合居民对居住空间景观的积极改造，也是调动居民共同体意识的积极举措。当然，城镇景观空间需要始终坚持与自然平衡共处的原则，才能实现生活富裕、安居乐业、环境舒适、生态安全、文化丰富的目标。

5 结语

　　日本城市化发展历程和金山町35年来的实践经验告诉我们，小城镇收缩本质上是经济收缩和社会收缩，空间收缩和文化收缩是其表象并带有某种必然成分，有时整体轮廓尚存但因为空间疏松、传承断裂，最终可能会一并导致小城镇的结构性坍塌。小城镇收缩也是一个纵向与横向关联度复杂而且影响巨大的问题，因此将收缩主体的内外部各方利益捆绑在一起，必须借助一系列由上至下的政策支持，由下至上的共同体意识建构以及社会自组织群体积极开展多方合作的行动，促进建立本土资源型与在地性产业基础上的社区循环经济，借助经济活力的复生逐渐推动社区功能完整运转。同时，要以文化共同体意识筑牢居民的乡土情感基础，以价值共同体唤起居民的责任和激情，以利益共同体增强多方参与的积极性，最终通过组建行动共同体，建立基于内部动力的长效运营保障机制。其中，特色产业发挥重要的支撑作用，文化培育激活社区自信与社团凝聚力，景观塑造在提供高品质生活空间的同时放大城镇魅力。基于社会主义制度优越性，我们应该更能够深入社区群体，凝聚、整合各方力量，推动小城镇振兴与可持续发展，实现活力社会、美好生活的愿景。

参考文献

［1］　AUDIRAC I, FOL S, MARTINEZ-FERNANDEZ C. Shrinking cities in a time of crisis［J］. Berkeley planning journal, 2010, 23 (1): 51-57.

［2］　张京祥，冯灿芳，陈浩. 城市收缩的国际研究与中国本土化探索［J］. 国际城市规划，2017，32（5）：1-9.

［3］　黄鹤. 精明收缩：应对城市衰退的规划策略及其在美国的实践［J］. 城市与区域规划研究，2011（3）：157-168.

［4］　龙瀛，吴康，王江浩. 中国收缩城市及其研究框架［J］. 现代城市研究，2015（9）：14-19.

［5］　WIECHMANN T. Errors expected aligning urban strategy with demographic uncertainty in shrinking cities［J］. International planning studies, 2008, 13（4）: 431-446.

［6］　周恺，钱芳芳. 收缩城市：逆增长情景下的城市发展路径研究进展［J］. 现代城市研究，2015（9）：2-13.

［7］　陈川，罗震东，何鹤鸣. 小城镇收缩的机制与对策研究进展及展望［J］. 现代城市研究，2016（2）：23-28，98.

［8］　宋雪峰. 日本社区治理及其启示［J］. 中共南京市委党校学报，2009（3）：90-96.

［9］　卢学晖. 日本社区治理的模式、理念与结构——以混合型模式为中心的分析［J］. 日本研究，2015（2）：52-61.

［10］　王羽，李成章，王曼，等. 日本小城镇的社区营造活动对我国村镇规划建设的启示［J］. 小城镇建设，2012（3）：91-94.

［11］　胡澎. 日本"社区营造"论——从"市民参与"到"市民主体"［J］. 日本学刊，2013（3）：119-134，159-160.

［12］　赵民. "社区营造"与城市规划的"社区指向"研究［J］. 规划师，2013，29（9）：5-10.

［13］　山形县统计年鉴［DB/OL］. https://www.prefyamagata.jp/kensei/shoukai/toukeijouhou/nenkan/index.html.

［14］　张燕. 经济的追求和文化的维护同样重要——日本"造乡运动"和中国台湾"社区营造"的启迪［J］.

装饰，1996（1）：50-53.

［15］ 金山町. 金山住宅とは［EB/OL］.（2019-03-01）［2021-08-19］. https://www.town.kaneyama. yamagata.jp/machinami_koryu/machinamizukuri100nenundo/1566.html.

［16］ 金山町. 金山町景観アクションプログラム—金山町街並み（景観）づくり100年運動・ステージ 2—［EB/OL］.（2021-01-05）［2021-08-19］. https://www.town.kaneyama.yamagata.jp/machinami_ koryu/machinamizukuri100nenundo/2647.html.

［17］ 金山町. 金山町生涯活躍のまち基本構想・基本計画［EB/OL］.（2019-08-01）［2021-08-19］. https://www.town.kaneyama.yamagata.jp/chosei_machizukuri/machizukuri/1367.html.

［18］ 岩田司，键谷勇辉，岩田左红. 基于城镇景观条例的小城镇更新改造及其经济波及效应研究——以日本山形省金山镇为例［J］. 上海城市规划，2019（5）：37-42.

［19］ 赵燕菁. 制度变迁·小城镇发展·中国城市化［J］. 城市规划，2001（8）：47-57.

［20］ 赵新平，周一星. 小城镇重点战略的困境与实践误区［J］. 城市规划，2002，26（10）：36-40.

［21］ 张立. 新时期的"小城镇，大战略"：试论人口高输出地区的小城镇发展机制［J］. 城市规划学刊，2012（1）：23-30.

［22］ 罗小龙，张京祥，殷洁. 制度创新：苏南城镇化的"第三次突围"［J］. 城市规划，2011（5）：51-55.

［23］ 陈川，罗震东，何鹤鸣. 小城镇收缩的机制与对策研究进展及展望［J］. 现代城市研究，2016（2）：23-28，98.

［24］ 刘合林. 收缩城市量化计算方法进展［J］. 现代城市研究，2016（2）：17-22.

［25］ 吴康，孙东琪. 城市收缩的研究进展与展望［J］. 经济地理，2017，37（11）：59-67.

［26］ 于立，彭建东. 中国小城镇发展和管理中的现存问题及对策探讨［J］. 国际城市规划，2014，29（1）：62-67.

［27］ 石忆邵. 中国新型城镇化与小城镇发展［J］. 经济地理，2013，33（7）：47-52.

［28］ 李彦群，耿虹，高鹏. "精明收缩"导向下新型镇村发展模式探讨——以武汉汪集街为例［J］. 小城镇建设，2018（4）：76-82.

［29］ 高红，杨秀勇. 美英日社区治理政策变迁的历史逻辑与经验启示［J］. 东方论坛，2018（3）：15-21.

［30］ 郭建，孙惠莲. 城市规划中公众参与的法学思考［J］. 城市规划. 2004，28（1）：65-68.

［31］ 高沂琛，李王鸣. 日本内生型社区更新体制及其形成机理——以东京谷中地区社区更新过程为例［J］. 现代城市研究，2017（5）：31-37.

［32］ 边防，吕斌. 转型期中国城市多元参与式社区治理模式研究［J］. 城市规划，2019，43（11）：81-89.

［33］ 耿虹，李玥，乔晶，等. 武汉市小城镇应对收缩的适应性发展路径探索——以新洲区汪集街为例［J］. 现代城市研究，2019（8）：101-108.

［34］ 单霁翔. 乡村类文化景观遗产保护的探索与实践［J］. 中国名城，2010（4）：4-11.

人口收缩背景下岛屿型村镇的可持续发展规划策略
——日本佐渡岛的经验与启示

Sustainable Development Planning Strategies for Island-type Villages and Towns in the Context of Population Shrinkage: Experience and Insights from Sado Island in Japan

梁玮男　金明华　崔昊　王骁然

Liang Weinan, Jin Minghua, Cui Hao, Wang Xiaoran

摘　要　村镇地区是我国经济发展的重要环节，在我国经济快速发展背景下，村镇地区人口收缩带来的系列问题直接影响着我国城乡融合发展。而我国海岛地区受地理区位的限制多，在经济等方面发展相对缓慢，如何发展岛屿型村镇成为我国沿海地区城镇化进程的关键问题。日本新潟县佐渡岛作为岛屿地区也曾经面临同类问题，如今却通过振兴农业、强化旅游业、完善基础设施、营造幸福生活氛围四方面的措施实现岛屿村镇的振兴。通过总结佐渡岛的村镇复兴发展之路，希望为我国岛屿型村镇发展提供借鉴。

Abstract　Villages and towns are an important link in China's economic development. In the context of China's rapid economic development, a series of problems caused by the shrinking population of villages and towns directly affect the development of China's urban-rural integration. However, due to the geographical location, most of China's island areas develop relatively slow. How to develop island-type villages and towns has become a key issue in the process of urbanization in China's coastal areas. Sado Island in Niigata Prefecture, Japan, as an island area, once faced similar problems, but now the island villages and towns have been revitalized through four measures: revitalizing agriculture, strengthening tourism, improving infrastructure, and creating a happy living atmosphere. The paper aims to provide reference for China's island-type villages and towns by summarizing the way of revival and development of villages and towns on Sado Island.

关键词　人口收缩；海岛；岛屿型村镇；日本佐渡岛；日本地方振兴综合战略；可持续发展

Keywords　population shrinkage; island-type villages and towns; Sado Island in Japan; Japan's comprehensive strategy for local revitalization; Sustainable development

　　我国海岛众多，据《2016年海岛统计调查公报》统计，我国共有海岛11000余个，其中面积在500m^{2}以上的海岛共6000余个，海岛总面积约占我国陆地面积的0.8%，是世界上拥有海岛数量最多的国家之一。海岛及其周边海域生物资源、旅游资源丰富，但统计显示，我国海岛地区目前还存在基础设施薄弱、产业发展动力不足、人口流失等问题[1]。近年来，我国愈发重视对海岛地区的保护、开发与管理工作[2]。2010年颁布的《中华人民共和国海岛保护法》明确了从中央到地方的分工，标志着

梁玮男，博士，北方工业大学建筑与艺术学院，副教授。

金明华，中国城市发展规划设计咨询有限公司文化和旅游研究中心，硕士研究生。

崔昊，日本新潟大学大学院自然科学研究科，硕士研究生。

王骁然，北京建筑大学建筑与城市规划学院，本科在读。

我国海岛管理体系初步形成；2012年实施的《全国海岛保护规划》进一步明确了海岛保护发展的目标，如"到2020年实现海岛生态保护显著加强、海岛人居环境明显改善"；2017年国家海洋局印发《全国海岛保护工作"十三五"规划》，提出"全国海岛保护与管理工作的总体要求、主要任务、保护措施等"。

《联合国海洋法公约》明确"岛屿是四面环水并在高潮时高于水面的自然形成的陆地区域"，我国相应法律条文中称之为"海岛"。日本是一个岛屿国家，其将除"本土"外的较小岛屿称为"离岛"，以区分称为"本土"的较大岛屿。日本有离岛6000余个①，仍住有居民的岛400余个[3]。作为岛屿大国，日本对离岛的开发、管理工作起步较早，在经历人口收缩等问题后通过一系列措施，日本离岛得到了一定的发展。因此，本文解析日本离岛发展规划体系，并具体选取日本新潟县佐渡岛为例。佐渡岛人口5.5万余人，属新潟县佐渡市②管辖，佐渡市行政范围覆盖整个佐渡岛，且无下级行政单位，其行政层级和人口规模与我国的村镇极其类似，故借鉴其转型发展之路，以期为我国海岛型村镇的发展振兴提供思路。

1 我国海岛地区村镇的发展现状

1.1 缺少系统基础研究与管理

我国海岛地区通常位于省市的边远地区，地位不高，受地理与资源限制，产业结构趋向单一，长期处于省市发展的背景区域，参与发展程度较低。同时，我国对海岛的系统调查也相对滞后，仅在20世纪80～90年代和21世纪初开展过两次关于岛屿的资源普查，数据也过于陈旧，调研内容和思路已逐渐不符合新时代岛屿发展规划的编制要求[4]。例如，在近期编制的《浙江省海岛保护规划（2017—2022年）》中发现，浙江省在2010～2014年，仅对海岛数据基本摸清，对1023个海岛开展名称设置工作，实现了"各岛有其名，岛岛不重名"。此类现象也出现在其他地区的海岛地区，如《山东省海岛保护规划2012—2020年》和《广西壮族自治区海岛保护规划2011—2020年》也显示出类似问题。这表明目前我国海岛的基础数据普遍种类不全、基础研究工作不足，海岛管理的整体基础较弱，导致体系不完善等问题[5-7]。

1.2 基础设施薄弱

我国海岛地区普遍存在经济基础薄弱，发展滞后，水、电、交通、通信等基础设施建设不足等问题，整体的服务保障能力弱。例如，山东省内沿海住有居民的海岛中如鸡鸣岛、南小青岛等道路、码头基础设施比较落后，车由岛、高山岛等部分岛屿淡水资源紧缺，仍缺少电力供应，绝大多数岛上无垃圾、污水处理设施，再加上岛屿的分散特性，更加剧了岛屿与陆地间的资源交换难题，增加了岛屿的发展阻力[8]。

---

① 此处离岛采用日本离岛研究和促进中心（公益财团法人日本離島センター）的定义，即处日本"本土"的北海道·本州·四国·九州·冲绳本岛以外的其他岛屿。

② 佐渡市在2004年由岛内全部的市町村（两津市、相川町、佐和田町、金井町、新穗村、畑野町、真野町、小木町、羽茂町、赤泊村）合并而成，成为佐渡岛的唯一行政单位。

1.3 人口收缩问题严重

我国海岛地区主要集中在12个海岛县（市、区），分别为长海县、长岛县、崇明区、嵊泗县、岱山县、定海区、普陀区、玉环市、洞头区、平潭综合实验区、东山县和南澳县[1]。由于岛上基础设施不足，交通不便，居民就业、上学资源不足，生活受到一定限制，在我国人口增速放缓的宏观背景下，这些地理位置相对偏远的海岛农村"空心现象"更加严重。

海岛县的人口户籍构成以村镇人口为主，近年来人口数量整体处于持续下降中。例如，原隶属于山东省烟台市的长岛县，作为山东省唯一一个海岛县，也是全国最小的县，由于近些年人口持续下降，烟台市于2020年将长岛县与蓬莱市合并为蓬莱区。由烟台市长岛县2011年与2018年国民经济和社会发展统计公报对比得知，其总人口、中小学人口持续下降；通过全县移动电话用户数等数据可推断长岛县实际生活的人口至少下降了30%[8]；由我国第七次人口普查数据可知，其人口自然增长率为-0.611%。此类人口收缩问题在其他海岛县也十分严重，据我国第七次人口普查数据显示，嵊泗县（630个岛，无人岛屿602个）的人口自然增长率为-0.472%、机械增长率为-0.629%，岱山县（571个岛，无人岛屿542个）的人口自然增长率为-0.46%、机械增长率为-0.9%，崇明区（3个岛为主，即崇明、长兴、横沙三岛）的人口自然增长率为-0.56%，普陀区（743.5个岛，无人岛屿698个）的人口自然增长率-0.405%。

上述岛屿的"离岛上岸"现象具有普遍意义上的典型性[8]，严重的人口流失问题也引起各地重视，如何吸引人口聚集、实现就地城镇化也是目前各海岛地区的重要工作。

2 佐渡岛转型振兴之路

2.1 佐渡岛人口收缩背景

2.1.1 资源枯竭，主导产业缺失

日本离岛地区的人口收缩问题由来已久。据统计，日本在2008年出现了人口收缩，而离岛地区早在第二次世界大战后日本人口整体呈现增长趋势之时，就因为自身交通和经济欠发达等原因导致人口流失，时至今日人口收缩问题更为严重（图1）。

佐渡岛是日本离岛之一，隶属于新潟县。1601年，佐渡岛岛内发现金银矿脉，繁荣的矿业成为当时重要的财政来源，日本各地采矿业技术人士聚集于此。采矿产业的兴起（江户时代，1603～1868年）使得佐渡岛人口大量聚集，让矿场所在的相川町从一个只有20户的小农渔村，迅速发展成10万人的乡镇[10]。但近代随着金银矿资源逐渐濒临枯竭，岛内矿产开采于1989年彻底关闭，全岛作为观光景点使用。支柱型产业衰落导致大量采矿工人和相关技术人员迁出，相关的商业服务业配套设施也随之撤销，岛内生活服务水平出现明显下滑，人口不断外流（图2）。

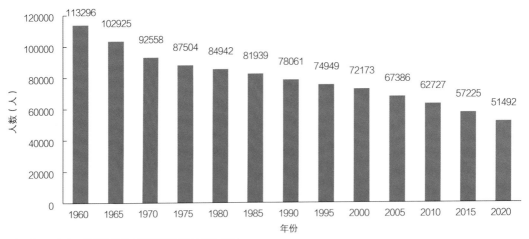

注：以1955年人口数据为基础（即假定1955年人口为100）

图1　日本全国和离岛人口变化情况
（资料来源：作者根据参考文献［9］绘制）

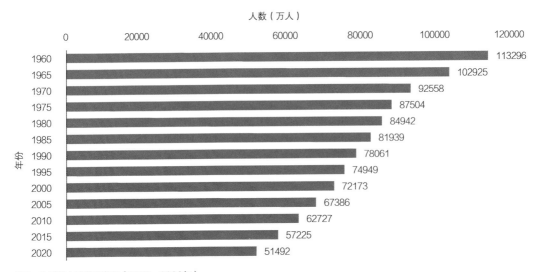

图2　佐渡岛人口数量变化（1960～2020年）
（资料来源：作者根据参考文献［11］绘制）

2.1.2　经济衰退，岛民回岛热情低

支柱产业的衰败带来一系列影响。大量年轻人外流，老龄人口的农业参与能力低，青年人口的农业参与意愿低，因此农业长期得不到良性循环，严重衰退，农田荒废。原有生产企业逐渐因用工困难、人力不足等陷入经营困局，民营、个体企业大量倒闭或外迁。这不仅造成就业岗位数量大量减少，还影响外出求学岛民的回岛就业热情，岛内企业整体经营状况进一步恶化，市场急剧萎缩（图3）。同时，人口流失也造成部分民营性质的公共服务企业运营困难，基本民生得不到全面保障，如岛内航空运输停运，船运班次减少，岛内公共交通频次减少。

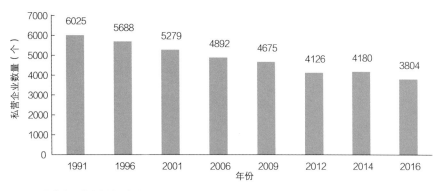

图3　近年岛内私营企业数量变化
（资料来源：作者根据参考文献［11］绘制）

2.2　佐渡岛的转型振兴策略

　　《离岛振兴法》是日本离岛振兴的核心法律依据。离岛振兴制度主要依据该法制定具体的实施政策和策略（图4）。佐渡岛的转型振兴在离岛振兴制度指导下进行，其转型发展之路体现了国家制度的管理作用，以及在制度落实过程中政府与企业、岛民多方协作共同推进区域可持续建设的特点。作为《离岛振兴法》实施地区，新潟县制定了《新潟县离岛振兴规划》，对佐渡岛的产业、居住环境、

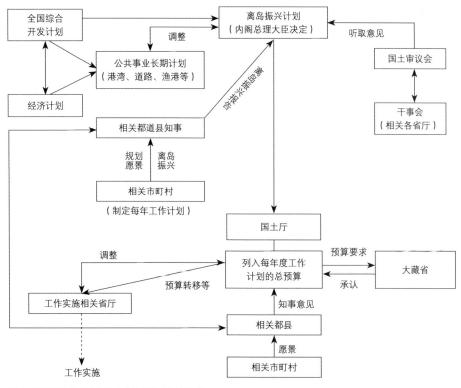

图4　日本离岛振兴规划和工作计划综合制定流程
（资料来源：作者根据参考文献［13］绘制）

观光旅游等15项基础建设和社会发展相关方面进行目标规划，指明发展方向，并在年度工作计划文件中明确了佐渡岛振兴各项事务的具体实施时间等[12]。

2.2.1 振兴农业：依托农业遗产促进农产品质量提升

朱鹮作为日本国鸟，在日本的重要程度类似于我国的大熊猫。在佐渡岛大规模开发金银矿时期，为满足人口剧增而开垦了大量梯田，使岛内形成了"稻田-朱鹮共生系统"，并于2011年6月成为日本第一批全球重要农业文化遗产[14]。当地政府充分利用了该共生系统来促进当地稻米产业以及文化产业的发展，为其量身制定了"与朱鹮共生的家乡"稻米认证制度（图5），宣传品牌文化形象。

在这个过程中，为保证朱鹮的生存环境与稻米品质提升的正向促进关系，当地政府鼓励岛民减少化肥、农药用量，通过生态耕种方式促进水稻提质增产；建立了认定农民登记制度，推进农业从业者学习科学耕种知识并接受考核；完善了认证撤销机制，每年实施两次水田质量检查，对不符合的进行检查和撤销。通过以上手段既提升了当地稻田的生物多样性也保证了当地稻米质量，最终实现地域经济循环持续发展。

图5 日本"与朱鹮共生的家乡"稻米品牌文化形象
（资料来源：参考文献[15]）

2.2.2 强化旅游业：建立佐渡DMO组织推进旅游产业建设

日本目的地营销管理组织（Destination Management Organization，DMO）基于"旅游目的地"的概念，通过维护和发展一种合作机制来促进、实施旅游目的地的规划和管理，从而增加游客和当地居民的旅游收入[16]。佐渡岛通过建立地方DMO组织，用于对接国家、地方政府和岛内相关运营企业，使政府的补助金有组织、有计划地投入对应企业，并对企业运营和管理提供人才支持（图6）。

为促进当地旅游业，佐渡DMO组织依据岛内特色资源，分别从自然环境、饮食文化与地域特色生活方式、传统文化和历史遗迹四个方面打造了多项旅游内容（图7）。在自然环境方面，该组织利用"雪国风光"的特色，结合传统艺术和饮食，打造特色"雪国风光"的岛屿旅游热点；在饮食文化与地域特色生活方式方面，该组织推出两大代表产业，一为酿酒产业，让游客能够品尝、购买佐渡特色稻米酿成的特色清酒，二为特色生活氛围旅游产业，让游客体验与朱鹮和谐共生的生活氛围，两大产业促进全岛产业融合、共同发展；在传统文化方面，该组织发展了太鼓艺术节以及传统文化建筑巡礼路线，弘扬佐渡岛历史文化；在历史遗迹方面，该组织充分挖掘佐渡金山采矿遗迹及其附属建筑遗存的文化价值，并定期在传统历史文化街区举行街区漫步活动，带领游客领略佐渡岛历史文化。

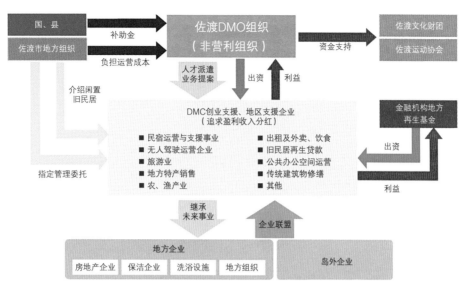

图6　日本佐渡岛DMO组织参与地方持续发展模式

（资料来源：作者根据参考文献［16］整理绘制）

京町音头流 霄乃舞（6月）

佐渡公开水域游泳（8月）

与世界鼓童一起·艺术的宝岛佐渡（10月）

佐渡金山与夜樱（4月）

2月	松崎美食节/畑野	
3月	绿洲2021春"两津女儿节"/两津 佐渡国相川女儿节/相川 泽根港牡蛎节/佐和田 赤泊螃蟹节/赤泊	
4月	佐渡金山与夜樱/相川 佐渡朱鹮马拉松2021/两津	
5月	体育日 佐渡长途骑行210/佐和田 佐渡国鬼太鼓.COM/相川 长谷寺牡丹节/畑野	
6月	京町音头流 霄乃舞/相川 佐渡飞岛萱草节/大野龟 佐渡小木 盆舟·海螺节/小木 泷木能月/全岛	
7月	水下七夕节/北小浦·琴浦 矿山节/相川 捡海螺之夜与民歌鉴赏/小木	
8月	赤泊港节/赤泊 佐渡公开水域游泳/佐和田 两津七夕·纳凉节/两津 佐渡的盂兰盆节 狮子城节/佐和田 伊势村祭/畑野 尖阁湾 扬岛灯光秀/相川 地球·庆典/全岛 小木港节/小木	
9月	佐渡国际铁人三项赛/佐和田 久知八幡宫大祭祀节/两津	
10月	与世界鼓童一起·艺术的宝岛佐渡/两津 新穗的鬼太鼓·夕阳的朱鹮/新穗	
11月	佐渡鱼节/两津 大崎荞麦面大会/羽茂	
12月	佐渡海府寒冷大渔节/两津	

图7　日本佐渡各地区旅游亮点时间表

（资料来源：参考文献［17］）

同时，还通过保障旅游居住环境、保证旅游景点可达性两方面来改善旅游体验，制定了"民宿运营帮扶计划"，督促日本政府对符合要求的民宿项目进行资金支持和宣传；建立了政府和社会资本合作（Public-Private Partnership，PPP）组织交通运营企业，协同强化岛内交通网建设。通过多方共同推动岛内旅游的便利性发展，让岛内特色资源发挥其最大魅力。

除此之外，在信息化社会，佐渡DMO也不断通过各种途径加大对佐渡岛的宣传力度，不但让佐渡岛多次在日本观光局、众多国内外旅游网站主页和旅游杂志中出现，还在强化宣传力度后跟进拓展旅游新发展方向。在近年海外游客增加趋势下，设计开发与海外游客相适应的旅游项目，并针对海外游客制定如温泉体验、日式传统酒窖参观等具有日本和佐渡岛特色的旅游体验项目。此外，还通过与周边热点景区联动引导在日本游客前往佐渡岛旅游，最终逐渐形成新的全域旅游线路。

2.2.3 提升基础设施：构建完善的社会保障机制和便捷的交通网络

完善的社会保障机制是保证当地居民能够舒心生活并且吸引人口回流的重要条件之一。佐渡岛政府推动建立了以地区居民为主体的"地区自治组织"，用于居民间讨论并解决社区建设活动。此外，当地政府也成立专项部门，通过与周边区域学校、企业和团体联系，为岛内各发展领域成立"联合指导小组"，制定针对性、可操作性强的振兴策略和实施活动。例如，在医疗卫生领域，安排地区医疗资源与周边市区医疗资源联动，建立覆盖全岛的医疗网络，满足岛上就医保健需求。

便捷的交通网络是保证岛内居民生产生活的重要基础设施。为提高基础设施的通达性，佐渡岛优先修建道路，并对已有线路进行更新。良好的道路环境吸引了以骑行为主的体育旅游人群，形成了新的旅游热点。随后，当地政府整体提升了岛内的公共交通服务，消除交通空白地带，构建了以港口、旅游设施、学校、医院等功能型地点为中心的公共交通网络，保障了岛内居民和旅游人群在岛上的便利出行。除此之外，佐渡岛政府还与交通运输公司合作，从游客的需求出发，开设旅游观光交通线路[18]。

在佐渡定期往返新潟县的航空航线停运后，海运成为岛内居民生产生活的重要交通基础设施。佐渡的海运航线共有三条，全部由本岛企业"佐渡汽船"运营。鉴于佐渡岛航线周围的社会经济形势的变化，政府通过为运营公司提供燃油费以及入岛补助的方式来建立稳定安全的海运体系，并以降低票价的方式促进岛内航线发展，加强岛内与外围城市的联系（图8）。

图8　佐渡岛区位以及轮渡线路图
（资料来源：作者根据参考文献［19］修改绘制）

2.2.4 加强文化交流：促进岛际企业合作和离岛留学

"SHIMATTINGU"是日语"岛"与"组合"合成的创新词，是一个由政府牵头、每年定期举办的离岛与企业面对面交流的项目，由日本国土交通省管理。该项目旨在为岛民、机构和企业提供交流机会，从而为定向帮扶提供明确方向。佐渡岛作为首批参与"SHIMATTINGU"的岛屿之一，岛内的产品已形成一定规模。在与岛外民间资本交流的过程中，佐渡岛不断依托世界农业遗产的品牌优势与外部企业对接，推广自身特色产品。截至2021年，已有34家经营者通过该平台在互联网上销售岛内特产，包括大米、海鲜、茶叶、点心、乳制品、水果等农副产品以及陶器、潜水服、传统服饰等物品[20]。

同时，为了更好地促进离岛与陆地之间的交流，佐渡岛积极推进面向小学一年级至初中三年级的"离岛留学"项目。留学生父母可以跟随搬至岛内工作生活，岛内在就业与租、购房方面提供政策倾斜和资金补贴，确保有意愿的家长可以顺利陪读[21]，此举为岛内发展吸引了诸多人才。

2.3 佐渡岛转型成效

通过一系列措施，佐渡岛内留存的金矿已经开发为旅游景点，当地发展了相应的采集砂金的体验项目和文创产品，每年都吸引大批游客；没有污染的佐渡岛出产的大米更是精品中的精品。官方公布的数据显示，从2013年起，佐渡岛通过旅游创造了大量的就业岗位，带动当地经济发展。截至2019年，佐渡岛已经通过旅游业带动了450.7344亿日元的经济总量，人民生活水平不断提高（图9）。

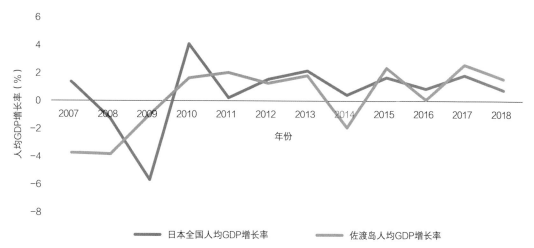

图9 佐渡岛人均GDP增长率
（资料来源：作者根据参考文献［22-23］修改绘制）

3 人口收缩背景下我国岛屿型村镇规划与管理建议

3.1 开展定期的系统性海岛调查

及时、系统、准确的海岛统计数据是制定海岛地区发展规划的重要前提和基础。日本在每年的离岛统计中，不仅针对一般的人口数量、教育、基础设施等基础信息，还对各年龄段人口比例、财政状况、产业现状、交通通信等进行多维度、深度统计。我国在加强岛屿统计之后，将能为岛屿发展计划的制定以及相关产业发展规划实施提供重要依据，同时能针对各岛屿提出针对性的工作建议，建立完善的岛屿发展规划体系。

3.2 制定适合岛内生产条件的发展规划与工作计划

岛屿之间的面积、人口、发展经历各不相同，导致现状各岛屿的产业结构、自然文化均有很大差异，我们在制定岛屿发展规划与具体的工作计划中也需要因地制宜。我国还需要建立多类目、系统的扶持体系。根据日本相关法规规定，国家必须在离岛各类建设项目中以一定比例出资支持，如在佐渡岛内新建小学、中学等教育建筑时，国家必须支付全部费用的55%作为补助金；在修筑港口时，国家必须支付全部费用的85%作为补助金；在修筑渔港时，国家更是要支付全部费用的95%作为补助金。同时，也需要针对岛内现有产业及其自身经济条件制定产业促进发展计划，最终逐渐实现岛屿自身产业经济发展。

4 结语

佐渡岛在人口收缩、人口老龄化、产业退化等问题影响下经济衰退，对岛内可持续发展造成重大影响。为此，其采取多种措施振兴岛内经济，包括发展农业和旅游业，完善岛内基础设施建设，积极与岛外开展交流等，对佐渡岛的振兴发展起到了重要作用。我国离岸海岛的振兴与发展面临着缺少规划引导、基础设施薄弱、未形成产业体系等突出问题。因此，我国可以借鉴日本佐渡岛的振兴经验，对海岛内开展翔实、准确的资料收集，制定迁居补助措施，制定并实施合理的发展规划，最终实现岛屿型村镇的可持续发展。

参考文献

［1］　国家海洋局. 2016年海岛统计调查公报［R］. 2017-12.
［2］　傅世锋，吴海燕，蔡晓琼，等. 中国无居民海岛开发利用管理现状、问题和对策［J］. 应用海洋学学报，2021，40（4）：728-734.
［3］　離島振興計画フォローアップ（最終報告）［R/OL］.（2021-06-04）［2021-12-21］. https://www.mlit.go.jp/kokudoseisaku/chirit/kokudoseisaku_chirit_mn_000020.html.

［4］　全国海岛资源综合调查报告编写组. 全国海岛资源综合调查报告［M］. 北京：海洋出版社，1996.

［5］　浙江省海洋与渔业局. 浙江省海岛保护规划（2017—2022年）文本［DB/OL］.（2018-09）［2021-12-21］. http://zjjcmspublic.oss-cn-hangzhou-zwynet-d01-a.internet.cloud.zj.gov.cn/jcms_files/jcms1/web1568/site/attach/0/18ed5e3b9eb74aa7b322b205e2e9ca8f.pdf.

［6］　山东省海海洋与渔业厅. 山东省海岛保护规划（2012—2020年）文本（公示稿）［DB/OL］.（2013-05）［2021-12-21］. https://www.docin.com/p-708761804.html.

［7］　广西海洋局. 广西壮族自治区海岛保护规划（2011年—2020年）［EB/OL］.（2014-06-05）［2021-12-21］. http://hyj.gxzf.gov.cn/zwgk_66846/xxgk/fdzdgknr/fzgh/gzfahgzzj/t3444821.shtml.

［8］　周学泽. 观澜：烟台长岛县并入蓬莱区，一个非典型"城镇化"样本的典型意义［N］. 2020-06-26.

［9］　離島の定住環境に関する調査について［EB/OL］.（2015-02-01）［2021-12-21］. https://www.mlit.go.jp/common/001081037.pdf.

［10］　「相川」の解説［EB/OL］.（2021-12-01）［2021-12-21］. https://kotobank.jp/word/相川-23638.

［11］　佐渡市. 統計資料：国勢調査［DB/OL］.（2021-12-07）［2021-12-21］. https://www.city.sado.niigata.jp/soshiki/2015/2441.html.

［12］　佐渡県. 新潟県離島振興計画［EB/OL］.（2019-04-03）［2021-12-21］. https://www.pref.niigata.lg.jp/uploaded/attachment/26322.pdf.

［13］　日本離島センター. 離島振興ハンドブック［M］. 日本：大蔵省印刷局，1985.

［14］　张灿强，陈良彪，张永勋. 日本农业文化遗产保护的多方参与机制及其政策启示［J］. 世界农业，2015（12）：108-111.

［15］　佐渡市農業政策課トキ・里山振興係. 「朱鷺と暮らす郷づくり」認証制度のご案内［EB/OL］.（2021-03-01）［2021-12-21］. https://www.city.sado.niigata.jp/site/giahs/4573.html.

［16］　佐渡観光交流機構. 観光地マスタープラン［EB/OL］.（2019-03-01）［2021-12-21］. https://sado-dmo.com/wp-content/uploads/2020/08/観光地マスタープラン_compressed.pdf.

［17］　佐渡汽船株式会社. 資料請求-【観光ガイドブック】佐渡さんぽ［EB/OL］.（2017-03-01）［2021-12-21］. https://www.sadokisen.co.jp/trip-top/pamphlets/.

［18］　佐渡市企画課政策推進係. 佐渡市まち・ひと・しごと創生総合戦略［EB/OL］.（2021-06-30）［2021-12-21］. https://www.city.sado.niigata.jp/uploaded/attachment/23362.pdf.

［19］　日本旅遊與生活指南網站. 交通情況—佐渡島—交通方式與位置［EB/OL］.（2020-11-18）［2021-12-21］. https://www.japan-guide.com/e/e7676.html.

［20］　佐渡農業協同組合. さどまるしぇ［EB/OL］.（2021-12-01）［2021-12-21］. https://sado-sanchoku.net.

［21］　佐渡市移住交流推進課. 移住・定住・生活をサポートする行政の制度［EB/OL］.（2020-07-19）［2021-12-21］. https://www.city.sado.niigata.jp/site/ijyu/5422.html.

［22］　世界银行. 人均GDP增长（年增长率）- Japan［DB/OL］.（2021-12-1）［2021-12-21］. https://data.worldbank.org.cn/indicator/NY.GDP.PCAP.KD.ZG?locations=JP.

［23］　佐渡市：市町村民経済計算［DB/OL］.（2021-04-12）［2021-12-21］. https://www.city.sado.niigata.jp/soshiki/2002/2519.html#3.

人口收缩背景下村镇可持续发展研究
——以曹县为例

Study on Sustainable Development of Villages and Towns Under Population Shrinkage:
Take Caoxian County for Example

王彤彤　齐慧峰　李晴
Wang Tongtong, Qi Huifeng, Li Qing

摘　要　人口收缩背景下，村镇可持续发展面临巨大挑战。本文以山东省曹县为例，在总结国内外应对村镇收缩经验的基础上，基于村镇人口收缩度指标体系，探讨不同人口收缩程度影响下的空间特征。研究利用SPSS相关性分析影响曹县人口收缩的影响因素，并结合当地实际情况为村镇可持续发展提供相应策略。研究结果表明：曹县收缩与增长并存，村镇"空心化"、老龄化已不可避免；人口外流、产业经济发展动力不足、基础设施建设薄弱是导致人口收缩的主要影响因素。基于上述研究结论，本文从村镇体系、产业、设施方面构建村镇可持续发展路径，以期为村镇人口收缩提供理论支撑。

Abstract　Under the background of population shrinkage, the sustainable development of villages and towns faces great challenges. Taking Caoxian County as an example, based on the summary of international and domestic experience in dealing with the shrinkage of villages and towns, this paper discusses the spatial characteristics under the influence of different population shrinkage degrees based on the index system of population shrinkage of villages and towns, and uses SPSS correlation to analyze the influencing factors of population shrinkage in Caoxian County. Combined with the local actual situation, it provides corresponding strategies for the sustainable development of villages and towns. The results show that shrinkage and growth coexist in Caoxian County, and rural hollowing and aging are inevitable. Population outflow, lack of motivation for industrial economic development and weak infrastructure construction are the main factors leading to population shrinkage. Finally, based on the above research conclusions, the sustainable development path of villages and towns is constructed from the aspects of rural system, industry and facilities, which provides theoretical support for rural population shrinkage.

关键词　曹县；人口收缩；村镇收缩；影响因素；乡村振兴；可持续发展

Keywords　Caoxian County; population shrinkage; contraction of villages and towns; influencing factor; Rural Revitalization; sustainable development

本文由村镇社区公共服务体系与公共设施规划体系课题（2019YFD1100804）资助。

王彤彤，山东建筑大学建筑城规学院，硕士研究生。

齐慧峰，博士，山东建筑大学建筑城规学院副教授，硕士生导师。

李晴，山东建筑大学建筑城规学院，硕士研究生。

引言

改革开放以来，随着经济社会发展，中国城镇化率上升至63.89%[1]。然而，在城乡二元体制影响下，资金、信息、劳动力等要素双向流动受阻，村镇基础设施与公共服务配套落后。与此同时，作为社会活动空间载体的乡村面临诸多问题：一方面，部分镇村规划忽略了"人地分离"的实际情况，仍以空间增长为导向进行编制，出现局部人口收缩与空间扩张失和的局面；另一方面，青壮年劳动力出走，村庄人口老龄化、土地撂荒成为常态，生产要素出现错配，人居环境迅速恶化，"空心村"和"空心镇"急速增多[2]。村镇发展问题已成为中国城镇化下半程值得探究的时代命题[3]。例如，江苏和广东纷纷开展实践，苏南通过"三集中"政策①，积极推动工农居用地集中规划[4]，广东探索用地有偿退出机制[5]。然而在"租差"刺激和地方增长联盟的作用下，国内多地出现"空城"和"鬼城"；宅基地置换和迁村并点成为部分城镇的圈地手段，乡村空间整体收缩，镇建设用地无序扩张，甚至出现现宅基地增加的态势，导致建设用地增量扩张与人口流失出现悖论[6]。但乡镇企业兴起在一定程度上促进了地方经济发展，如山东省曹县依托当地木材资源与制作工艺，借助新媒体流量，跻身为网红县。然而，曹县内生发展动力不足，广大村镇欠缺资源空间的调配能力，因此仍不能改变人口流失的现状。曹县能否抓住时代机遇，有效释放经济发展潜力，实现村镇的可持续发展成为亟待解决的问题。

基于此，本文利用人口普查数据和统计年鉴数据探讨曹县收缩的空间特征，并借助SPSS 25.0软件，通过相关性分析方法探讨曹县人口收缩机制，为研究经济增长地区的人口收缩提供扎实的研究案例。

1 国内外收缩村镇的发展经验

1.1 研究综述

收缩城市国际研究网络（Shrinking Cities International Research Network，SCIRN）认为，城市规模超过10万人，同时人口流失两年以上并面临结构性危机的城市为收缩城市[7]。国外学者对于城镇收缩现象研究开始较早，对其定义[8]、成因和特征[9]形成了较为系统的研究实践体系，并提出精明收缩的举措以应对城镇收缩。国内学者则从全国、省、市、县等不同尺度对针对不同地域的不同类型村镇的收缩表征[10]、现象描述[2]、时空特征[11]、机制探讨[12]、策略应对[13]、布局优化[14]等进行了相关探讨。研究发现，国外城市收缩在空间上表现为以美国铁锈区为代表的圈饼模式[15]、以近郊收缩为代表的反圈层模式[16]、以美国底特律贫民窟为代表的星状模式[17]、以德国为代表的

---

① 苏南"三集中"政策是指，农业向规模经营和农业园区集中，工业向开发区和工业集中区集中，农民居住区向城镇和农村新型社区集中。

收缩与增长并存的穿孔模式。但在中国，因其特有的村镇空间结构而呈现出空心化收缩特征[18]，与城市收缩下人口减少、经济下滑等特征不同的是，村镇呈现明显的逆向收缩特征，具体以空间无序蔓延、人口老龄化等表现形式的"空心化"最为突出。龙瀛等[11]将城市收缩机制归因于支柱产业衰落、大城市虹吸、自身发展动力不足以及因政治变革和行政区划调整而导致的收缩。

本文在借鉴收缩城市理论的基础上，将农业现代化过程中常住人口持续减少，伴随着生产方式发生变化、住宅空置或荒废的村镇界定为收缩村镇。对于村镇中是否出现了收缩现象或者其收缩程度如何，现阶段国内学者基于数据可获取性进行了一系列小城镇收缩识别的工作，具体从数据统计和收缩现象、城市空间表征三方面进行分析：从数据统计来看，城市人口数据是判定城市收缩的主要依据，但是随着研究的深入，经济、社会、制度、人口因素[11]均可作为城市收缩识别的衡量指标；从收缩现象来看，表现为人口外迁，产业单一，城市经济发展动力不足，税收减少，地方财政压力增大，基础设施和公共服务设施出现服务配置不足甚至废弃的情况；从城市空间角度来看，表现为住宅空置率高、"空心村""空心镇"问题严峻，土地低效利用，甚至出现人口流失与城市建设用地扩张的悖论。

总之，我国仍处于快速城镇化阶段，短期内大城市虹吸效应不可逆转，小城镇作为城乡连接的纽带，不仅无法实现乡村优质生活的目标，还难以承接大城市功能外溢，反而因自身发展动力不足、人口流失、基础设施投资建设不足而难以持续发展。本文认为，村镇可持续发展的本质是通过镇村体系调整和公共服务设施建设等方式将村镇发展与资源环境保护有机结合，在村镇人口减少的背景下合理引导人口流入城市，同时通过科技教育事业使人口、经济、社会协调发展实现农民的自我富裕[19]，最终实现村镇空间、产业、人口、经济的可持续发展。

1.2　人口收缩治理的国际经验

二战后，欧美亚先后出现城市收缩现象：工业城市发展低迷，郊区化蔓延，城市人口收缩。随之而来的是住房空置、城市服务设施供需失衡。为了有效应对人口收缩趋势下的城市衰败，西方国家积极应对，出现了以美国为代表的增长主义导向下的刺激性投资和以德国为代表的精简主义导向下的拆除空置住宅行动（表1）。

国外人口收缩的两大应对策略的主要措施、典型案例与问题　　　　　　　表1

应对策略	主要措施	典型案例	问题
增长主义	刺激经济增长	美国通过"凯恩斯主义"新政，大力推行郊区化	造成中心城区废弃和边缘化发展的分异
	增长性投资	澳大利亚芒特利森通过高新技术产业进行技术创新，大拆大建以期重建城镇[22]	环境恶化、人口暴乱、社会不公、社会分化加剧
	政策引导城市增长	英国利物浦由发展公司统筹规划，打造宜居的生活空间和文化旅游产业[28]	经济增长

应对策略	主要措施	典型案例	问题
精简主义	减少住房空置	德国莱比锡通过产业转型、城市更新及文化保护传承措施提升城市活力[29]	建成环境优化，但千城一面
	拆除破败建筑，优化建成环境	韩国大邱利用废弃地发展都市农业	优化建成环境，激发村民积极性
	缩小城乡差距	德国巴伐利亚州通过城乡等值化策略改善农村凋敝的状况[30]	城乡一体化发展，改善城乡不均衡发展现状

1.2.1 增长主义导向下的相对收缩

工业化伊始，村镇在增长主义影响下，建设空间不断蔓延，传统肌理城市化进程中逐渐消失。美国在"城市必须增长"的桎梏下，选择以增长主义来逆转城镇收缩：一方面通过颁布《社区再投资法案》（Community Reinvestment Act）和"邻里稳定计划"（Neighborhood Stabilization Program），设立"重灾基金"（Hardest Hit Fund）等措施，稳定房地产市场[20]。另一方面，政府通过吸引外资，引入高端物业进行增长性投资，从而引发了一系列绅士化现象。然而，在"增长主义"导向下，美国忽视了人口收缩的本质，导致社会分化和贫困不断加剧，收缩现象进一步恶化。直到《杨斯敦（Youngstown）2010总体规划》，美国才正确认识到村镇收缩是经济发展下以适应收缩趋势而提升生活品质的客观产物[21]。

1.2.2 拆除空置住宅的精简主义致力于环境改善

20世纪30年代后，以德国为代表的精简主义意识到人口收缩无法避免，开始重视"少即是多"的理念，以更合理的规划方式确定土地开发量，实现供需平衡。首先，德国中央政府为避免地方政府追求短期效益，建立多方协调机制，拓展公众参与[22]，并且为缓解地方财政压力而制定了专项补贴计划。其次，联邦政府出台"东部都市重建计划"[23]，拆除空置住宅，对存量建筑进行"拆改迁"，平衡建筑供给，探索空间品质的提升[24]。21世纪初，德国提出整合性乡村更新计划，将田地、乡村和农业结构发展规划进行整合，在统一平台之下进行村庄发展[25]。此外，英国基于中心村建设方针，通过新镇新村规模化发展促使村镇一体化建设[26]。韩国政府和村民共建的新村计划[27]与日本的村镇综合示范工程致力于扭转工农发展不平衡的局面。

1.3 人口收缩治理的国内探讨

我国改革开放以来，村镇人口流失加剧，导致村镇结构体系失衡，农业生产水平下降，经济放缓，增长主义导向下空间扩张的同时也面临人口收缩的困境。由此，我国自20世纪90年代便开始积极应对村镇人口收缩问题。本文主要从以下两个方面分析：一是从软件角度，通过政策引导解决人地矛盾、产业发展动力不足、空间结构失衡等问题。首先，90年代通过调整农业税、粮食低价收购、精准扶贫措施，帮助农民脱贫[31]。其次，基于经济、文化、社会、空间等多领域研究，进行乡村空间重构，通过土地交易平台加强土地流转，推进农村宅基地制度改革，完成中心镇、重点镇、中心村三级村镇规划体系建设。再次，通过村镇产业发展，提升村镇经济，实现村民就地城镇化。二是从硬件角度，通过基础设施和公共服务设施布局优化，实现物质环境提升。通过完善中心村设施建设，引导村庄集聚；整修旧村设施，增加绿地空间；挖潜村庄资源，发展村庄旅游；探索历史文化名村，通过适度开发和修旧如旧等方式建设乡村人居环境（表2）。

国内人口收缩的应对策略、典型案例和问题　　　　　　表2

应对策略	主要措施	典型案例	问题
软件提升	政策引导农民脱贫	20世纪90年代通过调整农业税、粮食低价收购、精准扶贫措施帮助农民脱贫[31]	无
	乡村空间重构，镇村体系建设	上海城郊居民点通过"三集中"政策，引导自然村集中转移[32]	增减挂钩利益推动下部分地方政府通过大规模迁村并居、特色小镇等活动，形成新一轮的人口收缩，无法从根本上实现可持续发展
	村镇产业发展，村民就地城镇化	"安吉模式"下三产联动发展，"临安模式"下绿色产业提升[33]	在村镇产业摸索阶段产生了特色不鲜明、产业趋同、产业发展动力不足、资源浪费、环境被破坏等问题
硬件提质	基础设施和公共服务设施布局优化	江苏通过乡村环境改善、基础设施和公共服务设施建设引导村庄发展	物质环境优化，居民生活便利性提升，但公共服务设施配置不足，难以满足居民实际需求
	完善中心村设施建设，引导村庄集聚	浙江桐庐通过赋予土地质押权，进行美丽乡村建设[34]；湖北龙泉镇"倒逼+引导"规划策略使居民点自发集聚[35]	村庄建设千篇一律，乡村特色文化被侵蚀
	挖潜村庄资源，发展村庄旅游	安徽黟县：复合文旅+有机农业的"碧山计划"，吸引村民返乡创业[36]	外来文化植入的乡村振兴模式无法激发内生动力

1.4 规划启示

当前，国内关于人口收缩的村镇研究发展迅速，但仍处于起步阶段。面对人口收缩背景下的村镇衰退，从经济要素集中下的主动收缩，到增减挂钩下的迁村并点、撤乡并镇等政策引导下的被动收缩，规划师需要理性看待人口收缩的现状，依据村镇实际情况转变规划决策，从国际事件中汲取经验，正确认识村镇收缩的本质，探讨村镇可持续发展的实现路径（表3）。

中国、德国、美国城镇收缩实践对比　　　　　　表3

城镇收缩实践　　　国家	中国	德国	美国
动因	经济发展、大城市虹吸、资源转型	东欧剧变、经济转型	郊区化、去工业化
时期	2000年前后	1980年前后	20世纪60~70年代
政治体制	人民代表大会制	联邦制	联邦制
表现特征	人口流失、增长与收缩并置、"空心化"、老龄化、村镇特色凋敝	区域失衡、人口流失、设施闲置、经济衰退	内城"空心化"、经济衰退、设施浪费、房屋闲置

国家 城镇收缩实践	中国	德国	美国
参与主体	政府、社会、公众、房地产	政府、公众、房地产公司	政府、居民、银行、社会
主要策略	乡村振兴、特色村、特色小镇建设，发展乡村旅游	多元治理、可持续发展、主动利用收缩	刺激住房市场，增加投资，进行引爆点项目开发，忽视收缩
对经济发展态度	致力于提升村镇经济	无经济效益，致力于环境改善	通过投资促进经济增长
复兴效果	千村一面，致力于改善村镇表面，错误认识村镇收缩根本所在	人口回流，设施利用率提高，经济提升	内部增长、外围衰退，出现"绅士化"现象

2 曹县人口收缩特征和影响因素

2.1 研究区概况

曹县地处鲁豫两省八县交界处，县域面积1969km²，紧邻黄河、京杭大运河，地势平坦、水网纵横，是典型的农业大县，2020年度地区生产总值463.82亿元人民币。从"华夏第一都"到"淘宝第一乡"，曹县拥有山东省最大的淘宝村，还是全国最大的演出服和汉服基地。曹县境内济广高速公路、220国道、105国道以及12条省道交织成网，交通便利。但是曹县虽然紧邻陇海铁路和京九铁路，但缺乏铁路站点，距离曹县最近的菏泽铁路枢纽也有50km，远距离出行不便，物流转运设施建设也较为薄弱。此外，曹县因远离省内主要经济区而工业基础较弱，县域经济发展水平与人口规模不匹配，造成人口流失。面对村镇人口收缩，"十四五"期间，曹县将全面推进乡村振兴，县域作为城乡发展的引擎，其经济建设发展将为村镇发展释放出巨大的发展空间。

2.2 曹县人口收缩的基本特征

2.2.1 农村人口和镇人口同时流出，镇村人口整体趋于收缩

基于曹县年鉴和中国县域统计年鉴数据，笔者获取了2000～2020年曹县镇常住人口和户籍人口数据，并绘制成折线图。如图1所示，在县域尺度上出现整体收缩，2000～2010年城镇人口流失量逐渐增多，自2010年淘宝经济发展以来，2010～2020年人口流失量趋于稳定，人口流失量在30万人左右，以村镇劳动力流出为主。

从镇域尺度来看，各村镇因发展基础不同，不同时间段出现不同程度的收缩。为了更直观地识别各村镇的动态演化情况，笔者选取了流动人口（户籍人口减去常住人口）为研究基础，基于村镇人口收缩度（流动人口与户籍人口之比）指标识别收缩型村镇和收缩空间特征。依据计算结果，笔者将收缩度分为重度收缩、中度收缩、轻度收缩和增长四级（表4）。

曹县各镇收缩度分级标准

表4

收缩度	重度收缩	中度收缩	轻度收缩	增长
分级标准	0.025~0.3	0.007~0.025	0~0.007	<0

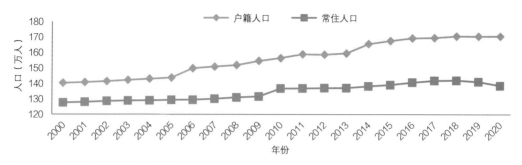

图1 2000~2020年曹县县域人口变化图
（资料来源：作者根据2000~2020年的《曹县年鉴》绘制）

图2 2000年、2010年、2020年曹县村镇收缩度
（资料来源：作者根据2000年、2010年、2020年《曹县年鉴》常住人口数据和户籍人口数据绘制）

　　笔者基于GIS统计计算和重分类功能识别出2000年、2010年、2020年各镇的收缩程度，分析结果如图2所示。整体来看，曹县人口收缩具有以下两个基本特征：首先在时间序列上，整体收缩，局部增长。2000~2010年，曹县各村镇呈现轻微人口流失现象，但是收缩程度整体较低，轻度收缩和中度收缩村镇占比较高、分布集中，重度收缩占比较小，分布分散，呈现"核心—边缘"的空间收缩特征。到2010年，人口收缩区占比上升，曹县各村镇呈现重度人口流失现象，其中苏集镇人口流失最为严重，其次分别是青固集镇和安才楼镇等，仅有县城区和庄寨镇因其地理位置与产业资源优势吸引了部分人口流入；2010~2020年，由于电子商务集成带来的产业发展，倪集镇、大集镇等村镇通过吸引外来人口实现人口增长。整体来看，县域人口流失现象占据主导，但人口流失量减少，其他各村镇呈现中度人口流失现象，如苏集镇、邵庄镇、楼庄乡人口流失较为严重。其次在空间分布上，呈现"核心—边缘"分布规律。2000年的重度收缩和2000~2020年的人口增长区域均分布在经济发展势头较好的镇区和边缘庄寨镇及其周边（表5）。

年份 数量 级别	2000年		2010年		2020年	
	数量（个）	占比（%）	数量（个）	占比（%）	数量（个）	占比（%）
重度收缩	2	7.4%	23	85.2%	4	14.8%
中度收缩	25	92.6%	0	0	3	11.1%
轻度收缩	0	0	0	0	7	26.0%
增长	0	0	4	14.8%	13	48.1%

资料来源：作者根据2000年、2010年、2020年《曹县年鉴》常住人口数据和户籍人口数据绘制。

人口收缩是一个动态变化过程，并不是在短期内完成的。为了有效识别曹县收缩的空间演化特征，本文选取较长时间跨度的人口变化来反映城镇的收缩特征，即2000～2010年和2010～2020年这两段流动人口变化量作为研究变量，选取城镇化率超50%的2011年作为研究中间参考点，将曹县村镇收缩类型划分为五类：加重收缩转减轻收缩、加重收缩转增长、增长转收缩、持续加重收缩和持续增长（图3）。随着县域经济发展，村镇收缩趋于缓和，村镇间出现潮汐现象，有20个镇由加重收缩转为减轻收缩，空间上连片分布，主要

图3　2000～2020年曹县人口收缩时空演化
（资料来源：作者根据2000年、2010年、2020年《曹县年鉴》常住人口数据和户籍人口数据绘制）

包括倪集镇、大集镇、安蔡楼镇、青固集镇等。在淘宝村发展背景下，这些地区快速吸引人才，人口流失减少，户籍人口增加；加重收缩转增长型村镇只有大集乡，通过发展淘宝村实现人口回流。增长转收缩的为曹城街道，持续加重收缩的为阎店楼镇和侯集回族镇，持续增长型村镇为曹县城区和庄寨镇。

2.2.2　人口流失加快了老龄化进程

2000～2020年，曹县户籍人口增长至1704198人，年均增长率为1.32%；常住人口增长至1384282人，年均增长率为0.18%。机械增长率常年为负，人口增长主要得益于自然增长。据全国第七次人口普查数据显示，全县年龄结构稳定，中年人口占比较高，劳动力资源丰富，但开始呈现人口老龄化趋势（表6）。

年份 人口 年龄	2000年		2010年		2020年	
	人口数量（人）	比例（%）	人口数量（人）	比例（%）	人口数量（人）	比例（%）
0～14岁	331083	24.79	1365675	22.46	357699	25.84
15～64岁	898948	67.32	933164	68.33	830847	60.02
65岁以上	105391	7.89	125846	9.21	54338	14.14

资料来源：2000年、2010年、2020年《曹县年鉴》。

2.2.3 工业集聚，产业类型单一

在省域经济发展层面，曹县处于菏泽城镇密集区，是山东省经济欠发达区域；但从发展潜力来看（图4），自2010年以来曹县GDP增速提升，2020年GDP高达463.82亿元人民币，经济发展动能较大，在一定程度上能促进人口回流。但县域经济发展不均衡导致镇村人口流向就业岗位与设施完善的区域；从工业企业核密度分析来看，曹县呈现"核心—边缘"的空间格局，庄寨镇、大集镇和城区成为村民流入的集中区域。此外，以大集镇为代表的淘宝村和以庄寨镇为代表的棺木产业成为拉动曹县经济增长的重要推力，但其产业类型单一，工作岗位饱和，无法满足剩余劳动力的就业需求（图5）。

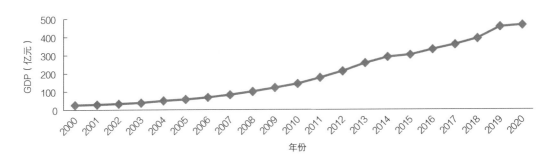

图4 2000～2020年曹县历年GDP
（资料来源：2000～2020年《菏泽市统计年鉴》）

2.2.4 环境品质较低，基础设施供给水平有待提高

曹县经济产业迅速发展的同时忽视了村镇环境品质的建设，难以满足居民的生活需求；文化传承保护意识薄弱，绿地供给较少，河道水质污染严重。与此同时，交通设施落后，与其他经济区联系匮乏。受到区域经济发展水平、时间、交通成本和就业环境的影响，人口流动在省域范围内表现为向济南和青岛流动，在市域范围内表现为向市区流动，在县域范围内表现为向城区和镇区流动。而中心城区及产业园区周边因其就业吸引力和城市服务水平较高，人口相对稳定，但潮汐交通明显，交通会有拥堵（表7）。

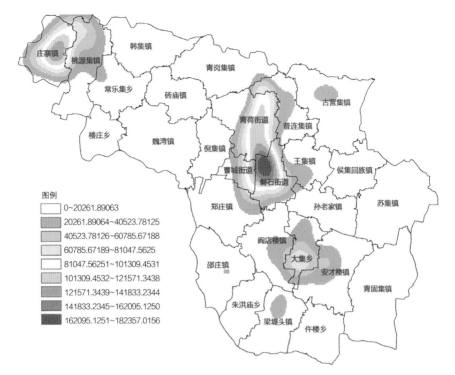

图5　2020年曹县工业企业核密度分析图
（资料来源：作者根据高德工业企业POI数据绘制）

人口收缩背景下村镇可持续发展困境　　　　　　　　　　　表7

因素	困境
人口	以人口增长规划布局，空间无序扩张，土地资源浪费
产业	产业单一，经济发展乏力，工作岗位饱和
基础设施	未统筹规划，或资源浪费，或配置不足
资源	乡村"空心化"、老龄化现象显现，土地低效利用，建设用地空间无序扩张
生态	缺乏生态空间管制，水道、街道环境污染，缺乏系统性的绿地建设

2.3　曹县人口收缩的影响因素

　　人口迁移是人口收缩的主要表现形式。影响人口迁移的因素较为复杂，但具体到某一特定区域，可能只受其中某几个因素的影响。一般而言，城镇化率是人口迁移的表征，经济产业发展对人口的影响作用较大，交通便捷性、教育医疗、社会保障等是衡量居民生活质量的重要指标。本文在已有研究的基础上，基于2020年县域统计年鉴、曹县年鉴、曹县人民政府和高德开放数据平台，从人口、经济、产业、交通、生活、医疗、教育、社会保障水平、生活便利度9个角度出发，分别选取城镇化率、人均可支配收入、人均财政收入、规模以上生产总值、交通设施数量、医疗设施床位数、教师数量、养老设施床位数、综合商店数量9个指标（表8）。

影响因素	指标	说明
人口	城镇化率	城镇常住人口占镇总人口的比例
经济发展水平	人均可支配收入	2019年人均可支配收入
	人均财政收入	2018年人均财政收入
产业发展	规模以上工业生产总值	2020年规模以上工业生产总值
交通便捷度	交通设施数量	研究区域范围内交通设施数量
医疗服务水平	医疗设施床位数	包括县医院、镇医院、社区医院、村医院
教育水平	教师数量	包括幼儿园、小学、中学教师数量
社会保障水平	养老服务设施床位数	包括养老院、日间照料中心、养老公寓等
生活便利度	综合商店数量	营业面积超过50m²的综合商店数量

　　然后，针对增长、轻度收缩、中度收缩、重度收缩的四个样本，笔者运用SPSS软件进行Pearson相关性分析。首先对数据预处理进行正态分布检验，结果显示本文选取的各指标因素与收缩度呈正态分布，可进一步使用Pearson进行相关关系强弱分析，结果如表9所示：1）全县人口收缩程度与人均可支配收入、生产总值、人均财政收入、交通便捷度、教育水平、社会保障水平、生活便利度7项指标显著相关，其中与经济发展水平各项指标关联性较强；2）城镇化率对增长型村镇影响较大，但对收缩型村镇影响较小，说明城镇化水平并不会显著影响人口流动；3）人均可支配收入、人均财政收入、工业生产总值等经济、产业发展指标对人口收缩影响显著，且呈负相关，说明经济发展水平越低的地方越容易引起人口流失，对于增长型村镇较依赖经济发展；4）从交通、医疗、教育、商店等设施来看，交通便捷度对人口收缩影响较为显著，且呈现明显的负相关，在增长型村镇，交通便捷度、医疗、教育水平与人口增长呈明显负相关，说明基础设施服务水平是人口扩张的重要影响因素，对于收缩型村镇，医疗、教育水平对人口流失影响不大，但交通便捷度影响较大；5）从社会保障水平来看，社会保障水平是增长型村镇人口扩张的主要影响因素，但对收缩型村镇影响不大。因此经济、产业发展和高质量生活设施服务水平是影响收缩型村镇人口流失的显著影响因素，也是人口扩张的基础（表9）。

曹县村镇人口收缩和各影响指标的相关性分析结果　　表9

影响因素指标	曹县整体收缩	增长型村镇	轻度收缩型村镇	中度收缩型村镇	重度收缩型村镇
城镇化率	−0.17	−0.749*	−0.533	0.603	0.219
人均可支配收入	−0.507**	−0.813**	−0.138	−0.731**	−0.421**
人均财政收入	−0.407*	−0.684*	−0.424*	0.641	−0.12
规模以上工业生产总值	−0.659**	−0.651*	−0.278	−0.985	−0.853*
交通设施数量	−0.636**	−0.958**	−0.192	0.605	−0.839*
医疗设施床位数	−0.376	−0.876**	0.74	0.632	−0.418

影响因素指标	曹县整体收缩	增长型村镇	轻度收缩型村镇	中度收缩型村镇	重度收缩型村镇
教师数量	−0.424*	−0.640*	0.551	0.3	−0.074
养老设施数量	−0.449*	−0.667*	−0.101	−0.856*	−0.168
综合商店数量	−0.493**	−0.921**	0.565**	0.75	−0.560*

注：**表示在0.01级别（双尾），相关性显著，*表示在0.05级别（双尾），相关性显著。
资料来源：城镇化率、人均可支配收入、人均财政收入、规模以上工业生产总值、综合商店数量数据来源于《中国县域统计年鉴》和《曹县年鉴》，交通设施数量来源于高德POI数据，医疗设施床位数、教师数量、养老设施数量来源于曹县政府开发平台统计数据。

3　曹县的村镇可持续发展之路

村镇人口收缩是不可回避的事实，对其的正确认识是实现村镇可持续发展的重要前提。曹县经济回升、人口回流离不开政府的政策支持和村民的积极努力，但在县域整体收缩和局部增长的现实下，如何实现经济和环境的可持续是曹县发展的重中之重。因此，本文在中外实践经验的基础上提出以下规划策略（图6）。

3.1　以城乡统筹为核，促进城乡要素自由流动

在城乡层面首先正确认识人口收缩的现实，合理预测规划人数，优化村镇体系结构，通过"倒逼+引导"的规划措施使基础设施在空间集聚，促使居民点自发集聚，在全域全要素的基础上进行双评价工作，以盘活存

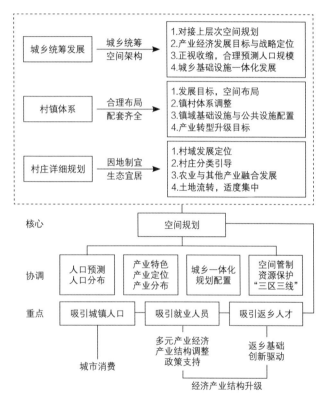

图6　曹县空间规划体系架构

量的思维进行迁村并居，在人口流向下确定村镇人口规模，基于农业生产半径形成"中心镇—特色镇—一般镇—中心村—特色村—基层村"层次递进的组团式空间结构体系（表10）。其次，通过探索农村集体建设用地整备方案，在保证建设用地总量不增加、耕地数量和质量平衡的前提下，实施镇域、村域内的建设用地增减挂钩，大力推进土地综合整治[37]。在镇域层面积极落实城乡统筹战略发展目标，科学确定产业发展类型及空间布局，通过政府补助政策引导民营企业发展。在村庄层面科学落实村域发展条件评估，因地制宜确定村庄发展定位，科学确定新建、保留、迁移的村庄。

分类　＼　标准	空间规模	设施建设	产业发展
中心镇	结合现状合理确定规模	建立完善的基础设施	以服务业为主
一般镇	严格限制人口增加	满足基本需求	合理确定新增产业
特色镇	根据需求适度增加	建立完善的基础设施	特色产业

3.2 以产业为要，助推村镇发展新功能

产业是城乡经济发展的重要抓手，通过产业兴农，推进乡村振兴战略实施，实现人口收缩之下村镇的活力复兴。在城乡层面，完善交通网略，调整产业布局，将电子商务疏解至乡村，实现就地城镇化。在镇域层面，在上位规划的基础上，结合各地产业基础进行合理布局。例如，选取庄寨镇和大集镇作为特色镇，鼓励企业自主创新。积极引导邵庄蔬菜、朱红庙芦笋等品牌创建活动，通过网略销售，提高产品知名度。借助阿里、拼多多、京东等各大电商销售平台推出的农村电商落地"客服县"、社交拼购、农地云拼、京东的"3F"（Factory to country，Farm to table，Finance to country）战略等措施，推动农村电商产业持续发展。在镇域层面，基于当地资源特色，合理布局非农产业和农产业，发展具有文化特色的乡村旅游、观光、休闲产业。例如，推动曹县芦笋产业品牌化发展，设立曹县农特产品体验店，打造邵庄油菜品牌化经营，实现"线上+线下"同步销售。抓住互联网机遇，建立直播基地进行直播带货、产品营销。

3.3 以设施为主，完善乡村基础设施与公共服务设施

在充分了解村民需求和尊重村民意愿的前提下，不断改善城乡交通与通信设施、能源供给设施，推进城乡基础设施互联互通。在镇域层面，落实镇医院建设，基于人口变化趋势，落实公共服务设施空间布局。例如，在庄寨、大集镇、倪集镇实现公共设施的集中性与多样性，在大集镇及其周边设置物流中转站，落实淘宝产品流动基础。实现公交下乡、光纤入户为淘宝产业发展奠定基础。在村域层面，落实上位规划设施指标要求，挖掘现状控制场地与房屋，配套日常生活所需的健身场所、快递收发点等。利用废弃建筑改造村民活动中心，通过传统文化元素挖掘盘活破败民居（表11）。

曹县人口不同收缩类型村镇分区可持续发展路径　　　　　　　　　　表11

收缩类型	发展路径建议
增长型村镇	发挥庄寨镇和大集镇产业优势，规模化发展，提供生产教育平台，引导更多的人投入到产业发展过程中去；发挥县城城区中心带动地位，保障高质量生活水平和服务水平
轻度收缩型村镇	优化城镇体系空间布局，建立乡镇联合会，促进产业、产城融合发展，提高交通设施便利度与经济发展水平，打好城区产业溢出承接功能的基础
中度收缩型村镇	提高居民生活水平和基础设施建设，加强村镇与城区经济、产业联系
重度收缩型村镇	聚焦基础设施建设，完善生产、生活配套功能，寻求特色农产业发展，加大农村剩余劳动力技能培训

4 结语

人口增长与收缩都是城市发展阶段的产物，为了应对人口收缩背景下的村镇衰退，各国采取了不同的规划措施，不管是增长主义还是精简主义都是城市发展在摸索前进的实践经验。我国城镇发展长期处于增长主义刺激下空间迅猛扩张的状态，各地政府能否正确认识到人口收缩的现实，因地制宜地应对村镇收缩是现阶段村镇可持续发展的一大挑战。曹县县域产业类型单一、创新性薄弱、工作岗位饱和，成为产业经济发展的制约性因素。人口是经济发展的命脉，如何在人口收缩背景下提升经济发展实力，成为村镇可持续发展的关键。

参考文献

[1] 龙瀛，吴康. 中国城市化的几个现实问题：空间扩张、人口收缩、低密度人类活动与城市范围界定 [J]. 城市规划学刊，2016（2）：72-77.

[2] 田秀琴，高金龙，陈雯，等. 乡村人口收缩背景下经济发达地区村庄用地演变：以江苏省常熟市为例 [J]. 中国科学院大学学报，2018，35（5）：645-653.

[3] 谢正伟，李和平. 论乡村的"精明收缩"及其实现路径 [C]. 中国城市规划学会. 城乡治理与规划改革——2014中国城市规划年会论文集. 北京：中国建筑工业出版社，2014.

[4] 李红波，刘美豆，胡晓亮，等. 精明收缩视角下乡村人居空间变化特征及类型划分——以江苏省常熟市为例 [J]. 地理研究，2020，39（4）：939-955.

[5] 王雨村，王影影，屠黄桔. 精明收缩理论视角下苏南乡村空间发展策略 [J]. 规划师，2017，33（1）：39-44.

[6] 叶红，李贝宁，陈烙文，等. 基于城乡统筹的村庄"减量规划"——以增城市村庄布点规划为例 [J]. 城市规划学刊，2014（S1）：79-84.

[7] 李郇，杜志威，李先锋. 珠江三角洲城镇收缩的空间分布与机制 [J]. 现代城市研究，2015（9）：36-43.

[8] POPPER F J. Small can be beautiful [J]. Planning, 2002（7）：20-23.

[9] BEAUREGARD R A. Urban population loss in historical perspective: the United States, 1820-2000 [J]. Environment and Planning A, 2009, 41（3）：514-528.

[10] 杨斌. 基于精明收缩的空心村转型规划策略研究——以富平县解放村为例 [C] // 中国城市规划学会，重庆市人民政府. 活力城乡美好人居——2019中国城市规划年会论文集. 北京：中国建筑工业出版社，2019.

[11] 杜志威，张虹鸥，叶玉瑶，等. 2000年以来广东省城市人口收缩的时空演变与影响因素 [J]. 热带地理，2019，39（1）：20-28.

[12] 丁翼飞. 中国城市收缩的原因分析及对策探讨 [J]. 中学地理教学参考，2019（23）：26-27.

[13] 魏艺，宋昆，李辉. "精明收缩"视角下鲁西南乡村社区生活空间响应现状与策略分析 [J]. 中国农业资源与区划，2021，42（6）：136-145.

[14] 李星星. 人口收缩背景下湖南省县域村镇公共服务设施规划研究 [D]. 长沙：湖南大学，2017.

[15] PACIONE M. Environments of disadvantage——the geography of persistent poverty in glasgow [J]. Scottish geographical journal, 2004, 120 (2): 117-132.

[16] EMMANUEL C S, FOL S. Schrumpfende Staedte in westeuropa: Fallstudienaus Frankreich and Grossbritannien [J]. Berliner debatte initial, 2007, 18 (1): 22-35.

［17］ FUNRICH M, ROBERT K. DerOsten-jetztauch in western? Stadtumbau-West and Stadtumbau Ost-zweiungleiche Geschwister［J］. Berliner debatte initial, 2005, 16 (6): 41-54.

［18］ 刘春阳，杨培峰. 中外收缩城市动因机制及表现特征比较研究［J］. 现代城市研究, 2017（3）：64-71.

［19］ 高舒琦. 收缩城市研究综述［J］. 城市规划学刊, 2015（3）：44-49.

［20］ 周恺，刘力銮，戴燕归. 收缩治理的理论模型、国际比较和关键政策领域研究［J］. 国际城市规划, 2020, 35（2）：12-19, 37.

［21］ 王影影. 精明收缩视角下苏南乡村空间发展策略研究［D］. 苏州：苏州科技大学, 2017.

［22］ 张京祥，冯灿芳，陈浩. 城市收缩的国际研究与中国本土化探索［J］. 国际城市规划, 2017, 32（5）：1-9.

［23］ 邓嘉怡，郑莎莉，李郇. 德国收缩城市的规划应对策略研究——以原东德都市重建计划为例［J］. 西部人居环境学刊, 2018, 33（3）：13-20.

［24］ 黄晶，贾新锋. 精明增长背景下的城市空置与废弃不动产的再开发——《获取城市资产：城市土地改革的十项步骤》读后感［J］. 国际城市规划, 2011, 26（4）：102-106.

［25］ 王雅梅. 欧盟共同农业政策向共同农业和农村发展政策的转变探析［J］. 农村经济, 2009（5）：118-120.

［26］ 刘荣增. 城乡统筹理论的演进与展望［J］. 郑州大学学报, 2008, 41（4）：63-67.

［27］ 张溪. 精明收缩：应对快速城镇化的乡村发展策略研究［D］. 天津：天津大学, 2019.

［28］ 黄玮婷. 英国城市收缩现象的经验及启示［J］. 规划师, 2014, 30（S2）：205-209.

［29］ 张洁，郭城. 德国针对收缩城市的研究及策略：以莱比锡为例［J］. 现代城市研究, 2016（2）：11-16.

［30］ 毕宇珠，苟天来，张骞之，等. 战后德国城乡等值化发展模式及其启示——以巴伐利亚州为例［J］. 生态经济, 2012（5）：99-102, 106.

［31］ 李超. 基于城乡等值的城乡关系格局、机制与路径研究［D］. 天津：天津大学, 2013.

［32］ 娄永琪. 系统与生活世界理论视点下的长三角农村居住形态［J］. 城市规划学刊, 2005（5）：38-43.

［33］ 陈秋红，于法稳. 美丽乡村建设研究与实践进展综述［J］. 学习与实践, 2014（6）：107-116.

［34］ 王华杰，施宇昕，陈颖. 桐庐县美丽乡村建设的新探索［J］. 新农村, 2015（5）：12-13.

［35］ 周洋岑，罗震东，耿磊. 基于"精明收缩"的山地乡村居民点集聚规划以湖北省宜昌市龙泉镇为例［J］. 规划师, 2016, 32（6）：86-91.

［36］ 刘智睿. 宁海县马岙村乡村复兴规划：基于精明收缩视角的实践探索［D］. 南京：南京大学, 2018.

［37］ 叶强，谭怡恬，张森. 寄托乡愁的中国乡建模式解析与路径探索［J］. 地理研究, 2015, 34（7）：1213-1221.

欧美经验

EUROPEAN &
AMERICAN
EXPERIENCE

人口收缩背景下乡村可持续发展的欧洲经验及启示借鉴

European Experience and Enlightenment Examples of Rural Sustainable Development in the Context of Population Shrinkage

杨欢　赵庆云　赵博　陈宇玲
Yang Huan, Zhao Qingyun, Zhao Bo, Chen Yuling

摘　要　乡村人口外流是全球城市化进程带来的必然趋势。伴随城镇化的持续推进，我国部分乡村地区呈现"空心化"、废弃化和老龄化等典型特征。如何应对人口收缩引发的一系列问题是我国乡村可持续发展的重要议题，关乎我国乡村高质量发展的实效。本文采用案例借鉴和归纳总结的方法，以欧洲城市化先发区域为对象，梳理其应对乡村人口收缩的主要策略和地方实践。在此基础上，辨析这些策略的应对思路，审视其在我国的适用性，阐述其对我国乡村可持续发展的借鉴意义。

关键词　人口收缩；乡村可持续发展；欧洲经验；启示

Abstract　Rural depopulation is an inevitable trend in the process of global urbanization. With the continuous advancement of urbanization, some rural areas in China are showing typical characteristics such as hollowing, abandonment and aging population. How to deal with the series of problems caused by population shrinkage is an important issue for rural sustainable development, and it is related to the effectiveness of high-quality rural development in China. This paper adopts the method of case reference and induction, taking the urbanization areas in some European countries as the object, sorting out their main strategies and local practices to deal with the rural population shrinkage. On this basis, we analyze their response ideas, examine their adaptabilities, and expound their references to rural sustainable development in China.

Keywords　population shrinkage; rural sustainable development; European experience; enlightenment

引言

"收缩"意味着一个地区的人口在超过或等于一代人的时间内减少了相当大的比例[1]，往往伴随着经济活力减弱、就业机会较少、房屋空置与破败、空间品质下降等特征[2]。人口收缩（population shrinking / depopulation）是伴随着欧洲国家人口下降和老龄化而被广泛关注的社会现象，目前已成为全球性问题[3]。1990～2016年，我国乡村常住人口减少了30.31%，出现了大量"空心村"，

本文由中国博士后基金（2020M673502）、西北农林科技大学博士科研启动项目（Z1090219004）资助。

杨欢，西北农林科技大学风景园林艺术学院，讲师，硕士生导师。

赵庆云，西北农林科技大学风景园林艺术学院，硕士研究生。

赵博，石家庄市国土空间规划设计研究院，工程师。

陈宇玲，中北工程设计咨询有限公司，工程师。

随之乡村面临土地利用低效、设施配套滞后、人居环境恶化、产业经济脆弱、传统文化流失等困境。为应对这一系列问题，我国陆续提出新农村建设、新型农村社区、生态搬迁、美丽乡村、精准扶贫等应对策略。2021年初我国成立国家乡村振兴局，同年6月《乡村振兴促进法》颁布实施，此后我国乡村振兴进入了全面推进新时代。

当前，我国规划学界已对收缩城市展开积极探讨，中国知网能够检索到141篇核心期刊论文，但以乡村收缩为主题词的核心期刊论文检索结果仅为9篇，研究严重滞后。乡村人口外流是全球城市化进程带来的必然趋势，探讨城市化先发国家采取的乡村人口收缩应对策略对我国具有启示意义。因此，本文梳理总结欧洲在人口收缩背景下的乡村可持续发展的应对策略和地方实践，以期为我国乡村振兴提供思路。

1 乡村人口收缩的现实及特征

1.1 收缩现实背景

自20世纪中期以来，欧洲一些国家和美国就出现了乡村人口收缩现象。整体来看，欧洲乡村人口收缩率呈现"先增后减"特征：60年代，欧洲70%的乡村地区经历了人口流失问题，然而在20世纪末该现象有所缓解，至2011年，欧洲乡村收缩地区已减少到40%；而在1961~2017年，欧洲农村人口比例并未减少，大体保持稳定态势[4]（图1）。这从侧面反映，欧洲应对乡村人口收缩采取的政策取得了相对良好的效果。此外，从空间分布来看，中欧和东欧乡村人口流失现象相对较为普遍。其中，东欧国家约60%的地区面临人口流失现象，而西欧这一比例仅有35%，如拉脱维亚在2001~2011年，约85%的乡村地区出现收缩，而同时期英国的乡村收缩率仅为20%左右[5]。

在2006~2016年的美国，乡村人口年变化率从0.7%降至负值[6]。据2019年新罕布什尔大学卡西公共政策学院的研究，美国746个县（占美国所有县的24%）人口正在减少，其中91%是乡村地区。从空间分布来看，美国五大湖北部、东南部内陆、密西西比三角洲、西弗吉尼亚州以及肯塔基州矿区等地出现了明显的乡村人口收缩集群[7]。

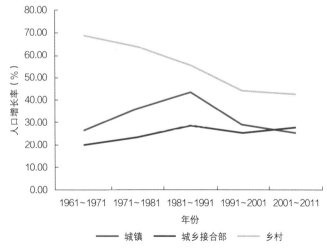

图1　1961~2011年欧洲乡村人口增长率变化图
（资料来源：参考文献［4］）

1.2　特征表现

纵观全球，乡村人口收缩最主要的原因是农业经营方式改变、去工业化和乡村产业转型等。随着城市化和农业现代化的推进，小型家庭农场被大型企业农场取代，技术进步使乡村劳动力需求减少，农业成为较低劳动密集型产业，乡村剩余劳动力增多，由于就业机会减少且经济收益有限，青年劳动力更倾向流入城市寻找更好的就业岗位。乡村人口收缩最显著的特征是人口减少，继而引发老龄化、教育程度低和就业率低等问题[8]。特别是青年精英外流，直接影响乡村中小型企业的技术创新能力，从而导致企业退出劳动市场，整体经济衰退、就业机会减少，进而陷入"自然增长率下降—人口老龄化—地方税收减少—公共财政压力上升—公共服务投入减少—乡村人口外流"的恶性循环。

2　乡村可持续发展的欧洲策略

为应对人口收缩的趋势，欧洲的地方政府基本上有两大政策：一是追求增长，试图扭转萎缩趋势，刺激人口增长；二是应对衰退，接受萎缩，并采取适应性策略[4]。前者被称为增长导向策略，后者被称为精明收缩政策，两大政策的最终目标相同，即实现乡村复兴、提高居民生活质量。有学者认为增长导向策略通过经济发展和社区振兴来留住现有居民并吸引新的居民，是乡村地区以增长为导向的应对思路，同时强调保护自然和耕地，保留乡村地方性特征等[9-10]。"精明收缩"最早起源于德国，是在人口减少的同时仍能提供高生活质量的过程。精明收缩战略接受并适应乡村人口收缩的现实背景，通过缩减地方政府、社区服务和基础设施来匹配更小的人口基数，同时保持社会公平，确保乡村居民生活质量[11]。有学者建议为更少的人、更少的建筑、更少的土地、更小的需求进行规划[12]。

2.1　主要策略

20世纪60年代，欧洲国家试图依赖外部资源推动农业规模化扩张和乡村工业发展，从而应对乡村人口流失，但实际效果有限。之后，随着内源理论的兴起，其应对思路逐步向强调乡村地方特色和社区发展能力等内源动力要素转变[13-14]。2016年9月，欧盟发布Cork 2.0 宣言，明确了农业在塑造景观方面的角色、农业经营者作为乡村环境公共产品主要提供者的重要性。2018年6月，欧盟委员会提出2021～2027共同农业政策改革的九大核心目标，涉及确保农民公平收入、保护景观和生物多样性、激发乡村活力等[15]。2021年欧盟委员会发布《欧盟乡村地区长期愿景2040》并制定欧盟乡村行动计划，提出搭建创新系统、促进可持续交通链接和数字化、提高气候环境和社会韧性、支撑经济多样化等具体举措，以建立更强的乡村地区，促进具有福祉且更具弹性的乡村地区、通畅的乡村地区，繁荣的乡村地区[16]。总的来说，当前欧洲国家在乡村发展政策（共同农业政策的第二支柱）和凝聚力政策①的引导下，提出了四大应对路径，包括激活内生资源、推进社会创新和信息通信技术、大力发展生态服务和绿色经济、基于地方或社区导向的精明收缩[17-18]；并实施了乡村地方发展行动联合（LEADER）②、精明专业化[19]、欧盟乡村发展网络、智慧村庄等计划。

从实践层面来看，欧洲形成了意大利"内陆地区战略"（National Strategy for Inner Areas）、法国"互惠合作"（city-countryside reciprocity contracts）、芬兰"智慧乡村"、德国"数字村庄"等典型模式。

2014~2020年，意大利提出"内陆地区战略"。这里的内陆地区指的是距离主要公共服务中心较远的乡村空间，这些空间居住着德国23%的人口，覆盖德国60%的领土。德国内陆地区聚焦乡村人口下降和老龄化最显著的边缘地区，力图通过刺激投资、多元资助、多级治理等方式，实现创造就业机会，促进社会包容，扭转人口下降等目标。截至2017年4月底，德国确定了71个试点村，每个村平均预算为1740万欧元。通过实施内陆地区战略，这些试点村在2011~2016年人口下降率为-2.3%，同比2001~2011年的-4.2%有了较大改善[20]。

法国"互惠合作"项目于2015年开始，强调缩小城乡差距，在共同关心的领域推进互利共赢伙伴关系。在项目初期，布雷斯特都会区和布列塔尼中西区共同签署合作意向，并围绕经济发展、社会包容、文化服务、环境能源转型四大方面开展创新项目。据报道，约有包括保健、生态能源倡议等在内的若干个项目正在进行中。合同签订一年后，双方合作已初见成效。例如，距离布雷斯特70km的Carhaix医院一度面临关闭，通过"互惠合作"战略，目前该医院与布雷斯特大学医院达成合并协议。布雷斯特大学医院将提供专家门诊会诊和移动核磁共振扫描等服务。此外，布雷斯特大学医院每月定期举办免费医学讲座，专科医生会就呼吸系统疾病与空气质量的关系、肥胖的外科治疗或中风的预防、识别和反应等问题进行演讲和答疑[21]。

芬兰"智慧乡村"和德国"数字村庄"均侧重于通过数字化和信息技术来提供多样化的农村服务。2015年，德国莱茵兰-普法尔茨州内政和体育部（Ministry of Internal Affairs and Sports Rhineland-Palatinate）与弗劳恩霍夫实验软件工程研究所（Institute for Experimental Software Engineering，IESE）发起了三个数字村庄示范项目，总预算约450万欧元，旨在创建一个共同的数字平台，为当地商品供应、通信和电子政务等提供解决方案。该项目主要目标包括：创新"智慧乡村"生态系统、跨部门的解决方案、在当地利益相关者之间建立合作文化、开发可负担的数字解决方案等[22]。受篇幅限制，本文选择芬兰罗丹玛村作为案例重点阐述"智慧乡村"实践经验。

---

① 凝聚力政策旨在通过国家、区域和跨国界实施项目，解决"欠发达"地区（特别是面临工业和农业衰退区）等面临的高失业率、低教育水平、住房质量差、人口减少、老龄化、外迁、交通成本高等问题。
② 1991年，欧盟在农业发展政策中提出LEADER计划，充分体现了内生式发展思维。随后2006年发布了《LEADER计划：基本指南》，明确了基于LEADER的7项特征和6个行动步骤。

2.2 地方实践——以芬兰罗丹玛村为例

芬兰的国土面积约39万km²，其中86%为森林，7.6%为农业用地；总人口约550万，其中30%居住在乡村。2012~2015年，芬兰乡村商店数量减少了20%左右，每年有60所学校关闭，乡村公共服务设施持续减少。为解决这一系列问题，2016年芬兰政府开展"智慧乡村"研究，以数字化为突破口，通过在社区服务中心设立数码咨询点、加强居民数字化技能、培训乡村数字化大使等手段，为乡村提供多元化的公共服务。

"智慧乡村"需要社会、数字化服务、技术平台、基础设施和组织管理五大支持系统（图2）。"智慧乡村"规划一般涉及三大步骤：1）确定乡村社区的需要；2）评估现有规划政策，明确差距和目标；3）制定合理的规划措施[23]。芬兰罗丹玛村（Raudanmaa）距离芬兰第二大城市坦佩雷（Tampere）30km，周边由田野、树林和湖水环绕。2018年该村人口规模为622，65岁及以上人口占比为39%，处于深度老龄化水平。罗丹玛村在制定"智慧乡村"规划时，通过SWOT分析得到该村面临的劣势，包括资金基础短缺、村庄品牌较弱、信息共享机制缺失等，以及挑战如公共交通减少、村庄缺乏学校导致人口外流、水资源质量持续恶化等。结合村庄特征，"智慧乡村"规划提出"提高村庄活力、清洁乡村和创新乡村文化"三大目标。为此，规划制定了创建人工湿地、智能乡村大厅、数字村庄中心等行动举措（表1）。例如，智能乡村大厅主要是利用村庄公共空间或庭院设施为村民提供聚餐、娱乐和服务等；数字村庄中心是借助网络平台让居民、新来者和游客分享信息，互动交流，同时为该村居民提供健康、教育等社会服务机会[24]。

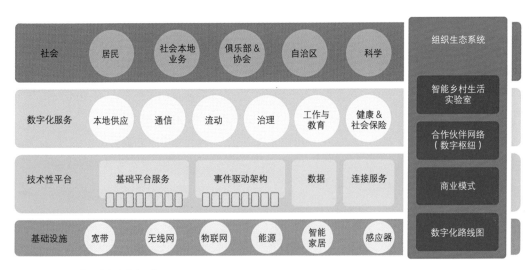

图2 "智慧乡村"的数字化生态系统
（资料来源：参考文献[24]）

现状分析		目标体系		规划行动
劣势与挑战	优势与机遇	总目标	细分目标	
社区意识薄弱，没有学校和公共活动场所	• 社区参与积极性较高； • 企业和住宿服务较多	提高村庄活力	保持村庄社区精神和吸引力	• 建设村庄智慧会堂，创建村民聚会、娱乐和服务的公共场所； • 创建服务数字门户，打造信息共享和互动交流点
			为居民、访客和观光客提供便捷服务	• 建设智能乡村大厅； • 创建数字村庄中心，开发应用程序，实现本地共享经济
湖泊水质恶化	• 独特自然和文化环境； • 旅游形势较好	清洁乡村	发展乡村旅游	• 探讨儿童农场和绿色保健治疗的标准； • 制定旅游路线（步行、自行车、骑行、滑雪、摩托雪橇、独木舟路线）等
			确保农村企业生存能力	• 建设智慧乡村大厅； • 创建具有服务清单的数字中心
			保护湖泊生态系统	• 创建人工湿地
缺乏长远规划	历史资料丰富	创新乡村文化	促进沟通和发展品牌	• 制定沟通计划； • 打造罗丹玛品牌； • 开发新网页

资料来源：参考文献［24］。

3　经验与启示

3.1　经验

3.1.1　激发内生活力，促进乡村多元发展

早期西方乡村振兴的思路以外部资源投入为导向，通过设施配套和资金投入等手段，增强乡村吸引力，引导人口回流，然而实际效果有限。20世纪70年代，随着内源理论的兴起，欧洲乡村发展经历了从依赖城市资金、技术和政府财政补贴等外源动力要素到强调乡村自然资源和历史遗产等内源要素的转变过程。与此同时，乡村规划模式由政府干预的乡村现代化转向社区主导的乡村多元化发展[13]。例如，欧盟2006年发布的乡村地方发展行动联合LEADER计划就包括基于地方发展策略、地方行动小组、自下而上规划、多部门战略设计和执行、创新、合作、建立地方伙伴关系网络七大特征。同时，社区主导地方规划（community led local development）也要求考虑当地需要和发展基础，鼓励发现社区潜力并制定自下而上的综合发展战略。

3.1.2　强调公共服务，保障居民生活质量

乡村人口收缩将引发人口老龄化、地方税收减少、公共财政压力上升、公共服务投入减少等一系列问题，其中公共服务不足直接影响居民生活质量，加剧乡村人口外流。因此，欧洲各项乡村政策均高度重视对乡村公共服务的完善。意大利"内陆地区战略"、法国"互惠合作"，芬兰"智慧乡村"、

德国"数字村庄"等典型模式即是基于公共资金削减和人口逐步收缩背景提出的多样化公共服务供给解决方案，切实保障居民生活质量。

3.1.3 融入信息技术，促进乡村智慧管理

随着互联网+、大数据、人工智能等科技发展，欧洲国家积极推进其在教育、医疗、办公等领域的应用。例如，2021年欧盟乡村行动计划明确提出"促进可持续的交通联系和数字化"，鼓励使用新技术实现数字创新和乡村数字转型，以缩小城乡差距。芬兰"智慧乡村"和德国"数字村庄"均是通过数字化和信息技术开展远程教育、远程医疗诊断等服务的实验。

3.2 启示

随着城镇化的快速推进，我国部分乡村地区人口呈现收缩态势，特别是在西北欠发达地区，人口外流现象突出。尽管我国与欧洲国家的自然资源、社会经济和政治体制不同，但城镇化规律具有普适性，其乡村收缩应对经验对我国仍具有启示意义。

3.2.1 坚持城乡互动，加强内外结合

在我国，关于内外动力结合推动乡村高质量发展，学界已基本形成共识。部分学者指出，城乡互动关系改善是推动城乡融合发展和破解乡村发展困境的重要途径[25]。要实现城乡有机互动，激发乡村振兴内生活力，则需要系统审视城乡之间人口、权益、产业和空间等发展要素的自由流动、公平和共享，通过城乡要素有序配置推动乡村空间高效利用[26]。地方实践过程中，首先要摸清区域城镇主要职能和发展潜力，结合乡村自身资源优势和社会关系网络等内生资源，合理确定发展定位和产业体系。同时，应完善相关融合制度，如农村转移人口市民化、集体经营土地入市、返乡创业金融支持等，增加乡村就业机会，缩小城乡收入差距，从而留住乡村劳动力，缓解"空心化"、老龄化等问题。

3.2.2 实现乡村公共服务均等化配置

当前，我国人口收缩地区乡村公共服务配置面临政府财政短缺和资源利用低效等多重困境。这种背景下，传统的依赖"中心村/新型农村社区—基层村"的单一化公共设施配置模式不再适宜。新时期，乡村公共服务设施配置应统筹兼顾公平与效率，重视提质增效，应综合考虑乡村地区类型、村庄人口结构和行为特征等要素，采用更为灵活的、均衡的、公平的、高效的"生活圈"配置模式，实现人口收缩地区乡村公共服务品质提升。

3.2.3 数字赋能，加快"智慧乡村"建设

随着互联网和5G技术的推广，2019年我国公布的《数字乡村发展战略纲要》明确提出"创新城乡信息化融合发展体制机制，引导城市网络、信息、技术和人才等资源向乡村流动"。随后2021年9

月，多部门联合制定《数字乡村建设指南1.0》，明确提出乡村数字经济、智慧绿色乡村、乡村数字治理、乡村网络文化、信息惠民服务五大数字场景应用建设。为切实推进数字乡村建设，首先应对现行信息基础设施进行更新升级，尤其是农业生产、电商物流和在线教育等环节；其次，应鼓励和吸引多元投资主体，以"政府+龙头企业+合作社+农户"为主体，采用联合试验等形式开展重点领域合作，最终推广普及。

4　结语

通过案例借鉴和归纳总结，笔者发现欧洲为应对乡村人口收缩制定了提升凝聚力、乡村地方发展行动联合、精明专业化和欧盟乡村发展网络等政策，开展了意大利"内陆地区战略"、法国"互惠合作"、芬兰"智慧乡村"和德国"数字村庄"等地方实践。结合我国乡村人口收缩的实际特征，笔者认为人口收缩背景下的乡村规划应高度重视城乡互动，加强内生动力与外部资源的结合；借助互联网和大数据技术，加快智慧乡村建设；针对公共服务设施低效现象，应转变现行乡村公共服务配套模式，采用更灵活的乡村社区生活圈模式，以人的出行距离和服务需求为导向，促进公共服务设施提质增效。

参考文献

［1］ GRASLAND C, YSEBAERT R, CORMINBOEUF B, et al. Shrinking regions: a paradigm shift in demography and territorial development. study for directorate-general for internal policies of the Union ［EB/OL］. ［2021-07-28］. https://www.europarl.europa.eu/thinktank/en/document/IPOL-REGI_ET(2008)408928.

［2］ 焦林申，张敏. 收缩乡村的空废成因与精明收缩规划策略——基于豫东典型乡村的田野调查［J］. 经济地理，2021，41（4）：221-232.

［3］ 刘振，戚伟，王雪芹，等. 国内外人口收缩研究进展综述［J］. 世界地理研究，2019，28（1）：13-23.

［4］ Escape European shrinking rural areas: challenges, actions and perspectives for territorial governance［EB/OL］. ［2021-08-20］. https://www.espon.eu/escape.

［5］ Espon map population change rural regions［EB/OL］. ［2021-08-21］. https://www.espon.eu/rural-shrinking.

［6］ John C. Rural Areas Show Overall Population Decline and Shifting Regional Patterns of Population［EB/OL］. ［2022-2-27］. https://ideas.repec.org/a/ags/uersaw/265963.html

［7］ Kenneth Johnson, Daniel Lichter. Rural Depopulation in a Rapidly Urbanizing America［EB/OL］. ［2022-2-28］. https://carsey.unh.edu/publication/rural-depopulation.

［8］ Ministeriet for By, Bolig og Landdistrikter Regional-og landdistriktspolitisk redegørelse［EB/OL］. ［2021-08-21］. https://www.livogland.dk.

［9］ PETERS D J, HAMIDEH SARA, ZARECOR K E, et al. Using entrepreneurial social infrastructure to understand smart shrinkage in small towns［J］. Journal of rural studies, 2018, 64: 39-49.

［10］ RHODES J, RUSSO J. Shrinking 'smart'?: urban redevelopment and shrinkage in Youngstown, Ohio［J］.

2013，34 (3): 305-326.

［11］ HOSPERS G, SYSSNER J, eds. Dealing with urban and rural shrinkage: formal and informal strategies ［M］. Zurich: Lit Verlag, 2018: 144.

［12］ POPPER D E, POPPER F J. Small can be beautiful: coming to terms with decline ［J］. Planning & policy, 2002，68 (7): 20-23.

［13］ 张晨，肖大威. 从"外源动力"到"内源动力"——二战后欧洲乡村发展动力的研究、实践及启示［J］. 国际城市规划，2020，35（6）：45-51.

［14］ 赵文宁. 1950—2010：战后欧洲乡村发展理论与规划策略回顾［J］. 小城镇建设，2019，37（3）：5-11，17.

［15］ 芦千文，姜长云. 欧盟农业乡村政策的演变及其对中国实施乡村振兴战略的启示［J］. 中国农业经济，2018（10）：119-135.

［16］ A long-term vision for the EU's rural areas Building the future of rural areas together ［EB/OL］. ［2021-08-21］. https://ec.europa.eu/info/strategy/priorities-2019-2024/new-push-european-democracy/long-term-vision-rural-areas_en.

［17］ Community-led local development ［EB/OL］. ［2021-08-21］. https://ec.europa.eu/regional_policy/sources/docgener/informat/2014/community_en.pdf.

［18］ Policy brief shrinking rural regions in Europe ［EB/OL］. ［2021-08-21］. https://www.espon.eu.

［19］ McCANN P, ORTEGA-ARGILES R. Smart specialization, regional growth and applications to EU cohesion policy regional studies ［J］. Regional studies, 2015, 49 (8): 1291-1302.

［20］ BALDI B. The national strategy for inner areas: innovation, policy transfer and post-earthquake reconstruction ［J］. World political science, 2019, 15 (2): 149-176.

［21］ Smart Villages: Reciprocity contracts ［EB/OL］. ［2022-03-03］. https://enrd.ec.europa.eu/publications/smart-villages-reciprocity-contracts_en.

［22］ Digital Villages Germany ［EB/OL］. ［2022-03-03］. https://enrd.ec.europa.eu/sites/default/files/tg_smart-villages_case-study_de.pdf.

［23］ The European Network for Rural Development (ENRD)-European Commission［EB/OL］. ［2021-08-21］. https://enrd.ec.europa.eu/ Smart and competitive-rural-areas/smart-villages/smart-villages-portal_en.

［24］ Smart village strategy of Raudamaa (Finland) ［EB/OL］. ［2021-08-21］. https://www.smartrural21.eu/villages/raudanmaa_fi/.

［25］ 戈大专，龙花楼. 论乡村空间治理与城乡融合发展［J］. 地理学报，2020，75（6）：1272-1286.

［26］ 汪锦军，王凤杰. 激发乡村振兴的内生动力：基于城乡多元互动的分析［J］. 浙江社会科学，2019（11）：51-57,157.

从空间管制到增长管理应对村镇人口收缩
—— 基于对英格兰城乡发展和规划体系的研究

Addressing Town and Village Population Shrinkage by Shifting from Spatial Control to Growth Management: Based on Comparison with England's Urban-Rural Development and Planning System

郑书剑

Zheng Shujian

摘　要　基于对英格兰城乡发展特征的研究，笔者认为实现村镇经济和社会结构的多元化、推动城乡要素的充分交流是避免村镇过度收缩的重要途径。而要把握村镇地区稀缺的发展机遇，其空间管治体系应建立相应的增长管理机制，从而避免简单套用城市方法、施加过度的空间管制加剧村镇人口收缩。结合对英国地方规划体系的借鉴，本文所建议的新型国土空间规划增长管理机制，在制度政策层面包括优化村镇地区空间规划体系，建立城乡"共同但有区别"的空间增长约束责任，探索土地产权机制创新等；在规划工具层面，可以尝试设置"潜在发展区""增长保护线""低效预警线"等多元多样的创新措施，合理保护、激发增长机遇。进而在发展生态文明、恪守底线原则的同时，真正有效实现乡村振兴和共同富裕。

关键词　村镇人口收缩；英格兰城乡均衡；增长机遇包容；增长管理；制度政策；规划工具

Abstract　Based on comparison with the features of England's urban-rural development, this paper believes that the important ways to avoid excessive shrinkage of towns and villages include diversifying their economic and social structure, and enhancing the communication of urban-rural factors. While to grasp the rare opportunities for towns and villages, their spatial governance system should be built up with corresponding growth management mechanism, so as to prevent simple duplication of the urban methodology, imposing too much spatial control on towns and villages, resulting in even more population shrinkage. Combined with the reference to the local planning system of England, this paper proposes a new growth management mechanism to spatial planning. On the aspect of institution and policy, it shall optimize the planning system structure in towns and villages, establish "common but differentiated" spatial growth constraint responsibilities between urban and rural, and innovate the land ownership system, etc. As to the aspect of planning tools, several new approaches, such as "potential development area", "development protection area", "low-efficiency warning area" could be created for rational protection and stimulation of growth opportunities. Thus, with the developing of ecological civilization and the adhering to bottom-line principles, rural vitalization and common prosperity can be truly and effectively realized.

Keywords　town and village population shrinkage; urban-rural balance of England; growth opportunity inclusion; growth management; institution & policy; planning tools

　　村镇人口收缩是传统农业社会向现代工业化和城市化社会转型过程中的普遍现象，但扭转村镇收缩的"逆城市化"现象也同样在包括中国在内的世界各国广泛出现，皆因村镇地区具备高密度城市无

本文发表于《国际城市规划》2022年第3期。

郑书剑，硕士，广州市天作建筑规划设计有限公司，副总规划师。

可比拟的生态环境和生产生活方式。在当代中国，这还涉及乡村转移人口与其原生地之间深刻的社会关系纽带。避免村镇过度收缩是实现"共同富裕"的应有之义，但在城市化进程基本完成后，乡村的理想状态是什么，空间规划的策略应如何制定？这些问题在中国尚无明确的解答，因此梳理发达国家的城市化历程并借鉴相关经验很有必要。本文即从最早开启工业化和城市化进程的地区之一——英格兰切入，展开相关研究。

1 从英格兰城乡发展特征探究扭转"村镇收缩"的可能性

截至2020年，约5660万的英格兰人口中只有17.1%左右生活在乡村地区，其城市化进程基本完成。但乡村地区规模小并不代表社会经济发展水平低。根据英国环境、食品与农村事务部于2021年11月发布的《乡村英格兰统计数据摘要》[1]和中国广东省发布的《广东农村统计年鉴》（2017～2020年）[2]①，对比分析两个地区经济和社会两个维度的部分指标，我们可以对当前英格兰的城乡发展状态和未来中国村镇发展的可能性有一定的认知。

1.1 经济维度的英格兰城乡发展水平对比

2005年以来，乡村地区对英格兰经济增长贡献（Gross Value Added，GVA）的占比始终维持在15%左右，与其人口比重相当。英格兰城乡经济发展水平基本同步（相关统计不包含伦敦地区），以居住地口径统计的城乡居民年收入中位数水平几乎保持一致（相差幅度不超过500英镑，2020年均为2.5万英镑），而乡村地区的失业率一直维持在2.6%～3.5%，始终低于城镇的4.2%～5.1%。但在广东省，2016～2020年城乡居民的人均可支配收入比始终在1.5～2.3，其中核心城市广州最高（2.3，深圳未纳入统计），东莞、中山最低（1.5）。同时，乡村的失业水平也在11.61%～13.57%，相比于城镇要高出约10个百分点。尽管因统计口径原因，实际水平差距应略低于此，但仍然可以看出广东城乡经济发展的均衡度明显不如英格兰。

为什么英格兰乡村地区的经济发展水平可以持平甚至超越城镇地区？产业结构的多元化是一个重要原因。目前，英格兰乡村地区的产业体系在各门类均有涉及。不计伦敦地区，城乡之间的产业门类和相应占比都已非常接近。2019～2020年，"公共管理、教育和健康"以及"物流、交通、住宿和食品"两大类比重最大，均为20%左右；专业技术服务（城13%/乡10%）、金融和保险（城5%/乡2%）等产业占比上，城镇强于乡村；房地产交易（城12%/乡16%）、农林渔（城<1%/乡3%）等产业占比上则相反。相应的就业人员构成也呈现同样的特征：占比最大的两大类均为"教育、健康和社会工作"（城22%/乡16%）和"批发和零食贸易、汽车维修"（城15%/乡13%）；其后乡村地区依次为"制造业"（11%）及"住宿和食品服务"（10%）等，"农林渔"占比为8%，排在第六位，城镇

---

① 除特别说明，本章节涉及英格兰和广东的相关数据分别来自参考文献［1］和［2］。

地区则依次为"行政管理和支持服务"（10%）及"专业技术和科技服务"（9%）等。这与当前中国农村经济结构中农业占据绝对主导的情况有着根本不同。仅以广东省为例，2017～2020年，农林牧渔产业的劳动力占据乡镇从业人员的比例约为38%。总而言之，多元化的产业结构为支撑英格兰乡村经济的健康发展奠定了重要基础。

1.2 社会维度的英格兰城乡发展水平对比

尽管英格兰乡村地区的产业类型较为丰富，能够满足较多本地甚至城镇居民的就业需求，但由于大量乡村居民的职业技能水平较高①，故仍然需要在城镇中获得与其能力相匹配的工作。也因此，乡村地区居民年均出行里程（全口径）为9000～10000mi（1mi约合1.6 km），为城镇居民的2倍左右，并且90%以上的出行依靠私家车。一方面，乡村地区居民每户每周要多花费近40英镑的支出用于交通，其占可支配收入的比例相较于城镇居民高约5个百分点，达到14.2%（相关基数扣除了住房贷款），对比广东农村居民同类开支10.3%的比例②，也高出约4个百分点。但从另一方面来说，乡村地区较长的出行距离和较高交通开支也体现了城乡之间密切的要素流动和活跃的互动关系。

在人口结构方面，与我国当前农村人口普遍"老龄化、妇女化、儿童化"不同[3]，英格兰乡村地区的人口结构相对合理——除17～20岁人口因入读高中和大学需要外迁以外，各年龄阶层的人口比例与城镇地区相当，整体平均年龄上乡村地区要比城镇高约8岁（2020年）。小学和初中阶段人口并未大量外流，尽管在学校与家庭的平均距离上乡村地区仍然是城镇的2倍左右，但仍处于15分钟步行或公交生活圈内，中小学的可达率约为90%（如果是私家车出行，则可达率100%）。而且乡村地区的教育水平要高于城镇地区——乡村地区小学生英语和数学水平在A*至C级以上的比例比城镇地区高6%～7%。这些都反映了英格兰乡村地区社会结构完整且中坚力量稳定，呈现多元化发展状态。

1.3 小结

因篇幅有限，本文仅呈现部分有代表性的指标，但已经可以看出当前英格兰并不存在明显的城乡差别，城乡发展水平相对均衡，一定程度上已经实现了"共同富裕"的目标，这是扭转"乡村收缩"的一个较好案例。其显著特征表现为乡村地区经济和社会结构的多元化，以及城乡要素的密切交流。而推动这些方面的改善，也可以说是避免乡村过度收缩的重要途径，值得中国参考。

---

① 据统计，英格兰乡村地区劳动力拥有至少1项以上职业技能的比例、拥有国家职业资格体系（NVQ2）以上水平的比例，都要略高于城镇地区。

② 2017～2020年平均值，该指标还包括了通信费用。

2 建立"增长管理"，为村镇包容多元化的发展提供机遇

2.1 当前我国的制度约束与国土空间规划主导理念对村镇多元化发展的限制

中国绝大部分的村镇要实现经济社会多元化发展主要还是依赖外部资源的导入。但这不仅要面临整体经济发展水平的局限，还要面临严格的制度约束，即占据城乡空间很大比重的村集体土地①不具备完全自由流通的条件，外来人口和资本难以实质性进入村庄②。这一制度设计在保障粮食安全、应对贫民窟、避免极度贫困等社会问题方面具有重要意义，却也成为中国对抗"村镇收缩"的一个不可回避的、独特的挑战。

与制度性约束并存的是我国当前空间治理体系主导理念的变化。在"国土规划"和"城乡规划"并立时期，"城乡规划"是相对拥抱增长的，尽管确实因此导致诸多无序增长，尤其在城镇地区。随着国土空间规划体系的建立，以侧重管制的"国土规划"为基础建立的"国土空间规划"体现了土地资源管理系统长期以来的思维模式与核心关切。当前"三条控制线"——生态保护红线、永久基本农田和城镇开发边界——从其名称定义上即可体会强烈的管制色彩和底线思维，即以刚性控制为主[4]。这一空间管治理念在城镇地区是十分必要的，中国过往40年社会经济发展过度依赖土地要素的投入和房地产的沉疴必须解决。但对于村镇地区，其本身就面临着强大的人口收缩压力和制度约束，如果再以同样的"增长抑制"思维施加空间管治，则无疑雪上加霜[5]；加之在当前以县域为基本单元的空间管治体制中，基本农田、生态保护等职责也主要由村镇地区承担，因此"增长抑制"的境况更是普遍存在。

对绝大部分的村镇地区而言，实现经济社会多元化发展的增长机遇已然是十分珍贵而有限。如果村镇的空间管治（spatial governance）在面临不可逾越的制度约束的同时，还要套用城市地区的抑制性思维，固守"空间管制"（spatial control）而不转向"增长管理"（growth management），那么中国村镇地区人口收缩问题将面临相较于世界其他经济体更加严峻的挑战。

2.2 当前我国村镇空间规划体系"增长管理"缺失造成的典型问题

结合笔者长期在广东和华南地区开展村镇规划工作的切身体会来看，长期忽视"增长管理"已经导致村镇地区对规划的心态逐渐从期待转向反感。特别是经济相对发达地区（如广东）在近十余年的规划先行先试中，无论是早期的"城乡规划"还是近期的"多规合一实用性村庄规划"，都在反复不断强调自上而下的空间管制，体现了"管理导向"的单向性，不能及时反映当地供需关系[6]，甚少能实质性解决包括经济、住房、公共服务设施等方面的增长需求，从而导致规划工作者耗费大量精力

---

① 根据2021年8月26日公布的《第三次全国国土调查主要数据公报》，全国城镇村及工矿用地为3530.64万hm²，村庄用地为2193.56万hm²，占比达到62.13%。

② 例如，原国土资源部部长姜大明强调"城里人到农村买宅基地"口子不能开，参见http://finance.sina.com.cn/china/gncj/2018-01-16/doc-ifyqqciz7645539.shtml。

和时间在规划管理部门、乡镇政府、村集体、农民群众之间协调、解释、沟通空间管制要求，却极少得到多方共赢的满意结果，更是徒增农民群众对党和政府的不满。其中，一些典型的表现如下。

（1）不能合理应对与包容村镇地区客观存在的增长需求，导致畸形增长

近年来广东或一些经济相对发达地区村镇建设的一个典型问题即是"村不像村、镇不像镇"，这其实是增长需求长期无法得到合理满足的结果。相对发达的经济基础在乡村地区创造了丰富的增长需求，特别是经济发展、住房建设的需求，但同时也受到严格的土地管制约束。而这种来自一个小村庄或小乡镇的增长需求，在宏观土地管治体系面前显得极其渺小，难以引起关注。其结果只能是出现畸形增长，表现为空间的无序混乱、高强度高密度的开发、公共服务和市政设施的配置缺失[7]，进一步导致原本数量极其有限的空间品质十分低下，最终导致村镇建设风貌的不协调和内生发展动力的不可持续。

（2）不能有效保护难得的增长机遇，以至于其未经市场考验就已经消亡

除了经济相对发达的村镇，大部分村镇的增长机遇总体非常有限，但在现代农业、乡村民宿、家庭农场、生态旅游、新村建设等许多方面依然大有可为。然而，这又不可避免地要面临土地权属分散和土地用途管制两大挑战。总体来看，一方面，我们解决土地权属分散问题（主要指农用地和宅基地的使用权分散）的力度太弱，而集体用地产权事实上的"私有化"已经严重制约了村镇地区土地资产的盘活[8]；另一方面，我们拱卫土地用途管制严肃性的力度太强，导致社会资本进入村镇地区大概率要面对严格复杂的空间管制和规划调整流程，严重打击了社会资本的积极性。许多村镇地区的增长机遇并不是败于激烈的市场竞争，而是首先毁于僵化的空间管治体系。

2.3　围绕制度政策和规划工具，强化村镇空间"增长管理"

实现村镇多元化发展、增强城乡流动，这是公共财政、社会资本、政府组织、本土动员等一系列因素"天时地利人和"的结果，但其中的关键还是土地空间，做好其"增长管理"至关重要。学术界有关"增长管理"的研究多集中于城市地区。无论在欧美或是东亚，这一理念的诞生多是基于城市空间的爆炸性增长而采取的应对措施——在正视增长对于经济社会必要性的前提下，强调对"增长抑制"的纠偏，避免以罗马俱乐部式"零增长"极限思维来应对增长的问题。这与本文论述的"增长管理"还是存在语境上的明显不同——村镇空间"增长管理"的出发点是在不突破自上而下空间管治核心原则和底线思维的前提下，激发、保护和孵化增长机遇。但就研究的体系方法而言，又有其相似之处，即主要关注"增长管理"所依托的土地流转等制度政策和边界划定等规划工具[9]这两大方面问题。

（1）制度政策

如前所述，当前以"管制"为主导理念的空间管治体系是村镇空间不可逾越的背景约束。作为一个整体中的一部分，村镇地区不可回避其应承担的生态文明职责，但是空间管治体系本身也需要不断检讨其理论和方法是否存在调整与优化的空间，从而为村镇空间的发展减少系统性负担。制度政策必

须适应村镇生产力的实际。基于此，本文从村镇地区的空间规划体系、城乡"共同但有区别"的空间增长约束责任以及农村土地产权制度创新等方面，提出相应的思考和建议。

（2）规划工具

在推动自上而下的制度政策不断健全完善的同时，立足于当前框架，仍有许多行动层面的措施，可以引进作为国土空间规划体系中实施增长管理的规划工具。在过往规划体系中，村镇规划不自觉延续城镇地区规划体系的逻辑，导致村镇规划缺乏体现其自身发展特点的规划工具，尤其是涉及增长管理的问题。这需要在新的国土空间规划体系中进行大胆创新。基于此，本文提出"潜在发展区""增长保护线"和"低效预警线"三种规划工具构想，以期在村镇规划中有效地应对村镇人口收缩。

3 健全空间治理制度，支撑村镇发展"增长管理"

3.1 优化村镇地区空间规划体系

我国现行《城乡规划法》由原《城市规划法》升级而来，村镇地区的规划体系延续了城市地区的结构特征，包括体系规划、总体规划和详细规划。这一结构体系对于大中城市而言严谨完善，但对于小县城、小城镇而言则显得过于累赘[10]。对比英国在非大都会区域的规划体系设置，可以看出我国村镇地区国土空间规划体系的建构需要更加体现村镇地区特点，而不只是城市方法论的简单复制，否则不仅起不到有意义的空间管治作用，还会限制市场的活力。

英国现行的规划体系中，在地区层面（district类似于我国县或县级市的行政单位）编制地方规划（local plan），在镇一级居民点编制邻里规划（neighbourhood plan）。从成果来看，可将这一类称为发展规划（development plan）的规划理解为一个"城市（镇）总体规划+控制性详细规划+地块开发导则"的大集合，其并不追求对全域空间全覆盖的规划研究和表达（没有中国规划行业中典型的"土地利用规划图"）以及阶段层次的严格划分，但针对与规划策略密切相关、有条件实施开发或更新的片区或地块，明确提出详细的地块开发导则，更精确地响应当地的需求[11]。在与上层次规划相互协调的基础上，规划经过地方议会批准即具有法律效力，这就使得整个法定依据的生成过程相对而言更加简洁且具有针对性。

这种结构优化的思路值得我国在县级、乡镇级国土空间规划中借鉴，即乡镇级（甚至包括部分县级）国土空间规划无须分立总体规划和详细规划。除了规划体系结构的优化，建筑设计和景观设计专业同样可以介入法定规划流程。对于村庄规划、大部分的乡镇国土空间规划，可以包括具备开发条件地块的建筑和景观方案设计。此外，当前的法定规划均以二维平面的土地利用规划为主要技术成果，虽满足自然资源管理部门需要，但对于绝大部分乡镇的决策者、群众而言太过晦涩而难以理解，无法达到有效的共识凝聚。同时，乡镇地区行政资源相对紧张，尽可能集约的国土空间规划内容和流程有利于节约或最大化利用行政资源，提高决策效率和质量，加快村镇增长机遇的转换实施。

3.2 建立城乡之间"共同但有区别"的空间增长约束责任

城乡二元制在当前中国社会的存在有其现实意义，但需要在所有领域全面、完整地体现城乡二元制对经济社会发展的调节作用，特别是要避免城市利用在城乡二元制中的优势强势地位，选择性地执行"城乡二元"或"城乡一体"，从而导致村镇在不同语境下始终处于不利地位。当前城乡在空间增长约束机制中的关系，应如同全球碳排放控制机制中发达国家与发展中国家的关系一样，始终承担的是"共同但有区别的责任"，并且对弱势一方保持更大的宽容度。

英国1990年公布的《城乡规划法》（Town and Country Planning Act 1990）尽管名为"城乡规划法"，但其规划体系并不按"城镇"和"乡村"两大类别建构。除了综合性的规划管理机构，针对国家公园、企业发展、住房建设有明确相应独立的规划管理机构[12]，确保能够涉及乡村发展最主要的议题（住房建设、企业发展、国家公园保护等），与城镇属于统一的体系。而在具体指导地方发展规划的《国家规划政策框架》（National Planning Policy Framework，NPPF）中，体现出对乡村的特别关注——明确提出规划的制定和实施要支持所有类型产业（all types of business）在乡村地区的可持续发展和扩张，但对于住房建设特别是零散小规模住房建设，若涉及农林产业、文化保护、乡村景观保护等因素，需要进行谨慎严格的控制[13]。

因此，对于人口较少或持续收缩的村镇（常住人口或经济水平持续负增长），由于其在整个城乡体系中处于明显弱势，更要在空间增长约束机制中强调"城乡有别"，可考虑的具体措施如下。

（1）单列新增建设用地指标

当前"以不少于10%的建设用地指标发展乡村振兴产业"①的要求，已经在政策倾斜上较传统有了很大突破，但在实施过程中仍存在较强的不确定性。因为对于县级政府而言，投放于村镇地区的土地指标难有显著的经济收益，导致政策的执行极易出现偏离。更为有效的方式是实施有区别的土地供给政策：对于人口较少或持续收缩的村镇，新增建设用地的指标应该单列，并配套适应村镇的考核评价指标，从而避免相对强势的城镇地区对发展资源的过度侵占。

（2）豁免划定城镇开发边界

人口收缩的村镇地区，不仅其本身的发展机遇少、偶然性大，还可能有大量的永久基本农田、生态保护红线环绕，面临的发展限制性因素本已不少，城镇开发边界的划定更是难言有章可循。强行划定刚性管控极强的城镇开发边界，对生态底线的保护意义不大，却极易扼杀此类乡镇难得的发展机遇，徒增大量无意义的、"内耗式"的城镇开发边界调整工作②，进一步阻滞村镇地区的发展。因此，对于处于人口收缩的村镇，应相应减少增长抑制性制度设置。

---

① 根据中共中央 国务院印发的《关于抓好"三农"领域重点工作确保如期实现全面小康的意见》第二十四条，新编县乡级国土空间规划应安排不少于10%的建设用地指标，重点保障乡村产业发展用地。省级制定土地利用年度计划时，应安排至少5%新增建设用地指标保障乡村重点产业和项目用地。

② 根据中共中央办公厅、国务院办公厅印发的《关于在国土空间规划中统筹划定落实三条控制线的指导意见》，"城镇开发边界调整报国土空间规划原审批机关审批"。

3.3 稳步探索土地产权机制的创新

如前所述，作为村镇地区建设用地的主要类型，村集体建设用地的相关土地入市政策是最为严格的。2018年修订的《土地管理法》允许集体经营性建设用地入市①，这是集体土地产权制度改革的重要突破。但是对于许多乡村特别是偏远地区乡村来说，除了现状宅基地，基本不存在土地利用总体规划确定的"集体经营性建设用地"。在人口收缩的大背景下，大量宅基地闲置，既难复垦也无法盘活，进一步加剧人口收缩。因此，笔者建议针对人口收缩的村镇地区，应该稳步探索创新土地产权制度，如共有产权制度即为人口收缩村镇地区可以考虑的模式。具体而言，如果能考虑以下情形（包括但不限于）：1）以村集体经济组织控股（控股比例超过50%）；2）控制共有产权类建设用地占村庄总建设用地的比例；3）保留在特定情况下赎回的权利和其他前置条件，允许村集体建设用地以共有产权模式入市，对于盘活人口收缩地区的土地资产具有积极意义。否则一方面强调土地集约节约利用，另一方面坐视大量村集体建设用地闲置而不考虑任何形式的政策调整，同样有违"市场在资源配置中起决定性作用"[14]这一关键原则。

4 创新空间规划工具，实现村镇发展"增长管理"

4.1 潜在发展区

除了部分有特别的制造业、矿产资源禀赋的工矿镇外，大部分村镇主要的产业增长机遇还是在于现代农业、农业深加工、农旅结合一三产业联动等若干类[15]。从国内外的经验来看，对于村镇的产业增长机遇，既不可期望过高，也不可看得太低。以乡村旅游为例，随着中国人均GDP突破1万美元大关，高频次近郊旅游成为刚需，同时区域性交通基础设施网络以及社交网络、智能设备等信息通信技术逐步发展到位，许多村镇所处的发展环境已今非昔比，尤其在后疫情双循环时代，乡村旅游产业发展的想象空间十分巨大。这就要求村庄规划的研究团队大胆设想并小心求证，需要农业、旅游产业相关专业人士与时俱进地掌握相关产业的发展趋势，因地制宜地了解本地产业的阶段特点，提出兼具进取心和可行性（aspirational but deliverable）的产业发展愿景[11]。可通过在规划中划定"潜在发展区"明确对应所需的空间载体，包括相应的空间范围和发展建议，为村镇保留尽可能多的发展机遇。

"潜在发展区"本身并不需要成为刚性的空间管治工具，而是作为指引性的建议和导引，旨在帮助乡镇政府和村级自治组织更全面地发现和认识本地的发展潜力，并为承接各类公共财政和社会资本的投入做好准备。因此，"潜在发展区"的划定可以具有相当的灵活性，对于同样的空间甚至可以有多重的策略建议，规划针对不同预设场景提出应对策略，并相应于国土空间规划中配套划定"有条件

---

① 根据《中华人民共和国土地管理法》第六十三条，土地利用总体规划、城乡规划确定为工业、商业等经营性用途，并经依法登记的集体经营性建设用地，土地所有权人可以通过出让、出租等方式交由单位或者个人使用，并应当签订书面合同，载明土地界址、面积、动工期限、使用期限、土地用途、规划条件和双方其他权利义务。

建设区"。"潜在发展区"的可能性包括但不限于:

（1）现状可利用的、权属连片分布的空间，或有条件实现农用地连片使用权流转，从而实现农业产业化、现代化发展的区域;

（2）具备优越的自然景观或人文景观，有条件发展各种类型的乡村旅游、生态旅游的农林水用地及其必要的配套用地;

（3）有条件实现集中连片拆旧复垦、更新改造的乡村居民点，或是可作为集中建设新村居民点的潜在增量用地等。

4.2 增长保护线

增长保护线政策目前已经在许多城市地区中实施，对保护产业发展空间不受侵蚀起到了很好的作用，这一理念同样适用于村镇国土空间规划。乡村的产业发展空间具体包括本区域特色或具有重要经济价值的工农业生产区域和生产配套区域、具有重要旅游观光价值的区域，以及具有重要意义的产业设施（包括工厂、作坊等生产设施，酒店、民宿等接待设施，渡口、驿站等交通设施，集贸市场、商业街等商业设施等）。相较于永久基本农田保护线，增长保护线可以包括非建设用地和建设用地，并且在策略上因地制宜明确相关区域或设施的重要意义和需要重点保护的内容。相比于"潜在发展区"，增长保护线面向的对象是产业基础相对成熟的对象，管治要求也相对刚性且严肃。

但需要关注的是，保护还是要尊重市场的客观反馈，在强调保护的同时，要同步配套相应的退出机制，通过市场来寻找更优的资源配置，避免规划的某些滞后性和局限性。在此以位于英国北约克郡的哈罗盖特（Harrogate）为例。作为一个具有优越自然资源条件和交通区位条件的城市，旅游的发展对于当地经济发展尤其重要，其中酒店更是重要支撑和基石所在。《哈罗盖特地方规划（2014—2035）》（Harrogate Local Plan）和众多相关规划研究都意识到了酒店由于在经营上存在风险，存在着退化为住宅的可能性，因此《哈罗盖特地方规划（2014—3035）》对酒店用地和建筑的用途变更作出了非常严格的规定。如果业主意图将物业的用途由酒店改为住宅，那么其在提出申请时必须证明酒店已经委托专业机构开展了连续12个月的市场营销活动，说明酒店过往三年的入住率、过往五年相关资本金的投入情况，有关销售的细节，有关广告投放的细节、广告投放的时间与地点，以及因广告投放所产生的预期收入，说明自业主公告待售后产生的到访和谈判细节等诸多方面[16]。从以上一系列复杂严格的审核措施可以看出，对增长机遇的保护既要依托规划手段强调行政的强制性，也要以市场的眼光避免行政的局限性。这种灵活的管治方式能更好地适应市场对土地开发的需求，进一步鼓励社会资本的进入[17]，真正让有市场竞争力的资源回归市场，有效促进空间资源的合理利用。

4.3 低效预警线

在激励与保护村镇地区产业的同时，也需要对低效利用的土地采取相应的措施，这也是目前城市地区正在积极开展的工作。就村镇地区而言，典型的低效问题主要集中在农用地的闲置和村居民点空心化上[18]。这就造成当前我国非常矛盾的局面：一方面花费很大成本保护基本农田，另一方面土地产出效率很低。其中的根本原因还是在于农用地在经历改革开放初期的"私有化"后，使用权极度分散的局面在现行政策制度中尚未得到解决[19]，不利于农业产业化。尤其在我国南方，山区的占比很大、农用地形状不规整、连续平整土地少，更加剧了这一问题。

从规划角度看，必须对农用地使用权的再集中有所作为。从分散到集中，也是日本、韩国、中国台湾等东亚国家或地区在二战以后进行农业产业化的普遍经验[20]，当然这同时要立足于中国社会主义制度所确定的大前提。所以低效预警线的目的就是，对于单位土地产出水平明显低于正常生产水平的土地，应允许村集体对其使用权进行预回收和模拟流转（或可类比城镇地区的"挂账征收"，称之为"挂账流转"），进而进行市场对接。在市场对接成功之前不改变使用权的归属关系；成功之后，在合理保留原使用权持有人相关权益的基础上实施农用地使用权流转。

低效预警线的划定，本质目的是为土地资源的高效利用提供规划技术支撑，但也离不开制度政策支撑的完善。否则我国的农地保护空有数量没有质量，仍然不能彻底解决粮食安全和农业高质量发展的问题。当前我国城镇化率已达到63.89%（2020年）[①]，村庄建设用地依然占到了建设用地的62.13%[②]。可以说村镇土地的低效利用，更加突出了村镇人口收缩问题在我国国土空间规划体系的严峻性和复杂性。

5 结语

村镇人口收缩是工业化、城镇化积极发展的必然结果，但从发达国家城市化历程和经验来看，仍然有机会通过推动村镇经济社会的多元化发展、促进城乡要素交流来实现城乡发展的动态平衡。这需要国土空间制度政策的优化和规划工具手段的创新，从而真正建立起能够合理保护和促进村镇地区增长机遇的空间管治体系，进而有效推动我国乡村振兴和共同富裕的实现。

参考文献

［1］ Department for Environment, Food & Rural Affairs. Statistical digest of rural England［R］.（2021-11-25）［2021-12-24］. https://www.gov.uk/government/statistics/statistical-digest-of-rural-england.
［2］ 《广东农村统计年鉴》编辑委员会. 广东农村统计年鉴2018—2021［M］. 北京：中国统计出版社，2021.
［3］ 钟甫宁，向晶. 我国农村人口年龄结构的地区比较及政策涵义——基于江苏、安徽、河南、湖南和四川的调查［J］. 现代经济探讨，2013（3）：5-10.
［4］ 苏章娜，蒋定哲，邓明霞，等. 中美城镇增长管理工具比较研究［J］. 规划师，2020，36（18）：38-44.

---

① 数据来源：《第七次人口普查公报（第七号）——城乡人口和流动人口情况》。
② 数据来源：《第三次全国国土调查主要数据公报》。

［5］ 周游. 广东省乡村规划体系框架的构建研究［D］. 广州：华南理工大学，2016.

［6］ 陈锦富，任丽娟，徐小磊，等. 城市空间增长管理研究述评［J］. 城市规划，2009，33（10）：19-24.

［7］ 谭宇文，王磊，熊丽芳. 珠江三角洲村镇混杂区空间规划与管治策略［J］. 规划师，2018，34（1）：126-131.

［8］ 黄凌翔，段旭文. 村镇建设用地再开发的经验与问题［J］. 当代经济管理，2015，37（1）：46-50.

［9］ 吴次芳，韩昊英，赖世刚. 城市空间增长管理：工具与策略［J］. 规划师，2009，25（8）：15-19.

［10］ 张立，董舒婷，陆希刚. 行政体制视角下的乡镇国土空间规划讨论——英国、日本和德国的启示［J］. 小城镇建设，2020，38（12）：5-11.

［11］ 沈毓颖. 英国邻里规划的实践路径及其启示［J］. 城市建筑，2021，18（15）：45-47.

［12］ Ministry of Housing, Communities and Local Government. Town and Country Planning Act 1990［EB/OL］. (1990-05-24)［2021-12-24］. https://www.legislation.gov.uk/ukpga/1990/8/contents.

［13］ Ministry of Housing, Communities and Local Government. National Planning Policy Framework［EB/OL］. (2021-07-20)［2021-08-30］. https://www.gov.uk/government/publications/national-planning-policy-framework--2.

［14］ 胡锦涛. 坚定不移沿着中国特色社会主义道路前进 为全面建成小康社会而奋斗——在中国共产党第十八次全国代表大会上的报告［M］. 北京：人民出版社，2012.

［15］ 马禄. 乡村振兴视角下农业产业化创新模式研究［J］. 山西农经，2021（15）：154-155.

［16］ Harrogate Borough Council. Harrogate district local plan 2014-2035［EB/OL］. (2020-03-04)［2021-08-30］. https://www.harrogate.gov.uk/planning-policy-guidance/harrogate-district-local-plan-2014-2035.

［17］ 邓丽君，栾立欣，刘延松. 英国规划体系特征分析与经验启示［J］. 国土资源情报，2020（6）：35-38.

［18］ 朱欲晓. 乡村振兴背景下农业产业化发展的困境与对策分析［J］. 农村实用技术，2021（6）：5-6.

［19］ 王宏新. 乡村振兴、城乡融合与农村土地储备制度［J］. 贵州省党校学报，2020（2）：43-48.

［20］ 孙力. 中日韩现代农业发展与政策调整比较研究［D］. 长春：东北师范大学，2007.

人口收缩背景下的英国乡村可持续发展策略及其对我国的启示

Sustainable Rural Development Strategy in Britain Under the Background of Population Shrinkage and Its Enlightenment for China

黑清敏

Hei Qingmin

摘 要 虽然近年来我国城镇化发展迅速，但居住在乡村的人口仍占全国总人口的36.11%，农村仍然是我国发展的重要地区。然而由于乡村地区的人口收缩严重、经济产业衰败、土地撂荒以及公共设施配套和服务不足，形成了人口不断外流的恶性循环。如何打破这一恶性循环，促进乡村可持续发展，一直是研究的难点和热点。本文通过梳理研究英国在人口收缩背景下不同时期的政策实践，总结分析英国促进乡村可持续发展的经验，并结合我国乡村人口锐减的实际情况，提出促进我国乡村地区可持续发展建议，以期为我国乡村地区发展提供借鉴。

关键词 英国乡村可持续发展政策；乡村人口收缩；乡村可持续发展；农业政策；多产业协同

Abstract In recent years, although China's urbanization has developed rapidly, the population living in rural areas still accounts for 36.11% of the country's total population, and rural areas are still important for China's development. However, the serious population shrinkage, the decline of economy and industry, the abandonment of land and the lack of public facilities and services in rural areas have formed a vicious circle of continuous population outflow. How to break this vicious circle and promote rural sustainable development has always been the difficulty and hotspot of research. By combing and studying the policy practice of Britain in dealing with a series of problems in different periods under the background of population shrinkage, this paper combs and analyzes the experiences of Britain in promoting rural sustainable development. Combined with the actual situation of the sharp decline of China's rural population, this paper puts forward some proposals on promoting the sustainable development of China's rural areas, to provide reference for the development of China's rural areas.

Keywords British rural sustainable development policy; rural population shrinkage; rural sustainable development; agricultural policy; multi-industry collaboration

引言

　　我国乡村常住人口自1990年开始减少。2020年第七次全国人口普查主要数据显示，截至2020年，我国户籍人口城镇化率为45.4%，而居住在城镇的人口占全国总人口的63.89%，居住在乡村的人口占全国总人口的36.11%。与2010年第六次全国人口普查相比，乡村人口比重降低了14.21个百分点[1]。虽然我国城镇化发展取得了显著成就，但仍有超过1/3的人口常住乡村。户籍人口城镇化率

黑清敏，四川大学建筑与环境学院城乡规划学，硕士研究生。

低于城镇常住人口比率，表明有将近20%的城镇常住人口的社会保障需要乡村承担，因此农村仍然是我国发展的重要地区。然而在城镇化浪潮、初级产业收入低、科学技术不断提升等多方影响下，我国乡村人口持续收缩，大量乡村生产要素涌入城市，导致乡村地区出现产业衰退、经济衰败、就业衰落、乡村社会分化、生活质量低、环境恶化等问题，乡村发展陷入恶性循环。

2017年党的十九大报告指出，农业农村农民问题是关系国计民生的根本性问题，要实施乡村振兴战略，指出农村要走城乡融合发展之路，要确保国家粮食安全，把中国人的饭碗牢牢端在自己手中，要多渠道增加农民收入。近年来国家也相继出台了一系列支持乡村发展的政策，表现出了国家对乡村可持续发展的重视。

在中国农村发展全面向社会主义市场经济体制转轨后，学术界对中国乡村发展的研究侧重于农业的可持续性及其面临的挑战、农业与农村经济的可持续发展、城乡二元关系、乡村生产要素流失以及农村改革与城乡统筹发展等方面[2]。随着农村景观和精神价值再次被发掘，在后生产主义思想影响下，学术界开始关注乡村去农业化、乡村旅游开发等转型发展研究。

在当今社会背景下，我们不可再复制西方工业化国家先牺牲乡村换取城市繁荣，再通过郊区化、逆城市化来重新发展乡村的道路，中国必须同步实现快速城镇化和乡村转型振兴，所以需要深入研究发达国家的乡村发展政策以资借鉴。

英国的乡村人口收缩受工业革命、城市化影响早于中国，在面对人口流失、经济社会衰退等挑战时，英国曾开展大量实践振兴乡村，并取得了一定成效，其乡村发展的研究和政策在国际上一直处于领先地位。虽然我国乡村和英国乡村在人口收缩机制上存在一定差异，但如今我国面对的农业收入低、农村经济单一化、公共设施缺乏等乡村问题，与英国乡村在发展进程中曾面对过的问题较为相似。本文通过总结英国振兴乡村的经验，并结合我国实际情况，提出更具针对性的乡村振兴建议，以期为我国乡村发展提供借鉴。

1 英国乡村人口不断收缩的成因分析

商品经济、城市的兴起和发展成为最初城市吸引农业人口迁移的拉力，自此农业人口开始流向城市。15世纪起，英国农业通过圈地运动由封建农业逐渐转向资本主义农业，不断有农民因失去土地而转移到城市[2]。

18世纪初，英国乡村成为最先受到资本主义、工业革命和全球化浪潮影响的地区。1750年通过了与私有化相关的法案后圈地运动加速，农民基本丧失土地权，产生了基于租赁和薪金的新型农业生产秩序。土地基本被地主占有，佃农作为农业雇佣者参与农业劳动，农业生产者与生产资料脱离且收入降低。与此同时，工业革命推动各类资源向城市聚集，工业化大生产提供了大量工作岗位，城镇凭借更多的就业机会、更高收入的工作和更好的生活条件吸引农业人口从农村迁出，开启了农民迁移城市的浪潮[3]。

18世纪到19世纪，英国国家经济从农业向工业化转变，乡村地区出现了乡村制造业、采矿业等为城市的工业发展提供服务的新兴乡村产业，乡村经济呈现多样化趋势，但由于资源储备少、外国进口资源更廉价等原因，这些产业很快衰落，乡村就业机会再一次减少，人口外流[3]。

19世纪末，全球贸易快速发展，北美、南美以及俄国的廉价农产品进入英国农产品市场，冲击了英国农业在英国农产品市场中的垄断地位，以致到20世纪初，英国大部分农产品都依赖进口，国内农业收益极低，从事农业生产的人口数量不足国内工人总量的1/10，种植业濒临崩溃，农业人口再次锐减[3]。

进入20世纪后，英国意识到乡村问题的严重性，开始制定政策应对乡村就业的衰退，促进乡村产业发展，保护乡村环境，当时的规划师阿伯克隆比（Abercrombie）认为"为了保护乡村，最不必要的事情就是减少人口"[4]。

第二次世界大战使英国政府意识到必须减少对农产品、木材、煤矿等初级资源进口的依赖性，乡村农业必须保障粮食安全。英国乡村经济进入了"生产主义时代"，从1945年到20世纪70年代中期，政府出台一系列措施以繁荣第一产业并提高第一产业生产力。提高农业生产力意味着大规模使用机械化设备代替人力劳动，产量增加的同时也带来农业就业的持续下降，与政府最初预计的大力发展农业可吸引人员回流相反，全职、兼职和季节性农业的就业人数都在减少。1945～1965年，英国农村地区农业就业机会损失了35%以上，农民数量从60年代初的大约45万人减少到70年代中期的大约25万人，只占英国全国人口的2%，农业工人收入水平提高，但人口流失严重。如果将全部农产品部门都计算在内，70年代中期的实际农业劳动人口占英国劳动人口的10%左右，但很多与农业相关的就业是基于城市地区而非乡村地区的。普通务农家庭单纯依靠农业难以维持生计，农业成为务农家庭的次级收入来源。农业的机械化和集约化变化不仅使农场所需的劳动力数量减少，还提高了对劳动力的要求，农场所需的劳动力需要具备一定技能甚至接受过农业学院的专业训练，部分农场雇员被来自城市地区的新移民替代[3]。

20世纪60年代以后，乡村地区形成了人口不断外流的恶性循环。在城市的拉力下，乡村人口不断流失，乡村经济衰落，就业岗位减少，公共设施使用率降低，以至于为节约成本而关闭，乡村人口无法在乡村地区维持生产生活，更难以享受社会服务，不得不去城市寻找更多的生产生活机会，因而乡村人口继续减少。与此同时，农村开始进入后生产主义时代，出现了去农业化倾向，政府推动乡村多产业协同发展以促振兴。

虽然乡村人口仍在不断降低，但"候鸟"人口开始有所增加，并影响着乡村经济，一定程度上减缓了乡村原住人口的外流。随着工业发展造成的城市环境衰败和城市生活水平提高，逆城市化进程开始，相对富裕的城市人口出现了移居乡村地区以提高生活质量的趋势。这些富裕的城市人口成为乡村地区缓慢人口增长的来源，他们被称作"服务阶层"，在一定程度上改善了乡村地区的经济，但这些人通常只会迁入距离城市最近或环境质量较高的乡村。他们中部分是因为乡村生活成本低、居住条件环境优美而选择居住在乡村、工作在城市的通勤人口，也有每年到乡村地区度假半个月甚至几个月的富裕家庭，还有部分到乡村疗养的退休人口。这些"候鸟式"迁入人口促进了乡村服务业的发展，一定程度上提升了乡村的活力，却也提高了乡村房价，导致乡村住房紧缺，致使部分乡村原住人口的后代无力承担高房价而流入城市，或使部分靠务农难以维持生计的家庭卖掉乡村住房涌入城市。这些"候鸟式"人口并不是完全意义上的乡村地区人口，他们虽然激活了旅游业和服务业的发展，但季节性的需求并不能为旅游业和服务业提供稳定的收入来源，在一定程度上还剥夺了乡村人口在乡村继续生活的权利[3]。

2 不同发展阶段的英国乡村可持续发展策略

从城乡发展进程的角度来看，工业化大生产使土地、金钱、人口等各类资源向城市集中，乡村的规模化、机械化生产降低了对劳动人口的需求，乡村人口收缩无法避免，但国家仍可以通过采取政策支持和补偿乡村流失资源等方式，减缓人口收缩速度甚至使城乡人口比例保持稳定，以减缓乡村衰退，实现经济稳定甚至乡村整体复兴。

英国农业革命后到20世纪初，其产业政策出现"重工轻农"的转变，农业发展水平一度停滞，自此国家开始干预乡村经济[5]。两次世界大战突显了在乡村发展中保证粮食安全的战略意义，在这样的政治背景下，英国乡村发展于二战后进入了生产主义时代，国家出台了一系列措施来繁荣乡村地区的初级产业，并减少英国对外来进口产品的依赖。70年代以后，国家安全不再作为乡村发展的首要目的，乡村需要寻找初级产业之外的发展方向，乡村地区经济开始出现从生产主导到消费主导的转变[6]。

2.1 二战前

19世纪末到20世纪初，英国乡村土地所有权变更，城镇出现大量就业岗位，海外廉价农产品冲击本土市场，100年间农业劳动人口比例从占劳动人口的1/3降至不足1/10，乡村种植业面临崩溃，就业衰退，农业产出和生产力水平下降。

为重振乡村经济，1909年英国成立开发委员会（Development Commission），负责管理用于协助农业、乡村工业、林业、水利、垦荒、渔业、国内船业、乡村交通和港口的基金，该委员会的成立是英国迈出干预乡村经济事务的重要一步。1921年建立乡村产业智囊局（Rural Industries Intelligence Bureau），负责为复兴乡村手工业提供培训和指导服务。

除成立行政组织进行生产引导外，一系列紧急补救措施出台：一是对农业生产进行补贴，在1932年《小麦法》（Wheat Act）中确定，当小麦市场价格低于标准价格时由英国政府负责补足差额，并限定了补助规模；二是整合和调整农产品市场，在《农产品市场法》（The Agricultural Marketing Act）中通过允许农产品生产者联合起来组成协会参与定价的形式，联合农场主并提升其议价能力，推动农产品标准的统一[7]。

2.2 生产主义时代

二战后，保证国家粮食安全成为乡村发展的重要政治任务，乡村经济进入生产主义时代。这一阶段政府政策意在提高农产品的生产力并保护农业生产用地[8]。

2.2.1 农业支持政策

战争使得繁荣农业的重要战略意义被普遍接受。1947年修编的《农业法》（Agricultural Act）以保证农产品价格和市场为核心稳定农业，目标是既保证国内农产品需求，又保证农场主、农业工人和地主的适当收入与生活水准。该法又分为农业补偿和发展要求两部分：一方面明确所支持的农产品范围，并引入年度评估（annual review）制度估算农产品最低价格和补贴标准，市场开放后通过差额补贴支持生产者；另一方面也对租佃农场主和地主提出土地耕种收割、病虫害防治等具体要求，并明确当农场主和地主未能按要求进行农业生产时，政府有权剥夺其土地所有权[7]。

1957年《农业法》（Agricultural Act）修订后提出为农业改进和农场规模化经营提供资金支持，除既有的价格保证政策外，通过引导农业投资、机械化发展等方式推动农业支持政策向提高农业生产力的方向转变。

二战后英国的农业政策极大地促进了农产品产量的提高，1984年食品自给率达到峰值78%。农业总产出持续增长，农业从业人数不断下降，但是农业劳动生产率总体呈不断上升趋势。农药、化肥、农业机械的使用越来越普及，大量资本的投入为农业增产提供了保障，土地生产率即单位面积产出也出现显著增长，如1960～1984年，土豆每英亩产量从8.8t增长至13.67t[7]。

2.2.2 农业用地的保护

除了促进农业增产外，英国政府也致力于从根本上增强农业竞争力，优化农业农地结构。在土地产权上，通过收税、降低农地社会附加值等方式推动土地从大地主手中流向自耕农，又通过鼓励自耕农合作提高经济效益。

这一时期乡村的相关规划都在维护乡村农业的战略地位。"乡村地区的土地使用"计划提出编制农业长期发展规划，确保农业的稳定增持，抑制乡村地区除了农业生产以外其他产业的发展。1947年英国《城乡规划法》确定所有土地的开发权收归国有，乡村土地受到较为严格的控制。乡村地区规划核心是严格保护用于耕种的"白地"，为农业提高生产效率创造机会，通过颁布"绿化带"政策保护农业用地和农村土地，防止了城市蔓延带来的乡村建设用地流失，还设置了"国家公园"来保护农村地区的景观，并保持农村土地的用地性质[9]。

2.3 后生产主义时代

随着农业生产效率的极大提升，英国不再固守"最大化家庭初级产业产出以保障国家安全"的乡村发展核心思路，乡村经济已经不再被"以土地为基础的生产部门"所主导，乡村的景观价值和休闲价值提升[9]，国际上欧共体成立并推行"共同农业政策"（The Common Agricultural Policy，CAP），乡村地区在后生产主义影响下开始转变为综合生产和消费型地区。在此背景下，英国出台了一系列政策推动乡村多功能发展转型。

2.3.1 通过重构生产者和消费者间联系通道保护农业生产者的利益

为了降低全球食品体系对英国本地农产品的冲击，提高国家在调节产品及其价格以及社会关系方面的影响力，维持乡村地区农业所产生的经济社会价值，不仅消费者和农民组织起来与强加到他们身上的全球自由贸易体制抗衡（群众发起了以自行组建的农民市场为主的本地食品运动），农业和粮食未来政策委员会在《农业和粮食：一个可持续的未来》（*Farming and Food: A Sustainable Future*）中也探索了将消费者和生产者联系起来的方式。具体政策包括支持农民在直径70mi（1mi约合1.6km）的范围内以个人的形式将产品销售给消费者，在英国范围内建设400个农民市场，如今已超过这个目标[10]。

2.3.2 成立开发委员会支持乡村多产业协同发展

虽然农业等第一产业在乡村经济中占据重要地位，但乡村经济并非只能依赖第一产业，也不是不能支持其他产业在乡村发展。相反，非农经济作为传统农业地区的新经济动力，为农业活动提供重要支持，为地区经济多样性创造了条件。如果乡村第一产业要持续发展，其他产业必须同步有所进展，各产业相互协同才能促进经济发展，尤其是英国国家经济在经历了从农业向工业化转变之后，促进乡村经济的多样性发展显得越发重要。

除国家成立的开发委员会之外，英国各地区也会成立各种类型负责不同专项的开发委员会，如威尔士中部产业开发协会（Mid Wales Industrial Development Association）、苏格兰高地和岛屿开发委员会（Highlands and Islands Development Board）等。开发委员会通常会与地方政府合作，减缓当地乡村就业的衰退，为偏远乡村引入新制造业，支持乡村服务业，包括旅游观光以及相关产业。这些机构及其采取的措施成了二战后英国乡村就业增长动力的重要来源，并通过试点和改革的方式来鼓励更加成熟和专业化的乡村经济开发与市场营销方式，强调地方灵活性。开发委员会采取措施吸引新制造业落户乡村，政府采取商业支持、培训等支持企业活动的措施，使乡村成为小型企业的聚集地。

2.3.3 重视环境保护，发展生态有机农业

随着环保主义的兴起，人们开始反思现代农业的危害性。1981年《野生动植物和乡村法》（Wildlife and Countryside Act）开始对破坏国家公园景观的一些农业活动予以限制和纠正。1986年修编的《农业法》正式提出设立"环境敏感区"，次年英国农业渔业及食品部（Ministry of Agriculture, Fisheries, and Food，MAFF）推出"环境敏感区计划"作为具体的执行方案。该计

划本着自愿原则，由政府与相关农场主和地主签订为期五年或十年的合同，在此期间前者向后者提供资助，后者采用合同所规定的形式进行耕作和经营，以实现对乡村景观、生态和史迹的保护。

有机农业是英国政府大力发展的另外一个重要领域，英国政府于1994年推出了有机农业援助计划，1999年又推出了有机农业计划并取代前者。

2003年，欧盟对共同农业政策进行了重大变革，引进了单一农场补贴机制。从此以后，农业补贴不再与产量挂钩，并且该机制中的交叉遵守原则要求农业活动必须满足一定的生态与环境标准。在欧盟各国中，英国率先决定执行这项改革。2005年，单一农场补贴机制在英国正式生效，针对英格兰境内的所有农场主设定了一系列农业活动的标准。到2007年，英国的农场植物多样性显著提高，增幅高达60%[7]。

2.3.4　支持乡村旅游业发展

城市生活生态环境恶化和小汽车带来的交通便捷等因素，使得乡村地区因为具备"乡村田园风光"的价值而成为休闲目的地。对乡村风光和自然环境的保护成为英国乡村发展政策的核心。1986年英国《农业法》修编要求注意"保护自然风景和提升乡村舒适度，促进公众对乡村地区的喜爱"。1987年英国环境部（Department of the Environment，DoE）颁布的文件明确指出，乡村政策的目标已经从"保护农业经济和耕地"转变成"平衡乡村地区的自然环境质量与乡村社区的生活质量"[9]。在此阶段，政策逐步聚焦如何缓解休闲娱乐开发与自然资源保护之间的矛盾。

2.3.5　满足乡村社区的需求变化

乡村经济变迁导致乡村需求分化，整体经济水平的提升使得乡村居民对公共服务设施的要求提升。因此，公共设施的提供水平会影响乡村人口的去留和"候鸟式"人口的迁入，甚至影响乡村经济发展。

英国政府和乡村社区通过提高补贴来支持服务设施，同时鼓励社区行动和志愿行动。志愿者可作为"交通组织者"协助管理交通，或成为社区中心等地方设施的管理者；地方群众可通过提供社会公用小汽车或迷你公共汽车等方式来协助维持地方服务设施；地方居民可以参与乡村社区议会组织的地方商议会，还可以参与地方战略性合作项目，并对地方社区所处的郡内公共设施规划提出建议[3]。

2.4　新发展阶段

2008年经济危机后，英国进行空间规划体系改革以适应地方经济发展。伴随着《地方主义法》（2011年）和《国家规划政策框架》的出台，英国乡村规划也出现了相应变化。乡村地区的地方政府与邻里社区和城市地区一样获得了较大自主权，可以制定住房、发展、保护等项目计划，公众参与积极性增强。在《国家规划政策框架》中，"乡村"一词只存在于"支持繁荣的乡村经济"一章中且作为大标题存在，涉及乡村地区规划和发展的内容则被编入各相应章节中，不再单独出现。英国空间规划体系改革使得乡村规划和乡村地区作为国土空间及其规划的组成部分，与其他规划要素融合在一起[11]。

3 我国乡村人口收缩和发展情况

3.1 我国乡村人口收缩机制分析

我国乡村人口收缩情况与英国并不完全相同。新中国成立初期，城乡居民可以自由地在城市和乡村流动。1957年12月18日中共中央、国务院联合发布《关于制止农村人口盲目外流的指示》，要求切实做好制止农村人口盲目外流工作，公民由农村迁往城市受到严格的管制，但城市居民可以随意迁往农村。从1958年到改革开放前，我国农村实行的是人民公社的土地集体所有制，统一生产、统一分配。国家严格控制城镇化速度，通过知识青年上山下乡、干部下放农村等方式压缩城市人口，所以这一段时间乡村人口不但没有收缩反而因大量城市人口迁往农村而有所增长。

改革开放后，农民开始涌入城市。我国农村实行家庭联产承包责任制，将土地所有权和承包经营权分设，所有权归集体，承包经营权归农户。与此同时，国家开始加速城镇化，不再限制人口在城市和农村间的流动，大量农民工为获得更多的就业机会和更高的收入涌入城市。2014年12月29日，十三届全国人大常委会第七次会议表决通过了关于修改《农村土地承包法》的决定，实行土地三权分置改革——所有权、承包权、经营权分置并行。农民生产生活空间不再局限于农村，农民出现季节性流动，即农忙时回家种田，农闲时外出打工。

由于农民有权经营的土地面积既小又分散，缺少有组织的田地流转再分配，再加上我国幅员辽阔、地形复杂，因此我国大部分农村还未能大面积推行机械化生产，土地对劳动力的需求依然较高。但是由于农业生产周期长、劳动投入大但收入过低，多劳不能多得，单纯务农不能维持家庭生活，乡村就业机会又少，而城市的发展建设又提供了大量以劳力为主的低级就业岗位，城市可提供的工资远高于务农所得，所以农村较多有劳动能力的人口都进入城市寻找就业机会，在城市进行生产生活。

根据我国关于乡村收缩的研究可知，我国乡村收缩总体情况是大量青壮劳动力流向城市，农业发展滞后，农村土地空置，乡村人口结构失调，产业与基础设施"空心化"，城乡脱节，乡村社会经济整体落后[12]。

3.2 我国乡村可持续发展面临的挑战

3.2.1 农业根基不稳，农田撂荒

我国农产品价格低、农业回报低。我国对农业的补贴先后采取了主要补贴生产资料，以保护价收购粮食，取消农业税直接补贴种粮农民等措施。总体来看，有些政策烦琐复杂，实际操作困难，补贴

成本高而农民实际到手少，对改善农业经营模式或调整农业生产方向的引导意义不足，未能激发农业活力[13]。在投入产出比较低的情况下，农民从事农业种植积极性不高，导致大量农田撂荒。

3.2.2　农村经济仍以农业为主体，经济结构单一

我国大部分农村的经济收入主要依靠单纯的农业种植，缺乏资金、技术、人才的引领，第二、三产业发展薄弱，消费也以满足基本生活需求为主，交通、康养、娱乐等方面消费低。虽然部分南方发达地区的乡村通过发展乡村工业或旅游业实现了乡村振兴，但我国乡村整体经济结构较为单一，且务农不能维持生计，人口只能流入城市寻找就业机会，不利于农村可持续发展。

3.2.3　农村公共设施缺乏，农村人口生活质量低

我国农村公共设施普遍缺乏，在政府的投入和支持下，村镇内基本配备了幼儿园、小学、卫生服务站等基本公共设施。但由于农村人口少，设施、设备和服务偏低端或不完善，难以满足居民的需要，导致设施使用人口更少，运营困难以至于大部分设施闲置。同时，随着农民素质的提高，其对精神生活的需求、对公共服务质量的要求也在提高，促使农村人口向城市转移，谋求更好的生活。

4　英国乡村可持续发展策略对我国的启示

4.1　利用农业补贴政策引导农业可持续发展

农民不再从事农业生产的主要原因是农业收入低而投入大，所以若想让农民继续从事农业，必须给予农业补贴。创新农业补贴方式，一方面仍保留价格保护、直接补贴的辅助补助手段；另一方面将补贴条件向农业可持续发展方向转移，通过补贴机械化设备、新型农业技术学习费用等方式引导农业可持续发展。

4.2　推动乡村第一二三产业融合发展，丰富乡村经济结构

成立专业的乡村振兴组织，在对各村资源进行充分调查分析的基础上，因地制宜结合各村第一产业发展相关手工业、制造业以及旅游业，延伸扩展其产业链，推动乡村第一二三产业融合发展。挖掘乡村特有文化，综合治理乡村环境，完善乡村旅游配套设施，积极推动乡村旅游业发展。

4.3　创新乡村公共设施提供机制，推动多方协同运营

政府仍是承担公共设施建设的主要投资者，但不再负责具体建设和运营维护工作。政府可通过提供建设基础材料、提供公共设施建设和运营就业岗位的方式调动乡村居民维护公共设施的积极性，并制定相关考核机制监督运营工作，达到保障公共设施、提供就业岗位、推动经济发展、提高生活水平等多个目的。

5 结语

本文通过梳理英国近几个世纪以来乡村人口收缩带来的乡村衰退情形及其政府的应对政策，可知英国在振兴乡村的路程上经历了不断地实践探索，其认知随着对乡村内涵、作用和地位的理解不断加深，乡村发展的指导思想也历经了从生产主义到后生产主义再到城乡融合发展的转变。不同发展阶段的侧重点不同，前一个阶段取得有效成果的同时，可能会产生推动下一个阶段发展的新问题。例如，英国在生产主义时代通过对农业生产资料的支持、农业用地的保护、农产品价格的保障实现了农产品的极大丰富、农业生产效率的极大提高，同时带来的环境污染、产业单一化等问题要求农业发展不得不调整发展方向，于是乡村在后生产主义思想指导下进入新发展阶段，政府出台政策鼓励多产业协同发展，保护农业生产者利益，推进有机农业并改善农民生活等，乡村作为城市居民旅游目的地得到了一定的发展，同时乡村对城市过度依赖而自主权衰微的问题凸显，因此英国乡村转向继续探寻城乡融合发展的道路。英国政府从每个阶段发展中总结经验后再实践，逐渐积累形成了切实有效的推动乡村发展的策略方针。同时，英国政府也积极推动民众、学者与管理部门相互配合，积极参与乡村发展建设，不断探究新的乡村发展理论和技术。基于此，本文希望借助英国乡村可持续发展的成功经验带给我国乡村发展一些启示，并为未来乡村发展研究和政策制定提供借鉴。

参考文献

［1］ 国家统计局. 第七次全国人口普查公报（第七号）［R/OL］.（2021）［2022-03-29］. http://www.stats.gov.cn/tjsj/tjgb/rkpcgb/qgrkpcgb/202106/t20210628_1818826.html.

［2］ 龙花楼, 胡智超, 邹健. 英国乡村发展政策演变及启示［J］. 地理研究, 2010, 29（8）: 1369-1378.

［3］ 尼克·盖伦特, 梅丽·云蒂, 苏·基德, 等. 乡村规划导论［M］. 闫琳, 译. 北京: 中国建筑工业出版社, 2015.

［4］ ABERCROMBIE P. Town and Country Planning［M］. Oxford: Oxford University Press, 1959.

［5］ 沈汉. 英国土地制度史［M］. 上海: 学林出版社, 2005.

［6］ 于立, 那鲲鹏. 英国农村发展政策及乡村规划与管理［J］. 中国土地科学, 2011, 25（12）: 75-80, 97.

［7］ 任有权. 17世纪中叶以来的英国农业政策［D］. 南京: 南京大学, 2014.

［8］ Ministry of Works and Planning. Report of the Committee on Land Utilisation in Rural Areas［R］. London: His Majesty's Stationary Office, 1942.

［9］ 闫琳. 英国乡村发展历程分析及启发［J］. 北京规划建设, 2010（1）: 24-29.

［10］ Policy Commission on the Future of Farming and Food. Farming and Food: A Sustainable Future［R］. 2002.

［11］ 贾宁, 于立, 陈春. 英国空间规划体系改革及其对乡村发展与规划的影响［J］. 上海城市规划, 2019（4）: 85-90.

［12］ 章昌平, 米加宁, 黄欣卓. 收缩的挑战: 扩张型社会的终结还是调适的开始?［J］. 公共管理学报, 2018, 15（4）: 1-16.

［13］ 吴传钧. 中国农业与农村经济可持续发展问题: 不同典型地区市政研究［M］. 北京: 中国环境科学出版社, 2001.

大都市圈内收缩村镇的未来发展策略
——新陈代谢视角下阿姆斯特丹经验借鉴

Future Development Strategies for Shrinking Villages and Towns in Metropolitan Areas: The Amsterdam's Experience from the Metabolic Perspective

陈思敏　刘伟奇

Chen Simin, Liu Weiqi

摘　要　随着大都市圈内城乡发展不平衡现象的加剧，部分边缘村镇收缩现象显著且持续，大都市圈内处于收缩状态下的村镇未来如何谋求发展成为当务之急。本文创造性地将城乡新陈代谢理论和大都市圈内村镇收缩问题相结合：首先通过城乡新陈代谢理论分析了大都市圈中的边缘村镇为何出现收缩；然后，对荷兰阿姆斯特丹大都市圈中的循环经济即城乡系统中废弃物的流通进行了研究，并结合欧洲REPAiR项目分析了阿姆斯特丹大都市圈内循环经济的相关实践；最后，进一步探索了我国大都市圈内部的收缩村镇未来如何开展"有序收缩"和"精明收缩"，以期为我国城市规划者和决策者制定更合适的战略、计划和政策提供新思路。笔者认为，循环经济有助于打破城乡间资源单一、单向、封闭的流通体系，而废弃资源再利用对于更可持续和更具包容性的村镇增长至关重要。

关键词　村镇收缩；城市新陈代谢；阿姆斯特丹大都市圈；循环经济；废物资源

Abstract　With the aggravation of the unbalanced urban-rural development in the metropolitan areas, some villages and towns continued to shrink significantly, and the future development of the shrinking villages and towns in the metropolitan area has become an urgent task. This paper creatively combines the theory of urban and rural metabolism with the shrinkage of villages and towns in metropolitan areas: firstly, it analyzes the shrinkage of marginal villages and towns in the metropolitan area through the urban-rural metabolism theory; then, it studies the circular economy especially the circulation of waste in the urban-rural system in the Amsterdam metropolitan area of the Netherlands, referring to the European REPAiR project to analyze its practice of circular economy; finally, it further explores how the shrinking villages and towns within China's metropolitan area should carry out "orderly shrinking" and "smart shrinking" in the future, which will help Chinese urban planners and decision makers to formulate more appropriate strategies, plans and policies. We argue that circular economy can help break the single, unidirectional and closed circulation system of resources between urban and rural areas, shifting to a more circular resource flow, especially the reuse of waste resources, is critical to achieving more sustainable and inclusive rural growth.

Keywords　rural shrinkage; urban metabolism; Amsterdam metropolitan area (AMA); circular economy; waste resources

陈思敏，硕士，江苏省规划设计集团有限公司，助理规划师。

刘伟奇，硕士，江苏省规划设计集团有限公司，高级城市规划师。

1 城市（乡）新陈代谢理论与村镇收缩

1.1 城市（乡）新陈代谢理论

"新陈代谢"这一概念本是生命科学领域描述生命有机体为维持生命而进行的物质能量交换过程，既包括从外界摄取营养物质并转化为自身物质、储存能量的过程，也包括排出代谢物、释放能量的过程[1]。1965年，美国土木工程师沃尔曼（Wolman）首次将生物领域的"新陈代谢"概念引入城市研究领域[1]，便立刻引起了欧美学界的关注。肯尼迪（Kennedy）将"城市新陈代谢"定义为"城市中一切技术活动和社会经济活动产生的增长、能源生产和废物消除"[2]。城市新陈代谢理念依托模型，描述和量化进入城市被使用后流出城市（或储存在城市中）的主要流量（如材料流、能源流、服务流、人力流等），从而观察并评估城市的生产力水平和系统效率。

我国学者宋涛等认为城市新陈代谢是城市投入资源、能源、人力，产出产品、服务、废弃物的有机过程，涉及区域、城市等多个空间尺度。对城市及其腹地的资源流和能源流的系统性分析是城市新陈代谢研究的核心问题[3]。近十多年来，随着我国城镇化进程高速发展，部分大城市和特大城市规模持续扩大，人口不断增长，并吸纳周边欠发达地区的小城市或村镇作为其腹地。城市新陈代谢在空间实体上逐渐演化为城乡新陈代谢，而这一理念也为衡量大都市圈区域系统内城市之间、城乡之间主要流量的输入和输出，并为得出系统要素利用和资源产出效率的相关结论提供了可能。

1.2 城乡新陈代谢失衡导致都市圈内部分村镇收缩

近20年来，伴随新型城镇化战略的推进，目前我国村镇在数量和体量上存在着双重收缩现象，且收缩趋势仍在持续，这已然成为大多学者的基本共识[4]。在大都市为主导的城镇化战略下，大都市圈内的大城市主动扩张，导致边缘村镇被动性收缩，都市圈内城乡发展极度不平衡，形成了"灯下黑"现象。这是因为大都市圈内"城乡二元分割和乡村单项供给"[5]，即都市圈核心区不断虹吸着优质生产要素和生产资料输送，边缘村镇吸纳人口能力迅速下降，从而产生了人口、经济、社会、环境和文化全面衰退的现象。城市都市圈系统中的部分村镇局部凋零、衰亡（包括收缩过程）均可视作城乡系统新陈代谢的必经阶段，而村镇的相对封闭性和城乡的体制隔离性是其收缩的问题所在。因此，在思考收缩村镇的未来解决路径时，不能一味地安排劳动力或原始资本等要素由城市向乡村流动转移以期摆脱固有困境。

笔者认为，都市圈内的部分村镇收缩其实是一种城乡二元结构的锁定产物，而基于新陈代谢视角的资源循环和流通可以协助打破这种局面。

2 大都市圈内村镇收缩的特点和动因分析

从收缩现象发生的尺度，吴康等将我国收缩城市分为三类：第一类是边缘地域对核心城市的依附性收缩（如我国欠发达地区的局部收缩和大都市外围中小城镇以及县域乡村的普遍收缩），第二类是特大城市去工业化后的收缩，第三类是我国特有的行政区划调整引起的收缩[12]。其中，大都市外围中小城镇和县域乡村收缩是本文的讨论重点。虽然大都市圈整体处于增长期，但都市圈中的部分地区也可能表现出差异性，正经历着人口流失和经济衰退。一般来说，大都市圈外围地区在竞争中普遍处于劣势，面临人口、资金等生产要素的流出，陷入萧条和衰败的恶性循环，引发边缘地区的收缩[13]。与此同时，大都市圈内出现了城镇人口持续减少和城镇空间进一步扩张的悖论[6]。目前学界对于收缩成因主要从内外部驱动力的角度探讨，但缺少将城乡作为有机生命体并从能源流通的角度探索村镇收缩现象的研究，本文试图从城乡新陈代谢的视角剖析村镇收缩现象的两个内在动因。

2.1 大都市圈内村镇自主新陈代谢断裂

一般来说，大都市圈内的边缘村镇地区与核心城市分别处于供给端和消费端，并作为独立的生态系统而存在。边缘村镇向城市提供（初加工）原材料等"生长资源"，核心城市迅速消化产生副产品并排解出"代谢废料"。这曾经是一种成功且行之有效的生产分工模式，但资源的"马太效应"不可避免地会造成资源集聚。城乡联系越紧密、生产生活活动越活跃的区域，城乡的新陈代谢作用就越容易对大都市圈内的村镇地区带来源源不断的负面反馈，进而形成一种恶性循环。在这样的发展模式下，村镇容易被不断侵占，最终会导致沦落、废弃等严重的经济后果和社会后果。城乡间可能会出现"一个无法弥补的裂缝"，即城市与乡村之间基础设施、人才、技术与资金、组织等方面的断裂[5]。这种断裂情境下，城市与村镇间的新陈代谢交互是线性的，具有高度的资源耗损和外流损失的特点。因此，收缩村镇资源能源短缺、生态环境破坏、人类生存质量下降、经济增长质量不高等诸多问题，其实都是城市新陈代谢失调的结果[6]。

2.2 城乡要素回报率存在巨大差距

在交互结构层面，城乡新陈代谢的线性关系从根本上导致了村镇收缩；而从操作过程层面看，城乡之间存在着巨大的投入——产出效率鸿沟。

评价新陈代谢效率一般是通过对投入与产出指标转化比率的计算。投入端包含水、能源、食物和土地等，产出端则包含经济效益、社会福利、环境污染等（表1）。一般而言，城市是大量投入对应高水平、大产出，边缘村镇则是少量投入对应低水平、小产出，城乡对要素的转化效率相差很大。村镇看似拥有丰富的可投入的土地资源和较高的待开发建设潜力，但集体土地产权制度间接导致部分集体土地错过了合适的开发时机而未能被高效盘活利用；再者，土地作为一种可交易资源，在城乡新陈代谢机制中尤为重要，尤其是在当前国土空间规划中流量交易的助推下，可以预见乡村集体用地免不了会再次被城市"吸收消化"。边缘村镇投入产出效率的低下，将进一步加剧新陈代谢系统失序，新陈代谢等级的不对等则又会导致投入方的转化和产出效率降低。二者负面叠加造成恶性循环，村镇因此可能陷入持续地结构性收缩。

投入类指标	产出类指标
1　水资源消耗	1　经济指标（GDP）
2　能源消耗（液化石油气供气、电力消耗等）	2　社会福利指标（职工平均工资、在校生人数、人口自然死亡率等）
3　食物消耗（蔬菜、水果、肉蛋、奶、水产品等）	3　环境污染指标（工业烟尘排放量、工业废水排放量等）
4　耕地消耗	—

资料来源：作者根据文献［14-16］整理绘制。

3　阿姆斯特丹大都市圈中的收缩现象

　　荷兰阿姆斯特丹大都市圈（Amsterdam Metropolitan Area，AMA）由7个子区域（阿姆斯特丹（Amsterdam）、阿姆斯特朗-梅尔兰登（Amstelland-Meerlanden）、扎恩斯特里克-沃特兰（Zaanstreek-Waterland）、阿尔梅尔-莱利斯塔德（Almere-Lelystad）、南部-肯尼米兰（Zuid-Kennemerland）、古伊和韦赫特地区（Gooi en Vechtstreek）、艾蒙德（IJmond），30个市镇（gemeenten）和2个省［北荷兰（Noord-Hollan）和弗莱沃兰（Flevoland）］组成。AMA面积2580km^2，人口248万，荷兰全国超过14%的人口生活于此，是荷兰经济表现最强劲的区域[7]。根据面积和人口类比，AMA内的7个子区域规模级别可相当于我国的区县，30个市镇单元则相当于我国的乡镇。该都市圈内包含海洋、沙丘、泥潭草甸和淡水湖等都市景观。

　　尽管阿姆斯特丹大都市圈是欧洲最具吸引力和竞争力的地区之一，但也存在着发展不平衡和都市圈内部分市镇收缩的现象。阿姆斯特丹子区域无疑是AMA的发展核心，而部分位于AMA西部和西南部的城郊地区市镇［如阿姆斯特尔芬（Amstelveen）、哈勒姆（Haarlem）、郝莱默尔梅尔（Haarlemmermeer）等］一方面受到阿姆斯特丹市外溢效应的显著影响，另一方面又对新移民缺乏就业和生活的吸引力，叠加外部经济环境影响，近年开始出现要素流失和人口减少等现象。荷兰的高校、统计局、环境评估局在某次全国性的辩论中指出，荷兰大城市地区发展与其他地区停滞或衰退的两极分化趋势正日益加剧[8]。图1中的红色阴影区为阿姆斯特丹大都市圈之外的自然保护区和基本农田。这些区域或是受工业污染而退化的老港口、老采矿区，或是建而未用的闲置空置居民点，或是基础设施附近的未利用地。由于产业驱动弱，人口密度低，城市活力不足，这些区域是在去工业化、后福特主义和技术革新的社会与空间进程后，衰落、被忽视和去工业化的城市边缘地区，被认为是阿姆斯特丹都市圈中的"后院"，未能真正进入与核心城市良性互动的新陈代谢过程，而逐渐成为被忽视的斑块。但应注意到，边缘地区也为阿姆斯特丹提供了一个巨大的资源潜力网络。

　　2010年阿姆斯特丹市市长任职时曾表态，阿姆斯特丹作为一个负责任的首都，会协助解决阿姆斯特丹大都市圈内小城镇的收缩问题。彼时阿姆斯特丹伸出了援助之手，行动包括定向公务员培训、文化活动植入、消防等社会服务岗位的输送等。然而，这种"头痛医头、脚痛医脚"的单纯援助模式

图1 阿姆斯特丹都市圈边缘地区划分示意

（资料来源：http://h2020repair.eu/wp-content/uploads/2018/01/Q3_quarter_guide-2017-final.pdf）

带来一定风险：一方面，单向的依赖计划是"被误导的责任"[1]，效果是短期且片面的；另一方面，随着阿姆斯特丹大都市圈内极化效应的不断加剧，人们发现边缘地区城镇功能越来越封闭，且常住人口老龄化率逐年增加，地域活力缺失。因此，村镇空间收缩是表征，缺乏主动和可持续的功能互动则是动因。

针对此问题，欧洲会议服务中心（European Parliamentary Research Service，EPRS）认为，城市、城郊和乡村地区之间的合作必不可少，需通过新陈代谢和功能联系共同获利，针对此提出"只有团结起来才能克服挑战"的思路。

4　阿姆斯特丹大都市圈解决收缩村镇问题的实践经验

4.1　构建阿姆斯特丹都市圈的循环经济，鼓励收缩市镇参与循环经济

"循环经济"作为城市新陈代谢的践行措施之一，已在欧盟各成员国实践多年。循环经济是将当前的线性且零散的废物管理流程转换为集成和循环策略，通过减缓、缩小或关闭材料和能源循环，最大限度地减少资源的投入和废物的排放，以形成一个再生系统，使系统中产生的代谢废物也成为一种创新资源。

为了在都市圈尺度上构建完整的循环经济措施框架，荷兰应用科学研究组织（TNO）联合阿姆斯特丹市政府和循环经济组织发布了《循环的阿姆斯特丹——大城市和大都市圈的愿景与行动议程》

（Circular Amsterdam: A Vision and Action Agenda for the City and Metropolitan Area，以下简称《循环的阿姆斯特丹》）手册[9]。该手册以阿姆斯特丹大都市圈为规划范围，确定了循环经济模式可以应用的领域，从建材循环和有机废物循环入手，展示了区域层级的空间格局，并形成了一套适用于本土的、循环经济技术实践的规划设计工具集。阿姆斯特丹市政府希望在阿姆斯特丹都市圈成立循环经济试验场。《循环的阿姆斯特丹》中提出，既然传统线性的新陈代谢不可避免地会造成部分空间收缩的后果，因此建议换一种思路，通过循环经济模式带动收缩地区，实现流通的、可持续的共同增长，通过在城乡宏观区域内构建循环经济来打破城乡二元结构[9]。都市圈内的边缘村镇不再是废弃物的被动接收方，而是可以利用现有资源处理相关产业链的环节优势，参与资源大系统的循环利用，从而获得产业升级、经济增长、人口回流等机会。

目前，阿姆斯特丹大都市圈收缩地区还包括伊姆伊登（Ijmuiden）港口区（废弃的工业港口及荒地）、史基浦机场周边地区（大片的缓冲未利用地）、东南地区的格林波特-阿尔斯梅尔（Greenport-Aalsmeer，传统的农业市镇）。虽然这些城郊地区目前处于人口收缩和用地低效状态，但也一直处于动态平衡的状态，且存在一定的经济增长态势。从区域角度来看，这些城郊地区是非常关键的潜力区域，地区内的废弃塑料、建筑废料、有机生物废料、废弃景观都可能成为区域新陈代谢过程中的创新空间背景或资源，为地区参与循环经济并协助克服都市圈边缘地区收缩碎片化分布问题提供可能（图2）。例如，阿姆斯特丹大都市圈正努力建立一个强大的区域食品系统，但由于核心城市地区农用地有限，选择在如郝莱默尔梅尔等拥有大规模耕地（如泥炭草地、新旧圩田）以及园艺和畜牧业生产区、适于种植湿润作物和发展循环农业的西南部农业市镇进行。根据《循环的阿姆斯特丹》，郝莱默尔梅尔的生物质能资源是充满潜力的，生物质能若能得到良好开发就意味着农业废弃物可以拥有更大价值。这不仅可以更好地推动农村生产模式由"产品"单一管理模式转向"流程"多重经营模式，而且能使村镇的资源得到更广泛的利用，在当地村镇形成营养物质的循环，大大提高当地的整体生活水平。

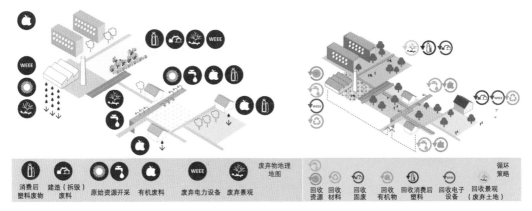

图2 废弃物参与循环经济的策略图示
（资料来源：作者根据https://livingwithtrees.ca/翻译绘制）

4.2 REPAiR计划：通过跟踪代谢废物，支撑构建循环产业链

对于阿姆斯特丹都市圈来说，好的策略需要有完善的实施办法和支撑平台。欧盟"地平线2020计划"（Horizon 2020）于2016～2020年资助了"城市边缘地区的（废物）资源管理：跨越城市的新陈代谢"（Resource Management in Peri-urban Areas: Going Beyond Urban Metabolism, REPAiR）项目。REPAiR计划认为，目前大都市圈内对核心区代谢废弃物的处理都集中在城市边缘地区，如污水处理、垃圾焚烧、厌氧反应、垃圾填埋等，这些行为实际上牺牲了边缘地区公平发展的机会，导致高附加值产业外流，本地宜居性变差，最终导致收缩。正如REPAiR计划项目负责人塔玛拉·斯特里夫兰（Tamara Streefland）所言："城市产生的废物处理通常发生在大都市圈的边缘地区，所以真正需要做的是停止考虑城市边界（的扩展），开始考虑更系统的边界，考虑更大的系统和地区，为真正减少我们的废物流和找到向无废物经济过渡所必需的协同效应提供基础。"

事实上，通过技术改进，废弃物完全可以成为促进循环经济的战略性可使用资源，但更重要的是对废弃物的分类构建、检测平台和定量跟踪，因此REPAiR计划引入废物流核算方式来收集、量化、跟踪、绘制准确数据，并据此确定未来资源指标和决策影响模型[1]。课题组开发了世界上第一个包含废物流和资源流的开源地理设计软件（GDSE），旨在提供一个创新的、跨学科的地理设计决策支持环境。该软件可实时显示建筑和拆迁废物、生物废物、消费后的塑料垃圾、电气废物和电子设备以及城市生活垃圾的生产和流向路线（图3）。任何人可以在该平台上（网址：https://github.com/MaxBo/Repair-Web）浏览阿姆斯特丹都市圈内的废弃物流量地图，并通过桑基图观测到流量去处和最终剩余，并结合在地资源特色选取他们认为具备潜力的循环经济细分产业门类，甚至可以稳定估

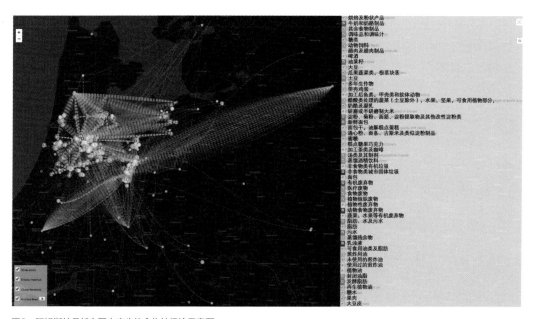

图3　阿姆斯特丹都市圈内产生的食物垃圾流示意图
（资料来源：https://www.tudelft.nl/bk/onderzoek/projecten/repair）

算出产值和税收数据。例如，史基浦机场周边废弃的剪草草屑可作为生物原料进行自主生物沼气发电，机场周边的霍夫多普（hoofddrop）等市镇已立刻作出反应，利用当地生物厌氧消化厂循环利用废弃的剪草草屑资源发电，现已覆盖6%的机场能源供应并获利。

　　"将面包变成啤酒，将污水变成道路，将拆除的建筑物变成城市矿山"是阿姆斯特丹循环经济的愿景，这些对废弃物的再利用行动也为企业或社会组织带来新的商业灵感。例如，污水中微藻所产生的生物沥青可替代传统的石油基沥青路面，REPAiR计划可以监测到哪些沥青生产设施距离足够规模的污水处理厂较近，并告知城郊或偏远城镇的污水处理厂，进而协助其以最低的运输成本高效利用资源并获利。又如，BIO-BEAN公司是世界上最大的咖啡渣回收商，可将餐厅咖啡店废弃的咖啡渣回收并加工为生物燃料压块、烧烤木炭、生物柴油等可再生能源制品，该公司已与REPAiR计划项目合作，依据GDSE平台观测咖啡渣的产生和流通信息，促进高效收集、运输、加工咖啡渣，科学选定大都市圈边缘地区的某些村镇作为定向咖啡渣加工厂。除了生物质能利用，建材与建筑再利用也正被广泛地推行。2014年阿姆斯特丹大都市圈内有近17%空置的办公楼和大量空置住宅，REPAiR计划对这些未使用的空间根据当地需求进行实时空间映射，将空置的商业空间重新用作住房，或将社区或社区活动用房提供给荷兰社会住宅联盟进行临时展览或用作大学课堂教室，以保持地区活力。以上案例均依赖于REPAiR计划对都市圈各生产生活环节中废弃资源的全生命周期监控，使废弃资源进入大都市圈内理想式、永续式的新陈代谢循环中，而企业也可以通过废弃资源把握机会，多渠道参与到循环经济，帮助收缩村镇寻找经济增长新路径。

4.3　长期主义：循环经济促进精明收缩

　　循环经济是一种方式和手段，而非一种结果，因此这是一个创意不断反馈和结果不断修订的过程。REPAiR计划也指出，该计划全生命周期的实践需要共同探索、共同设计、共同生产、共同决策以及共同治理[10]。

　　然而，废物资源的厘清、追溯、管理等工作，对于政府公共机构而言更是一个挑战。当前阿姆斯特丹大都市圈内产生的废物缺乏监测和管控，其流通路径也无法被想象和预测。虽然GDSE可以提前思考描绘出废物可能产生地点和处理地点的图景，但这些图景需要长期跟踪修正。这恰恰也促成了建成区可持续的精明增长和精明收缩——GDSE软件的开源分享功能可帮助当局及时管理生产和消费网络中废物收集、原材料回收和生产设施之间的高效连接，选择合适的地方新建、保留或更新废弃物干预区，有助于指导划定合理的城镇开发边界，不断塑造和优化循环经济视角下的新空间格局和结构。在此意义上，循环经济有助于通过"更少的规划——更少的人、更少的建筑、更少的土地利用"[17]这一原则保持收缩村镇的活力，解决大量荒废的用地，通过精明收缩方式帮助实现乡村复兴。

5 新陈代谢理论对中国收缩村镇的启示

5.1 培养精明收缩式国土空间规划编制思维

阿姆斯特丹大都市圈内的核心城市和边缘地区其实是相互依赖、相互哺育的。城与乡之间具有长远的共同利益，只有共筑生命体才能构成新陈代谢的完整闭环。需要意识到，要素在增长极的集聚必然伴随着局部地区的收缩[18]。城市新陈代谢理论可以协助城乡之间模糊实体边界，使关注点从行政边界转向资源流动和线路构建，有利于城乡共同体建立有机共生观、资源保护观和自然资本观。2010年荷兰进行了国家机构改革，原来的住房、空间规划和环境部撤销，基础设施和水管理部成立并迅速颁布《国家级基础设施和空间愿景规划》，专注整体空间的宜居性、流动性和可达性，摆脱了"四处开花"、缺乏统筹、各类规划"自顾自"的增长逻辑，转向以交通等基础设施和资源流动（对荷兰来说主要是水资源）为管控抓手，实现优化空间布局、有效配置各类资源。我国国土空间规划以"高质量发展和高品质生活"为目标，致力于探索内涵集约式发展道路，实现高效能空间治理，因此在编制乡镇级国土空间规划时，应因地制宜，思考精明收缩式的国土空间规划，加强绿色低碳、循环经济等产业策划等，确保人口规模和建设空间有序收缩的同时实现经济水平的精明增长。

5.2 循环经济与空间规划的学科交叉教育

荷兰高校尤其注重培养学生利用循环经济思维进行空间规划。例如，代尔夫特理工大学都市主义系历年来围绕阿姆斯特丹大都市圈的循环经济主题展开了多次规划层面和空间设计层面的策略探讨，引导学生思考存量与减量规划，并称之为"情境环境学习法"。该法采用真题真做的规划学习模式并反馈到真实提案中，与所在地"过渡管理人员"进行合作，培养规划专业学生的治理意识并协助制定行动计划，还将材料引入针对阿姆斯特丹大都市圈构建的在线开放课程（如MOOC）中。建议我国培养城乡规划及相关专业的学生时引入能源景观理念与空间规划紧密结合的思维，坚持功能和空间的有机混合，从规划布局方案入手研究能源利用效率[11]。

5.3 以村镇为主体大力发展循环低碳产业

2021年7月，我国住房和城乡建设部等15部门联合发布的《关于加强县城绿色低碳建设的意见》中提到"以绿色低碳理念引领县城高质量发展，推动形成绿色生产方式和生活方式，促进实现碳达峰、碳中和目标"，并提出"大力发展绿色建筑和建筑节能、建设绿色节约型基础设施"等相关要求。虽然空间、功能和基础设施的重组对塑造新的城市新陈代谢至关重要，但收缩村镇自身生产动能的提升才是核心要义。超出收缩村镇自身承载能力的基建投入和大规模开发只能是"拔苗助长"，加剧"鬼城""空城"现象。村镇必须尽快找到适用于本土特色的产业路径，但也需注意，循环经济不等同于自然资源的资本化唯一出路，否则势必会对村镇剩余资源造成进一步挤压。阿姆斯特丹大都市圈中的不同村镇选择了截然不同的细分产业，如建筑及建材循环产业链（包括3D打印、塑料加工、生物基建材制造等）、生物质能循环产业链（包括海藻养殖、昆虫养殖、蛋白质生产等）等（图4），以发展村镇特色经济，值得我国收缩村镇学习。

图4　阿姆斯特丹大区循环建材（上）和循环生物质能空间愿景（下）
（资料来源：作者根据《循环的阿姆斯特丹》翻译绘制）

另外，村镇的活化过程需要以村镇自身为主体，从村镇实际需求和本地利益出发，使村镇及其中的村民获得实际价值感。阿姆斯特丹的做法并没有刻意从规划层面自上而下地择优培育重点中心镇，而是通过自下而上的自主倡议精神因势利导，建立市场循环机制，通过资源的自由流通，使村镇之间进行渐进式合并。

5.4 基于"资源流"的城乡蔓藤结构的推广

阿姆斯特丹大都市圈中的城乡新陈代谢理论与崔愷院士在2017年提出的"以最大限度保护自然田园环境为目的的有机生长规划模式"的"蔓藤城市"思路[11]不谋而合。"蔓藤城市"抽象模型中的"叶片"即可对应广大村镇；"藤"既可以是运输服务性的实体交通干道，也可以是看不到但是无处不在的能源流、资源流。都市圈系统中，距离中心城市近的"叶片"村镇通过直接交通联系主动融入城市，实现主动城市化；距离较远的"叶片"则可以通过资源流通寻求在地的功能分工，培养特色产业。"蔓藤城市"理论强调对"叶片"规模的控制（有序收缩），以最大限度实现专门化。对于都市圈而言，其需求绝不是单个"叶片"的随意扩大（村镇增长），而应是不断增加新的"叶片"以增强系统的多样性和韧性。都市圈的整体有机增长是由所有"叶片"加总形成的，每个"叶片"的兴衰共同决定了系统的兴衰。事实上，处于收缩状态中的村镇若能及时寻找到适合自身的特色化、专门化功能，就是寻找到了其自由伸展"蔓藤"的发展机会。

赵燕菁教授认为，"蔓藤城市"理论同样适用于大城市周边、中小城镇和偏远山村地区的新型城镇化路径[19]，并进一步强调"蔓藤城市"在当下城市化1.0向2.0转变的历史节点上的重要性。传统的修复—重建模式缺乏财政支撑，收缩村镇必须通过与核心城市展开产业分工或交易分工来提高抵御外部风险的能力。

5.5 调动利益相关者积极参与，完善支撑政策

REPAiR计划认为其主要相关利益主体包括四类人群：区域和地方当局，废物管理部门及相关领域的行业利益相关者，处理废物管理、环境保护等的国家和欧盟政策制定者以及社会力量。在制定重大或有争议的决策时，不同利益相关者有必要展开合作，并预留一定弹性。例如，为避免因争夺资源而导致市场失灵和冲突，需要地方当局澄清废物所有权问题，行业从业者积极配合，管理部门公开簿记并监控，社会设定道德约束规则。我国收缩村镇普遍规模不大，建设灵活度较高，对政策响应的速度也相对较快，城市体检指标中可以加入评价参与循环经济积极度和有效度的指标，对参与度高、贡献大的村镇给予财政奖励。

另外，可仿照欧美"土地银行"做法建立"资源银行"，处置回收都市圈核心地区废弃但是转换率较高、更清洁、更经济的能源和资源（如生活垃圾、污水等），并将其移交至公信力较高的政府或民间组织机构进行重新分配，通过技术手段进行加工转换处理，二次分配技术或中间产品向收缩型村镇倾斜，为当地引入清洁循环经济产业，创造经济效益的同时促进低碳发展。

6 总结与展望

传统线性的城乡新陈代谢结构导致大都市圈内边缘村镇收缩。荷兰阿姆斯特丹大都市圈通过串联城乡间的资源能源流通即循环经济，驱动城乡可持续、共同增长。在我国"双循环"战略和国土空间规划的新语境下，规划打破了地域边界，注重统筹协调城乡关系，我国城乡大区域内各村镇的自我新陈代谢其实是一种适用于收缩村镇自我迭代、主动谋出路的方法。正如REPAiR计划所言，不要等到收缩村镇已经成为"废弃景观"或是"渣滓景观"才想到修复。城市治理的任务是允许多样性，本文呼吁的超越新陈代谢和废物资源流动策略就是从环境、经济和社会的角度激发出的更好想法。各都市圈内应该建立一个政策框架，防止少数核心地区造成垄断，出现代谢断链而导致不可逆的局部收缩后果。

在方法论层面，通过循环经济可以使原来因城乡资源配置制度差异所致的城乡二元结构逐步瓦解，城乡空间由单向线性关联逐步转变为闭合循环关联，将实现水、食物、有机废弃物、建材、能源等在城乡地区的自由、高效流通，进而促进城乡资本、人口、土地等要素的流通协同，为收缩村镇创造经济活动、就业、税收收入等，进而为村镇注入活力，提高村镇生活质量，并给予其不可替代性的特色化产业分工，实现都市圈内各地区的健康、公正、弹性、可持续的发展。

参考文献

[1] WOLMAN A. The metabolism of cities [J]. Scientific American, 1965, 213 (3): 179-190.

[2] KENNEDY C, CUDDIHY J, ENGEL-YAN J. The changing metabolism of cities [J]. Journal of industrial ecology, 2007, 11 (2): 43-59.

[3] 宋涛，蔡建明，倪攀，等. 城市新陈代谢研究综述及展望 [J]. 地理科学进展，2013，32（11）：1650-1661.

[4] 段德罡，刘熙，叶靖，等. 关中地区乡村收缩趋势与路径思考——基于合阳县调查 [J]. 小城镇建设，2020，38（11）：77-84.

[5] 夏循祥，曾靖. 乡村振兴：系统性修复城乡新陈代谢断裂 [J]. 社会治理，2020（10）：28-35.

[6] 龙瀛，吴康，王江浩. 中国收缩城市及其研究框架 [J]. 现代城市研究，2015（9）：14-19.

[7] CUOMO F, RAVAZZI S, SAVINI F, et al. Transformative urban living labs: towards a circular economy in Amsterdam and Turin [J]. Sustainability, 2020, 12 (18): 7651.

[8] BONTJE M. The responsible capital: Amsterdam's Hinterland [EB/OL]. (2014-03-03) [2022-05-17]. http://theprotocity.com/the-responsible-capital-amsterdams-hinterland/.

[9] BASTEIN A G T M, VERSTRAETEN-JOCHEMSEN J N, RIETVELD E, et al. Circular Amsterdam. a vision and action agenda for the city and metropolitan area [R]. TNO, 2016.

[10] AMENTA L, ATTADEMO A, REMØY H, et al. Managing the transition towards circular metabolism: living labs as a co-creation approach [J]. Urban planning, 2019, 4 (3): 5-18.

[11] 崔愷. "蔓藤城市"——一种有机生长的规划 [J]. 城市环境设计，2017（3）：309-311.

[12] 吴康，孙东琪. 城市收缩的研究进展与展望 [J]. 经济地理，2017，37（11）：59-67.

[13] 杜志威，李郇. 收缩城市的形成与规划启示——基于新马克思主义城市理论的视角 [J]. 规划师，2017，33（1）：5-11.

［14］ CHEN B, CHEN G. Exergy analysis for resource conversion of the Chinese society 1993 under the material product system ［J］. Energy, 2006, 31(8/9): 1115-1150.

［15］ CHEN S, CHEN B. Determining carbon metabolism in urban areas though network environ theory ［J］. Environmental sciences, 2012, 13 (8): 2246-2255.

［16］ CHEN X, ZHAO T, GUO Y, et al. Material input and output analysis of Chinese economy system ［J］. Acta Scicentiarum Naturalum Universitis Pekinesis, 2013, 7l (4): 538-547.

［17］ POPPER D E, POPPER F J. Small can be beautiful: coming to terms with decline ［J］. Planning, 2002, 68 (7): 20-23.

［18］ 赵家辉，李诚固，马佐澎，等. 城市精明收缩与我国老工业基地转型［J］. 城市发展研究，2017, 24（1）：135-138, 152.

［19］ 赵燕菁. 诗意的价值——边缘城市的特色专业化规划思路［J］. 城市环境设计，2017（3）：342-345.

引导人口收缩乡镇的复苏
——意大利的规划实践与启示

Leading the Resurgence of Shrinking Towns: Evidence from Italian Planning Practices

谢舒逸　琳达·格瑞索里
Xie Shuyi, Linda Grisoli

摘　要　本文首先介绍了意大利广义的城市收缩现象，分析其动因、后果和应对策略，指出意大利的应对策略多为"反应型"。然后结合具体案例从产业培育、存量空间与基础设施优化、组织模式更新等方面论述意大利引导人口收缩乡镇复苏的经验。最后，面向国土空间规划和新型城镇化发展的需求，结合我国人口收缩乡镇的现状以及规划应对中存在的问题，总结意大利经验对我国的启示，包括：加强对收缩乡镇的识别，构建信息化平台；以县域、镇域为统筹单位，引导产业向特色化、精细化、多元化发展；落实以人为本，提升人居环境质量；推动多元主体共治，促进自我组织能力建设。

关键词　人口收缩；复苏乡镇；中小型乡镇；规划策略；城市更新；意大利

Abstract　This paper firstly presents an overview of causes, consequences, and coping strategies of urban shrinkage in Italy, indicating that most of Italian strategies are reaction strategies. Afterward, taking specific cases, the paper illustrates the Italian experiences on leading the resurgence of shrinking towns, and summarizes the experiences mainly focusing on industry cultivation, optimized reuse of abandoned spaces and infrastructure, regeneration of organization model, etc. To meet the needs of Spatial Planning and New Urbanization, the paper discusses Chinese shrinking towns' current situation and associated problems presented in taking planning actions and then summarizes the insights of Italian experiences into four aspects: strengthening the recognition of shrinking towns and establishing the informatization platform; taking the county and town as a whole to lead the characteristic, elaborate and diversified development of industries; improving the quality of human settlement in the people-oriented perspective; establishing a collaborative alliance among various stakeholders to promote self-organization ability.

Keywords　population shrinkage; resurgent towns; medium-small towns; planning strategies; urban regeneration; Italy

国家自然科学基金青年项目（52008176），福建省自然科学基金面上项目（2021J01300、2020J01070），中央高校基本科研业务费专项资金（ZQN-920）、福建省社会科学规划项目（FJ2019B037），厦门市生态建筑营造重点实验室，福建省城乡建筑遗产保护技术重点实验室。本文发表于《国际城市规划》2022年第3期。

谢舒逸，博士，华侨大学建筑学院副教授、硕士生导师，厦门市自然资源和规划局直属分局局长助理（挂职），美国加州大学伯克利分校访问学者。

琳达·格瑞索里，意大利罗马大学景观与环境系，博士研究生。

引言

根据第七次全国人口普查数据，截至2020年末，我国常住人口城镇化率达到63.89%，标志着城镇化已进入质量提升的新阶段。作为城镇化载体谱系上的重要单元，乡镇是构建连续的城镇化载体格局与推进健康城镇化的重要环节。国家发展改革委公布的《2019年新型城镇化重点建设任务》首次提出了"收缩城市"概念，意味着城市收缩得到了国家层面的重视。而处于怎样发展状态的城市才是收缩城市，当前国内外学界尚缺乏一致认识[1-3]。但总的来说，人口减少是收缩城市的重要特征[4-5]。这里的"收缩城市"指的是广义上的城市收缩现象，涵盖了地区、省域、市县、镇街、村居等多个层级和尺度。国际上对广义的城市收缩现象的研究可追溯至20世纪80年代。从既有的中英文文献上看，研究对象多聚焦德、英、美、日以及东欧国家，对南欧国家的关注较少；研究内容多关注大中城市和农村的收缩现象，对镇街级收缩现象的研究较少，在相应的服务收缩治理对策方面的研究可谓少之又少，且尚未形成一个明确的理论框架[6]。

与不少发达国家类似，意大利也面临着人口收缩的难题。但与多数发达国家不同，意大利长期以来呈现出独有的分散城镇化模式：其城镇化水平自20世纪70年代以来基本稳定，从未超越70%，远低于其他发达经济体（如英国79%、荷兰82%、西班牙76%、美国82%）[7]，近似于我国当前63.89%的城镇化率。在意大利，许多村镇有着活跃的商业和经济活动，居民享有接近城市的消费模式、生活方式，甚至更为优越的人居环境。对意大利引导人口收缩乡镇复苏经验的了解，有助于我国政府部门、规划师和相关学者认识到伴随着社会经济发展，一个国家城镇化进程的多元性和目标的多重可能性，即提高城镇化发展水平并不等同于提高城镇人口占全国人口的比率，村镇可能享有更好的生活和生态环境品质[7]。值得注意的是，2001年意大利的规划体系经历了改革，原有的"城市规划"（urbanistica）被"国土管理"（governo del territorio）取代。我国规划体系近年来也转向国土空间规划体系。本文探讨的意大利规划实践均在2001年之后，相关经验对我国当前国土空间规划体系下的乡镇规划具有一定参考价值。此外，与许多欧美国家不同，中、意两国的规划师多具有建筑学背景，两国引导人口收缩乡镇的复苏时多聚焦于对当地物质空间质量的改善，包括对城镇景观和建筑物的管控[8-9]，采取的措施也主要是对建筑物、公共空间、基础设施的更新与再利用，在这一方面意大利积累了宝贵的经验。此外，意大利的经验还反映在产业培育、组织模式更新等方面。在当前我国大力发展乡村振兴战略、推动新型城镇化高质量发展的背景下，对意大利引导人口收缩乡镇复苏的实践展开研究具有重要的现实意义，有助于探索我国小城镇与乡村的复兴之路，促进城乡统筹和区域协调发展。

1 意大利多层级、多尺度的城市收缩现象：特征与机制

与大多数国家类似，意大利的广义城市收缩现象也涵盖了多个层级、尺度，包括许多中型（人口

数量在1.5万～5万人）和小型（人口数量小于1.5万人）乡镇[1]，这些中小型乡镇占了全国约92%的国土面积[10]，其中人口数量不足5000的乡镇占所有乡镇总数的69.7%[11]。许多中小型乡镇近年来出现了愈演愈烈的收缩现象，然而既有研究主要关注意大利农村和大中城市的人口流失现象[12]，如热那亚[13-14]和塔兰托[15]等，对中小型乡镇的关注[10]不足。

意大利广义的城市收缩现象可追溯至后工业时期，首先出现在热那亚和的里雅斯特等主要港口城市。自20世纪90年代起，该现象席卷了几乎整个亚平宁半岛，尤以南部地区为甚。2008年金融危机、2016年意大利中部大地震和2020年初持续至今的新冠肺炎疫情进一步加剧了收缩趋势。在意大利，收缩现象一般表现为人口数量和结构的双重衰退、闲置空间增多、经济衰退与失业率上升等。意大利国家统计局[2]统计数据表明，1991～2011年，虽然意大利总人口数量增加了264.57万（在两个十年内的增长率均为0.4%），但全国20个大区中有16个大区出现人口数量减少。2015～2019年，意大利全国7926个乡镇中人口减少的乡镇有5848个，占比高达74%，其中大量人口数量不足5000的小型乡镇在1971～2015年人口流失了近一半[16]。意大利国家统计局预计人口流失仍将继续，2021年总人口较2011年减少0.76%（约45万人）。在空置建筑物方面，2011年统计数据显示，意大利全国至少有120万栋未售出的住宅、150万栋处于闲置和废弃状态的其他建筑物，包括工业仓库、学校、军营、火车站、电影院和剧院、商业建筑等。在人口数量不足5000的小型乡镇中，空置建筑物占比更高，且在过去的十年内翻了好几倍。

与德、英、美等许多欧美国家主要由工业衰退引发城市收缩现象不同，意大利多层次、多尺度的城市收缩现象主要发生于工业化程度相对较低的南部，而非工业化程度较高的北部和中部地区[8, 17]。这也许是因为意大利城市系统的基本结构是先于工业化成立，而大多数欧美国家城市化进程与工业化进程是紧密相连的[8, 17]。此外，意大利并未经历如美国锈带地区那样严重的福特主义工业体系（Fordist Industrial Systems）危机以及东欧国家那样的政治剧变，导致该现象在意大利发生的深层次原因可归结为严重的社会经济危机，包括全球化和去工业化给当地经济和就业带来的冲击、低出生率、人口老龄化加剧等[15, 18-19]。统计数据表明，2019年意大利65岁以上人口比例为近23%，在全球仅次于日本，且预计在2043年将达到32%；2019年意大利的出生率位居全球倒数第二，仅高于韩国。值得注意的是，移民（特别是外国移民）在意大利人口构成中扮演了重要角色。有学者认为意大利近年来总人口的微增长应归功于移民人口的贡献，特别是在北部和中部地区，较好的

---

① 截至2020年1月，意大利的行政区划将全国分为20个大区（regione，含5个特殊地位大区）、14个大都会（città metropolitana）、80个省（provincia）、2个自治省（provincia autonoma）、6个自由市镇联合体（libero consorzio comunale）和7904个市镇（comune）。大区为一级行政区，市镇为三级行政区，大都会、省、自治省、自由市镇联合体为介于上述两者间的二级行政区。其中，大都会、自由市镇联合体均由原先的"省"转变而来。意大利的"省"的规模大致相当于我国地级市或县的规模，与我国市带县的行政管理体制也非常类似，采用的是中心城市（centro città）统领腹地的管理模式。"市镇"则约略为我国乡镇的尺度和规模，人口从数千人到数万人不等。本文的研究对象为"市镇"，考虑到中文的表达语境，下文中用"乡镇"代替"市镇"这一说法。
② 除特别标注外，本文统计数据均来源于意大利国家统计局（Istituto Nazionale di Statistica，ISTAT）。

经济和就业状况吸引了较多移民，一定程度上缓解了人口老龄化和低出生率对人口数量和结构带来的负面影响[19]。但近年来意大利对外国移民的吸引力正不断下降，且人口外迁的趋势不断加剧。统计数据表明，2015年超过10.7万名意大利居民移民至境外，其中多数年龄在18～34岁。在意大利国内，中青年人口从南部地区迁往经济更发达的北部和中部地区更是一种非常普遍的现象，也导致南部乡镇人口规模进一步收缩。此外，受新冠肺炎疫情影响，2020年意大利的出生率降至历史新低（出生人口仅为40.4万人，出生率下降了3.8%），死亡率则为二战以来最高（74.6万人死亡，死亡率增长了17.6%）。

2　意大利引导人口收缩乡镇复苏的规划应对

统计数据表明，有3%的意大利乡镇在1991—2001年间曾出现人口减少，但在其后十年内人口有所增长，有学者将它们称为"复苏乡镇"（resurgent towns）[20]。这里的"复苏"并不完全等同于人口增长，"复苏乡镇"也没有一个准确的定义或标准，一般指的是那些经历衰退后又重获竞争力和吸引力的乡镇[21-22]。"复苏"往往并不依赖于某一特别要素，而是经由一系列要素的累积最终带来变化[23]。

意大利引导人口收缩乡镇复苏的规划行动主要集中在改善人居环境质量、盘活在地资源、提升公共服务与基础设施的可达性、保护文化遗产等方面，且充分考虑与当地生产、文化活动以及日常生活之间的联系。国家层面的举措主要致力于为这些规划行动提供政策、资金和技术支持。例如，意大利于2013年提出了"内陆地区发展策略"（Strategia Nazionale Per le Aree Interne）[24]，在策略施行的第一阶段（2014—2020年）选取了内陆地区具有代表性的人口收缩乡镇（共计1060个），为这些乡镇在交通、健康、教育、自然资源、文化遗产与可持续旅游、农业、可再生能源、就业与培训、土地管理等领域的开发项目提供政策、资金和技术支持；2015年，执行机构通过与米兰理工大学建筑与城市研究系合作，搜集当地乡镇与大区两个层级的人口数量与结构、就业率、空置建筑比例等数据，建立起一个开放的地理数据库，对收缩程度进行测度，进而分析现有规划策略的有效性，识别出最有问题的区域，为调整规划策略和针对目标区域对症下药地制定应对举措奠定了基础[25]。索萨和皮诺将应对收缩的规划政策分为"反应型"（reaction）和"适应型"（adaptation）两大类："反应"是指试图逆转收缩并恢复增长的策略和措施；"适应"是指试图利用和优化收缩影响，而非致力于终结收缩的策略和措施[6]。笔者认为，意大利人口收缩乡镇的规划应对大多属于"反应型"。值得注意的是，有学者认为意大利国家、大区、省、乡镇等不同层级政府在引导人口收缩乡镇的复苏上仍缺乏有效的统筹与合作[15]。与国家层面的举措相比，笔者认为意大利地方层面的应对举措也许更值得关注与借鉴。这些举措主要集中在产业培育、存量空间与基础设施优化、组织模式更新等方面，其中地方政府、非政府组织、当地居民、高校、研究机构等扮演了重要角色。下文将围绕这几个方面的意大利经验展开探讨。

2.1　引导、培育具有地方特色的产业品牌，促进产业转型发展

引导人口收缩乡镇复苏的关键在于复苏产业。意大利人口收缩乡镇复苏的主要驱动力为发展特色旅游业、农业、文教产业等以取代当地不断衰退的经济活动[19]，典型的案例有卡萨莱蒙费拉托（Casale Monferrato）、弗卢米尼马焦雷（Fluminimaggiore）和莱切（Lecce）等镇。

卡萨莱蒙费拉托镇地处皮埃蒙特大区的蒙费拉托地区，总面积86.32km²。蒙费拉托地区以葡萄栽培在意大利国内外享有盛誉，是意大利著名的葡萄酒产地之一。2014年，蒙费拉托的葡萄园景观作为"朗格－洛埃洛和蒙费拉托的皮埃蒙特葡萄园景观"的一部分被列为世界遗产地。然而，蒙费拉托地区的旅游业并不发达，且随着葡萄酒产业对从业人员需求的减少，当地人口不断流失，其中较为典型的有卡萨莱蒙费拉托镇。统计数据表明在1991~2001年，该镇人口由3.90万人降至3.52万人，减少了9.54%，且人口平均年龄不断上升。当地的应对举措是充分利用葡萄酒产业和世界遗产地优势，举办蒙费拉托景观节，引导、培育具有地方特色的农业、文教和旅游产业。首届"蒙费拉托景观节"（Festival del Paesaggio in Monferrato）于2015年9月18日~10月4日举办，由卡萨莱蒙费拉托景观观测所（Osservatorio del Paesaggio peril Monferrato Casalese）、卡萨莱蒙费拉托镇政府以及波河与奥尔巴河公园管委会主办，主要包括三方面内容：1）邀请意大利国内外专家对森林、村庄、闲置建筑物与铁路的再利用，以及自行车线路的组织等内容进行研讨与交流；2）提供与大学教育、职业教育相配套的短期景观培训课程；3）为当地居民和其他参与者提供一个理解和参与当地景观与人居环境更新的机会。景观节还围绕这三方面组织了展览、电影与短片放映、参观活动等多种体验活动。自2015年起，景观节已成功举办了七届。近年来景观节持续的时间更长、规模更大。例如，2021年景观节的举办时间从7月4日持续至9月5日，长达2个月，吸引了22个乡镇政府、非政府组织、葡萄酒厂商、志愿者、当地居民、相关领域的专家与学者等共同参与。景观节的成功举办引导、培育了具有地方特色的产业品牌，促进了当地葡萄酒产业、旅游业、文教产业的进一步发展。统计数据表明，相较于2001年人口数量比1991年锐减9.54%的情况，卡萨莱蒙费拉托2011年人口数量仅比2001年减少1.22%；2019年就业率为63%，比2011年的45.6%高出17.4%；人均年收入也稳步增长，由2001年的16051欧元上涨至2016年的21516欧元。笔者在实地调研中发现当地居民普遍认为卡萨莱蒙费拉托在经历衰退后已逐渐重获吸引力。

弗卢米尼马焦雷是一处位于南部撒丁岛的小镇，人口约3000人。作为一个前工矿资源型小镇，在工矿产业衰退后，当地出现了大量闲置建筑，人口也不断流失。在引导产业转型时，当地政府抓住了意大利北部和欧洲北部游客特别是65岁以上老年游客常来撒丁岛度假的契机，以特色定位谋发展，提出了一项名为"快乐乡村"（Happy Village）的项目。该项目通过盘活在地资源，包括优美的海岸线、丰富的遗产（如自史前文明到罗马时期再到18世纪的工矿业和农工业遗产）、大量闲置建筑以及富有特色的美食等，为老年游客提供极具吸引力的地中海南欧风情度假屋以及医疗、交通、美食、休闲文教等各项服务，打造出一个吸引老年游客的家园。在这一过程中，当地政府还将建筑产权所有者、艺术家、社会工作者以及普通居民联合起来，为前来度假的游客提供服务。2021年6月，弗

卢米尼马焦雷举办了首届"呼吸节"（Festivo Giornate del Respiro）。历时6天的"呼吸节"通过戏剧表演、音乐会、工作坊、会谈等形式呈现了当地采矿业的历史与特有的社区文化，特别表现出对矽肺病患者的关注。如今，弗卢米尼马焦雷已成为欧洲老年游客的主要度假地之一，当地的产业也从工矿业成功转型为针对老年游客的特色旅游业。统计数据表明，2019年当地就业率为46%，比2011年的32%高出了14%；人均年收入也稳步增长，由2001年的10130欧元上涨至2016年的13633欧元。

莱切位于意大利南部，1991～2001年，当地人口数量下降了约17.4%；农业作为当地的主要产业发展持续低迷。莱切的应对策略除利用当地的艺术与文化遗产大力发展旅游业之外，还积极发展大学教育。莱切是萨兰托大学的所在地，除保持萨兰托大学课程、学生数量稳步增长之外，莱切还引进了巴里大学和包括佩贾索网络大学在内的四所意大利知名网络大学，为这些大学在当地开设了分校区以及注册中心和考试中心等分支机构。由此，文教和旅游产业逐渐取代了当地衰退的农业，2001年后莱切人口保持了上升态势，于2011年基本恢复到1991年高峰期约10万的人口数量，且在此之后基本保持稳定。

除发展特色旅游业、农业和文教产业外，意大利小镇培育的具有地方特色的产业品牌多为手工业和制造业产品，且主要依托于当地规模小、生产周期短、反应灵敏的小企业。在众多地方经纪人[①]、社会自治组织（如行业协会）和地方政府的支持下，这些小企业通过市场机制与强大的网络组织联系在一起，逐步建立起企业间相互信赖，具有密切和便捷的社会人文与物流网络联系以及稳定协作关系的产业集群，取得了良好的经济效益[7]。

总的来说，意大利人口收缩乡镇的复苏大多通过立足当地特色，挖掘潜在的外部需求，盘活资源，培育有辨识度和品牌效应的产业来实现。其中，多种多样的文体和节庆活动扮演了重要角色。包括蒙费拉托景观节、弗卢米尼马焦雷"呼吸节"、圣雷莫（Sanremo）音乐节、圣雷莫拉力赛、圣雷莫花展等极具地方特色的活动吸引了大众媒体、专业人士、民众的长期关注，对提升当地形象以及发展相关产业（特别是旅游业）极具意义。同时，这些文体活动、赛事也在人（包括游客和当地居民等）与场地之间构建起了联系的桥梁，塑造、提升了场所认同感和归属感。参与者一旦对这些场所产生认同感和归属感，就有意愿再回到这里，甚至会不自觉地宣传和推广这些场所，从而保护当地的特色文化，进一步带动当地经济、文化、社会的可持续发展。对于人口收缩的乡镇而言，这些活动也有助于唤醒当地居民的主人翁意识，探索出一条独立于外部依赖的内生型可持续发展道路。

2.2 促进对存量空间与基础设施的再利用，提升人居环境质量

产业的培育与当地生态环境的治理、区域基础设施的改善以及人居环境品质的提升是分不开的。"引产""造城""聚人"三者紧密相连，缺一不可。例如，卡萨莱蒙费拉托利用举办景观节的契机，主导了一系列小规模、渐进式的更新项目，包括对道路和公共空间进行更新。更新是基于对当地居民

---

① 在20世纪70年代以前，分散的农户经营常常需要联合起来进行产品销售，催生和培养了许多商业贸易的企业家"经纪人"。

以及其他使用者的详细访谈，聚焦他们的感知和需求，且着眼于表现当地富有特色的景观风貌。在弗卢米尼马焦雷的案例中，许多空置建筑物被改造为游客度假屋，关闭的矿井被重新开发为博物馆向游客和学者开放，在人居环境的优化中特别考虑了老年游客的需求。其他典型案例包括东塞斯特里（Sestri Levante）和圣雷莫等镇。

东塞斯特里位于利古里亚大区首府热那亚市，总面积33.33km²。与大多数后工业型乡镇类似，东塞斯特里自20世纪末以来逐渐衰退。统计数据表明，2011年当地人口总数为1.82万人，较2001年的1.90万人和1991年的2.05万人分别减少了4.78%和11.23%，且出现了大量闲置、衰败的城市空间。在热那亚城市更新项目①的启发下，东塞斯特里施行了若干设计项目来实现对存量工业用地的再利用，以提升宜居性和吸引力，其中最重要的当属意大利金属管厂（Fabbrica Italiana Tubi）及其周边的再开发项目（图1）。该项目用地总计12.7万m²，其中奥瑞丽亚国道（Via Aurelia）将整个地块分为南、北两个部分。意大利著名规划师朱塞佩·坎波斯·文努蒂（Giuseppe Campos Venuti）和费德里科·奥利瓦（Federico Oliva）等于1997～2000年完成了对该地块的规划设计，包括建立纳尔逊·曼德拉公园（Parco Nelson Mandela）（图2），将部分建筑更新作为办公使用，开发居住和商业混合体以及打造连接这些项目的道路系统等。其中，曼德拉公园项目分两期进行，一期项目包括游泳中心、儿童游乐与科普教育设施、2000m²的宠物狗活动区、公共绿地等，中心区域为可容纳5000名观众的场地；二期项目中心是200m环形跑道，周边有跳远、射击、标枪、剑术等运动场地以及自行车道和步行道，且精选种植了约100种树木和多种灌木[26]。曼德拉公园项目还将原本穿越该地块的奥瑞丽亚国道改道至周边的铁路线附近，且重新打造了一条连接曼德拉公园与著名旅游胜地蓬塔马纳拉大区公园（Parco Regionale di Punta Manara）的道路，提升了该地块乃至整个东塞斯特里的吸引力。东塞斯特里还将里瓦特里戈索（Riva Trigoso）的滨海区由生产性功能转型为休闲功能，打造了高质量的滨海休闲空间（图3）。该项目原址是一处造船厂，拆除了厂房的旧棚屋后，为居民提供了超过3000m²的滨海步行道和2000m²的新海滩，重现了历史上村镇与海的联系，强化了场地的可识别性[27]。另外，

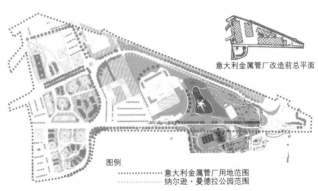

意大利金属管厂改造前总平面

图例
········· 意大利金属管厂用地范围
—— 纳尔逊·曼德拉公园范围

图1　意大利金属管厂及其周边再开发项目总平面图
（资料来源：作者根据参考文献[26-27]修改绘制）

---

① 为应对人口流失和经济衰退，热那亚着手对低效利用的公共空间和工业区进行再开发，用于发展旅游业，提升当地宜居性。其中，最著名的案例当属1985～2001年，伦佐·皮亚诺（Renzo Piano）设计的热那亚老港口更新项目，该项目提升了热那亚滨水开放空间的质量，使热那亚历史中心成为一个富有吸引力的居住、工作和娱乐休闲场所。

曼德拉公园鸟瞰图　　　　　　　　　　　曼德拉公园中的儿童游乐与科普教育设施

图2　曼德拉公园鸟瞰图以及园中的儿童游乐与科普教育设施
（资料来源：参考文献［26］）

图3　里瓦特里戈索滨海休闲空间改造前后对比
（资料来源：参考文献［27］）

该项目还新建了一处海堤墙，除用于防洪涝灾害外，墙内设置了绿地、休憩区以及全年龄段儿童活动区等。与上两个十年社会和经济各方面发展持续低迷不同，统计数据表明2001年后东塞斯特里就业率和人均年收入均恢复增长势头，人口数量保持稳定：2019年的就业率为66%，比2011年的42%高出了24%；2016年的人均年收入为22109欧元，比2001年的15075欧元高出了约46.7%；2021年末人口17788人，与2011年相比变化不大。

圣雷莫是意大利知名的"复苏乡镇"。它位于利古里亚大区，是一处滨海小镇，总面积54.7km^2。统计数据表明，1991~2001年圣雷莫的人口流失了9.6%（约1.2万人）。圣雷莫的旅游业在经历了20世纪90年代初的鼎盛期后很快就进入了瓶颈期，当地政府不得不思考如何推动旅游业及其配套产业的可持续发展，吸引人口回归。应对举措包括以高标准举办各项文体赛事（如音乐节、拉力赛、自行车赛和花展等）以及实施一系列规划策略和城市更新项目。例如，政府将2001年后闲置的滨海单轨铁路热那亚-文蒂米利亚段重新开发为一段24km长的自行车道（图4）。由于该段铁路使用期间曾将沿线的村镇割裂为几个部分，且破坏了村镇与海之间的联系，因此政府在打造自行车道时还同步对沿线村镇和道路进行整治，最终形成了双向自行车道、步行道以及两旁绿化和开放空间的结合，成功打造了一条富有当地特色的滨海旅游线路，重现了历史上村镇与海的联系。在这条线路上步行或骑行，能充分体验到利古里亚西海岸富有原真性的自然与人文景观。该线路是欧洲最长也最具吸引力的自行车道之一，它穿过因佩里亚省的8个乡镇，沿线设有观景平台、机动车停车场、自行车租赁点、休息站、就餐区等，这些主要通过对存量空间的再利用实现。这一线路及其周边的开放空间、公共设施于2012年共同构成了西利古里亚港湾公园，吸引了无数运动爱好者和游客，也使圣雷莫成为意大利户外旅行的一个重要目的地。统计数据表明，自2001年后圣雷莫人口数量、就业率、人均年收入均处于上升态势：2011年人口比2001增加了7%，就业率由2011年的42%上涨至2019年的59%，人均年收入由2001年的13925欧元上涨至2016年的19499欧元。

　　总的来说，意大利的实践立足内部和外部需求，关注对闲置土地和建筑物的再利用、公共空间的更新以及景观与交通体系的修复和连通等，旨在提升当地的景观与人居环境质量。在内部需求中，特别关注亲子家庭对儿童游乐场所和设施的需求以及中青年人对户外运动的需求，增加了居民生活的交往频率，提升了社区归属感。外部需求则主要关注游客群体的具体需求，如改善当地交通网络、提升景观质量、优化与现有旅游资源的联系等。值得一提的是，意大利的实践还反映出在深入挖掘在地资源的同时，可在更广泛的地理范围内构建资源联系，如上文所述的曼德拉公园项目。

图4　滨海单轨铁路热那亚-文蒂米利亚线改造前后对比
（资料来源：左图源自https://www.pistaciclabile.com/la-storia-della-pista-ciclabile/，右图源自http://rivieradeifiori.eu/en/categoria/the-coast/parco-costiero-riviera-dei-fiori-pista-ciclabile/）

2.3　构建多方协调的行动者网络

　　在意大利人口收缩乡镇的复苏中，构建多方协调的行动者网络也是一大关键。在这些乡镇里，居民带着他们的诉求、生活经验与共同价值观等参与到对建筑物、公共空间、基础设施的更新与维护以及各项文化、服务活动的开展中。非政府组织也在政府与当地居民之间架起了沟通的桥梁，帮助居民解读和了解当地政府的具体政策、认识未来的发展图景，进而构思更符合公私双方利益的行动战略。

在卡萨莱蒙费拉托的复苏中，非政府组织卡萨莱蒙费拉托景观观测所扮演了重要角色。该组织于2004年成立，是皮埃蒙特观测所（Osservatorio Piedmontesi）的下属机构。皮埃蒙特观测所通过与国家和地方层面的权威专业机构以及当地居民的合作来监测和管理当地的景观质量[28]。在其统筹管理下，皮埃蒙特大区建立起了一个较为完善的景观观测所网络，其下属的各景观观测所的负责人多为意大利注册建筑师和建筑、规划、景观领域的教授与学者。成立至今，卡萨莱蒙费拉托景观观测所通过组织研讨会、工作坊和景观节等活动，主导了当地的一系列更新项目，还邀请了当地学校师生以及来自热那亚大学、米兰大学、米兰理工大学的师生共同为蒙费拉托地区的景观研究和人居环境优化出谋划策。由于这些更新项目建立在对当地居民充分调研的基础上，因此在实施过程中，许多居民也自觉参与其中，居民的参与促进了他们对脚下这片土地的再认识，提升了他们的认同感与归属感。类似的小规模、渐进式更新行动也逐渐成为居民们的自主行为，使他们在日常生活中积极参与对当地景观、环境的管理与完善中。

在弗卢米尼马焦雷的案例中，当地的非政府组织"社区合作联盟"（Cooperativa di Comunità）负责管理"快乐乡村"项目，处理从建筑物修复、更新到房屋租赁等各项事宜，其组织成员中包括了许多当地居民。由于当地的空置建筑物多由生土和石头建造，该组织还通过与卡利亚里大学建筑系、非政府组织"生土城市协会"（Associazione della Città della Terra Cruda）合作来共同完成建筑物的修复与更新。其中，卡利亚里大学建筑系负责技术上的修复与更新，"生土城市协会"则为政府管理文化遗产提供支持，特别是保障当地历史与建筑遗产特征的可识别性不受破坏。此外，该协会还为参与项目的设计师和建筑公司提供培训，指导他们如何使用传统建筑材料。

总的来看，在意大利人口收缩乡镇的复苏中，非政府组织、当地居民、高校、研究机构均扮演了重要角色，构建起多方协调的行动者网络，培育和激发了自下而上的内生治理动力，同时也提升了地方认同感与归属感，促进了当地社会、文化、人居环境以及产业（特别是旅游业）的可持续发展。

3　讨论与启示

人口收缩的乡镇面临多方面的严峻挑战，我国当前尚未形成与之匹配的规划体系、规划策略和治理机制。既有的多数研究尚未与新型城镇化等宏观议题进行良好互动，也未就国土空间规划体系下可能改进的相关内容和实施措施作充分探讨。下文结合意大利的经验以及我国人口收缩乡镇的现状、规划应对中存在的问题，探讨意大利经验对我国的启示。

3.1　加强对收缩乡镇的识别，构建信息化平台

2018年颁布的《乡村振兴战略规划（2018—2022年）》与2021年的中央一号文件，均提出首先进行村庄分类，再因类施策地规划与振兴，以便有效指导实用性村庄规划的编制工作。可以说，建立科学的分类方法，对收缩乡镇进行分类，是国土空间规划体系中制定差异化规划应对策略的关键。

加强收缩乡镇的识别与测度有助于对收缩乡镇进行分类，进而采取针对性的应对策略。对此可借鉴意大利经验，通过与专业院校合作，因地制宜地制定评价指标体系。在市县级国土空间规划中，对乡镇发展潜力进行评价，侧重于对收缩乡镇的识别与测度以及对收缩趋势的预测。结合我国乡镇的实际情况、数据的可获得性以及意大利的经验，可从客观与主观两个层面对单个乡镇展开评价，分析现有规划策略的有效性，并筛选出重点乡镇，从而为调整规划策略和对症下药地制定应对策略提供参考。客观层面聚焦人口、产业、就业、建设用地、道路交通、公共服务设施、建筑物质量与空置程度、商铺业态、历史文化和景观特色等维度。主观层面关注当地居民对乡镇物质环境、社会、经济等层面发展情况的感知。具体操作上，可通过搜集"三调"数据、遥感影像、用电量、手机信令、POI、LBS、不动产登记等多源数据结合定性问卷调查和访谈进行多时空、多维度的空废感知和趋势预测。此外，可将上述识别、测度、预测数据纳入国土空间规划基础信息平台和规划实施监督信息系统，构建收缩乡镇的信息化平台。

3.2 以县域、镇域为统筹单位，引导产业向特色化、精细化、多元化发展

在我国，人口收缩乡镇大多存在产业结构单一、接续产业尚未建立、产品竞争力不强等问题。意大利的经验启发我们，需立足当地特色，挖掘潜在的外部需求，盘活地理、历史、文化和环境等当地资源，培育具有辨识度和针对性的高品质产业、品牌，引导产业向特色化、精细化、多元化发展。例如，在引导旅游业发展上，不专注于短期内吸引更多游客，而是侧重于打造有特色、高品质的旅游体验。此外，乡镇产业和经济发展应尽可能地培育多元主体，走多元融合发展的道路，这样不仅有利于降低市场风险和自然风险，也有利于充分利用当地资源。在市县级国土空间规划中，可考虑以县域、镇域为统筹单位，采取"一村一品"的发展模式，形成相对统一又各具特色的产业集群，实现区域视角的"三产"联动融合发展。值得注意的是，许多意大利乡镇中分布着以家庭作坊为主要组织形式的小企业，且常通过设立工业区的形式进一步鼓励产业的发展和聚集。这些乡镇与改革开放后我国东南沿海催生的大批工贸型乡镇有一定的相似性，但区别在于前者产品的创新性和针对性更强，重质不重量，要求高素质的技术工人和高水平的设计能力，几乎可归入今日所谓的"创意产业"门类之中，设计和生产部门之间始终保持着创造性的能量交换，生产附加值普遍较高[7]。这也许能为全球化和国内外贸易环境剧变背景下，我国东南沿海工贸型乡镇的产业转型与再发展提供一定启示。

3.3 以人为本，提升人居环境质量

随着城镇化的不断深入，我国乡镇发展的重心转向在稳定的乡镇空间布局基础上进行存量空间优化。宜居与乡镇居民的生活和福祉密切相关，是乡镇最值得骄傲和彰显的资本，也是留住人才和发展产业的基础条件之一。当前在对人口收缩乡镇的人居环境整治上，尚未形成具有针对性和可操作性的建设指导政策。既有措施要么维持现状，顺其自然发展甚至消亡；要么脱离当地需求，生搬硬套城市规划的方式和方法，更有甚者为迎合都市人的消费喜好而将城市的审美和价值观试验性输入[29-30]。

由此产生的空间景观及其体验大多品质不佳，且同质化严重，未能充分反映当地的历史和文化内涵。造成的结果是既无法满足当地居民的真正需求，也无法对外来者构成持续的吸引力。同时，由于这些行动多为政府主导一次性完成，而非居民持续、自发的创造行为，也未能契合居民的真正需求，因此难以在地方层面获得内生的、长久的创造和维护力量。意大利的实践启发我们，人口收缩乡镇的人居环境整治需强调问题导向，以人为本，深入调研，了解民意，以内部需求为主、外部需求为辅，基于本地资源与外部资源条件以及产业和历史文化特色，对闲置建筑物、土地、基础设施进行更新再利用，以实现人居环境、产业和社会等多方面可持续发展的目标。具体操作应注重实施性与在地性，注意探索与周边资源的潜在联系以及创造青少年与老年友好的人居环境和社会氛围。

3.4 推动多元主体共治，促进自我组织能力建设

当前我国对乡镇的规划总体仍采用自上而下的主导方式，即由政府（或开发主体）指令规划师作"命题作文"，规划师主要落实政府的意图，居民大多被动参与和接受，而非全程参与[31]。意大利的实践启发我们，人口收缩乡镇的复苏需要改变过去单纯依赖政府力量的自上而下层级传导模式，也不应仅仅依靠外部资源，而需要提倡参与式规划，推动多元主体共治，通过参与实现赋权，激发在地居民的自主性，促进自我组织能力建设，以此培育乡镇的自我发展能力[30]。

意大利人口收缩乡镇的复苏主要依赖于地方政府、非政府组织、当地居民、高校师生、专家、媒体等多元主体的共同协作努力，较好地体现了参与式规划的内核。当地居民并非被动地接受规划，而是参与了从前期调研、研讨到中后期方案编制、审议与实施的全过程。居民的全过程参与不仅使他们的切身需求得以表达，还加深了他们对当地历史、现状与未来发展的理解，激活了主体责任感与归属感。在意大利，非政府组织独立性强，大多有较强的专业背景，可从专业角度为人口收缩乡镇的复苏出谋划策，同时也能联系地方政府、高校师生、专家、媒体、当地居民等多元参与主体。高校师生的参与体现了引导人口收缩乡镇复苏上的产学研合作，既弥补了这些乡镇在制定规划、设计项目上专业度有限以及财力和人力不足的问题，又促进了年轻一代更好地理解这些乡镇的现状与未来。大众媒体的参与则起到了舆论监督与宣传的作用。值得注意的是，尽管我国非政府组织的发展不如意大利等西欧国家成熟，但近年来的乡村振兴实践已反映出乡村规划师、乡贤、村集体、高校师生等多元参与主体正在当地居民、基层政府之间扮演起越来越重要的中间角色，共同推进乡村治理模式的完善。未来可借鉴意大利经验中地方经纪人、社会自治组织（行业协会）和地方政府在引导、培育产业上的合作，同时为培育乡镇集体企业、合作社、互助合作小组等多元主体形式以及推动多元主体共治提供制度性条件。

4 结语

引起乡镇人口收缩现象的原因在不同国家与地区以及不同发展背景下具有显著差异。相应地，应

对策略也没有统一范式。意大利的经验启发我们需立足内部需求，挖掘潜在的外部需求，考虑周边乡镇及所在地区的特色资源，因地制宜地提升竞争力和吸引力，包括引导产业向特色化、精细化、多元化发展，提升当地人居环境，促进乡镇自我组织能力建设等。值得注意的是，逆转人口收缩并非最终目的，探索人口收缩乡镇如何在全球化和其他因素带来的冲击下实现更积极、更健康、更全面的发展态势更为重要。希望本文能抛砖引玉，为我国政府部门、规划师、建筑师、景观设计师、城市社会学者等在应对镇级行政单元和乡村地区人口外流与"空心化"问题，推进乡村振兴战略与新型城镇化高质量发展的过程中提供一种思考。未来我们需以国土空间规划的编制与管控研究为平台，对相关政策制度的供给进行进一步研究。

参考文献

[1]　XIE S, BATUNOVA E. Shrinking historic neighborhoods and authenticity dilution: an unspoken challenge of historic china towns in the United States through the case of San Francisco［J］. Sustainability, 2020, 12: 282.

[2]　MALLACH A. What we talk about when we talk about shrinking cities: the ambiguity of discourse and policy response in the United States［J］. Cities, 2017, 69: 109-115.

[3]　DORINGER S, UCHIYAMA Y, PENKER M, et al. A meta-analysis of shrinking cities in Europe and Japan. towards an integrative research agenda［J］. European planning studies, 2019, 28 (4): 1-20.

[4]　张贝贝, 李志刚. "收缩城市"研究的国际进展与启示［J］. 城市规划, 2017, 41（10）: 103-108, 121.

[5]　张京祥, 冯灿芳, 陈浩. 城市收缩的国际研究与中国本土化探索［J］. 国际城市规划, 2017, 32（5）: 1-9.

[6]　西尔维娅·索萨, 保罗·皮诺. 为收缩而规划: 一种悖论还是新范式［J］. 国际城市规划, 2020, 35（2）: 1-11.

[7]　侯丽. 意大利城镇化的社会经济与空间历史进程及模式评述［J］. 国际城市规划, 2015, 30（S1）: 29-35.

[8]　SALONE C, BESANA A, RIVOLIN U J. Crisis and urban shrinkage from an Italian perspective［M］// KNIELING J, OTHENGRAFEN F, eds. Cities in crisis. socio-spatial impacts of the economic crisis in Southern European cities. New York: Routledge, 2016: 190-214.

[9]　克劳斯·昆兹曼, 彼得拉·伯茨, 王纺. 从意大利城市和区域空间规划与发展中能学到什么？［J］. 国际城市规划, 2010, 25（3）: 1-4.

[10]　CASELLI B, VENTURA P, ZAZZI M. Performance-based spatial monitoring. an interpretative model for long-term shrinking medium-small Italian towns［J］. Sustainable cities and society, 2020, 53: 101924.

[11]　ORAZI M. Vivere nei piccolo borghi: tutto ciò che nessuno dice. Informazione senza filtro［OL］. (2020-07-01)［2021-12-31］. https://www.informazionesenzafiltro.it/vivere-nei-piccoli-borghi-tutto-cio-che-nessuno-dice/.

[12]　CRISCI M, GEMMITI R, PROIETTI E, et al. Urban sprawl e shrinking cities in Italia: trasformazione urbana e redistribuzione della popolazione nelle aree metropolitane［M］. Roma: Istituto di ricerche sulla popolazione e le politiche sociali, 2014.

[13]　CALZA BINI P, CORTESE C, VIOLANTE A. Interconnessioni tra sviluppo economico e demografico nel declino urbano: il caso di Genova［J］. Argomenti, 2010, 29 (2): 105-131.

[14]　BERNT M, HAASE A, GROBMANN K, et al. How does (n't) urban shrinkage get onto the agenda?

experiences from Leipzig, Liverpool, Genoa and Bytom［J］. International journal of urban and regional research, 2014, 38 (5): 1749-1766.

［15］ CAMARDA D, ROTONDO F, SELICATO F. Strategies for dealing with urban shrinkage: issues and scenarios in Taranto［J］. European planning studies, 2015, 23 (1): 126-146.

［16］ CALANDRA R. L'Italia dei paesi fantasma: dalla Sicilia al Piemonte i borghi restano senza abitanti［OL］. (2019-03-09)［2021-12-31］. https://www.ilsole24ore.com/art/l-italia-paesi-fantasma-sicilia-piemonte-borghi-restano-senza-abitanti-AB9h3raB.

［17］ SALONE C, BESANA A. Urban shrinkage. theoretical reflections and empirical evidence from a Southern European perspective［C］. Dublin: AESOP-ACSP Joint Congress, 2013-04.

［18］ VIOLANTE A. Rimpicciolite: verso una comprensione dello shrinkage urbano in Italia［M］// CRISCI M, GEMMITI R, PROIETTI E, et al. Urban sprawl e shrinking cities in Italia: trasformazione urbana e redistribuzione della popolazione nelle aree metropolitane. Roma: Istituto di ricerche sulla popolazione e le politiche sociali, 2014: 121-143.

［19］ DI BIASE S, BARREIRA A P. Shrinking and resurgent cities in Italy: size, location and causes［J］. Scienze regionali, 2019, 18 (1): 115-144.

［20］ CHESHIRE P C. Resurgent cities, urban myths and policy hubris: what we need to know［J］. Urban studies, 2006, 43 (8): 1231-1246.

［21］ MUSTERD S. Segration, urban space and the resurgent city［J］. Urban studies, 2006, 43 (8): 1325-1340.

［22］ STORPER M, MANVILLE M. Behaviour, preferences and cities: urban theory and urban resurgence［J］. Urban studies, 2006, 43 (8): 1247-1274.

［23］ GORDON I. The resurgent city: what, where, how and for whom?［J］. Planning theory and practice, 2004, 5 (3): 371-379.

［24］ AGENZIA PER LA COESIONE TERRITORIALE. Strageia nazionale per le Aree interne［EB/OL］. ［2022-04-12］. https://www.agenziacoesione.gov.it/strategia-nazionale-aree-interne/.

［25］ PRESIDENZA DEL CONSIGLIO DEI MINISTRI. La città in contrazione［EB/OL］.［2021-12-31］. https://www.urbanindex.it/citt%C3%A0/la-citta-in-contrazione/.

［26］ SPORTE & IMPIANTI. Sestri Levante (Genova): Il Nuovo Parco Nelson Mandela［EB/OL］.［2021-07-31］. https://www.sporteimpianti.it/principale/tsport/tscape-arredo-urbano/sestri-levante-genova-parco-nelson-mandela/.

［27］ COMUNE DI SESTRI LEVANTE. Slow landscape［J］. Topscape, 2017, 28: 155-159.

［28］ ZOPPI M. Ruolo e funzioni dell'Osservatorio regionale del paesaggio［M］// POLI D. Regole e progetti per il paesaggi: verso il nuovo piano paesaggistico della Toscana. Firenze: Firenze Università Press, 2012: 75-81.

［29］ 罗震东, 项婧怡. 移动互联网时代新乡村发展与乡村振兴路径［J］. 城市规划, 2019, 43（10）: 29-36.

［30］ 孙莹. 以"参与"促"善治"——治理视角下参与式乡村规划的影响效应研究［J］. 城市规划, 2018, 42（2）: 70-77.

［31］ 李开猛, 王锋, 李晓军. 村庄规划中全方位村民参与方法研究——来自广州市美丽乡村规划实践［J］. 城市规划, 2014, 38（12）: 34-42.

人口收缩背景下的意大利乡村分散式酒店发展模式研究——以塞萨尼奥村为例

Research on the Development Model of "Albergo Diffuso" in Italy from the Perspective of Population Shrinkage: Interpretation of the Typical Case of Santo Stefano di Sessanio

李汀珅　张明皓

Li Tingshen, Zhang Minghao

摘　要　乡村是具有自然、社会、经济特征的地域综合体，兼具生产、生活、生态、文化等多重功能，是人类活动的重要物质空间。在当前人口收缩背景下，许多乡村都面临人口减少甚至被废弃的困境。本文探讨意大利分散式酒店发展模式在应对人口收缩问题时的实践情况，通过对其经典案例塞萨尼奥村项目进行细致分析，分别从空置建筑的修复更新与再利用、本地特色产品与手工艺培育、区域景观与周边村镇协同发展等方面介绍其经验，旨在为应对我国乡村人口收缩情况提供一定的启示。

Abstract　Village is a regional complex with natural, social and economic characteristics, it has multiple functions such as production, life, ecology, and culture. In the context of the current population shrinkage, many villages are facing the dilemma of population reduction or even abandonment. Therefore, this paper selects the development model of the Italian "Albergo Diffuso" in dealing with the problem of population shrinkage, and conducts a detailed analysis of its classic case, the Santo Stefano di Sessanio, by introducing its experience on restoration and reuse of vacant buildings, cultivation of local special products and handicraft skills, coordinated development of the regional landscape and surrounding villages and towns, aiming to provide enlightenment for coping with the rural population shrinkage in China.

关键词　意大利乡村；人口收缩；分散式酒店；建筑更新；土特产品培育；村镇协调发展

Keywords　Italian village; population shrinkage; albergo diffuse; building renovation; local product cultivation; coordinated development of villages and towns

引言

改革开放以来，我国的工业化和城镇化进程快速推进，在推动城乡人口流动和经济社会发展重组的同时，也加剧了许多乡村的快速衰落，导致乡村土地资源浪费、生态环境恶化、生活服务功能衰退等严重趋势[1]。2018年5月31日，中共中央政治局审议并通过了《国家乡村振兴战略规划（2018—2022年）》，其中明确表述了需要妥善处理乡村"空心化"、农村老龄化等现实问题，以及挖掘乡村独特价值、延续乡村文化血脉、完善乡村治理体系等诸多任务。如何在人口收缩的大背景下，有效地

中国矿业大学基本科研业务费项目（2020SK17）。本文发表于《国际城市规划》2022年第3期。

李汀珅，博士，徐州工程学院，讲师。

张明皓，博士，中国矿业大学建筑与设计学院，副教授，中国矿业大学地域历史与遗产研究所，所长。

利用和复兴乡村中的建筑遗产、历史文化、特色产业和区域景观，增强其社会经济活力，为当地创造出更多的工作机会以提高居民生活水平，是我国乡村振兴战略中亟待攻克的艰巨任务。

事实上，人口收缩导致的乡村衰败甚至被废弃情况不只存在于中国，欧洲各国特别是意大利也面临相同的困扰。从20世纪70年代开始，伴随着城市化的迅猛发展以及传统农业活动和生活方式的改变，意大利乡村人口流失和老龄化问题日益严重。在此背景下，分散式酒店（Albergo Diffuso）模式于20世纪80年代初被首次提出，这是一个以保护当地特色民居、景观和文化为主导的旅游住宿管理模式，旨在应对日益严重的乡村人口收缩问题，逐步改变衰败和废弃的状况，进而实现乡村复兴。发展至今，分散式酒店模式已经成为意大利等欧洲各国乡村保护、复兴和可持续发展的重要措施。本文分析并总结分散式酒店模式在乡村传统民居的保护修复与再利用、本地特色产业的培育与开发、文化景观和传统农业的恢复等方面的经验，希望为我国应对乡村人口收缩问题提供一定的启示。

1 以分散式酒店应对人口收缩的治理模式

分散式酒店模式应用于意大利各大区和自治区[①]的乡村复兴实践已经超过40年，积累了丰富的经验，形成了成熟的体系。正如其创始人吉安卡洛·达尔莱拉（Giancarlo Dall'Ara）[②]教授所述，分散式酒店模式是为了拯救越来越多的意大利乡村在居民搬到城市居住后留下空置房屋而创立的。由此出发点，分散式酒店真正为应对意大利乡村人口收缩问题，保留传承当地乡村特色提供了科学的治理模式。

1.1 分散式酒店的起源和发展历程

分散式酒店最早于20世纪80年代被提出。由于意大利弗留利-威尼斯朱利亚大区（Friuli-Venezia Giulia）境内的地震造成了大量村镇废弃、房屋损毁和人口流失，为了遏制越来越严重的人口收缩问题，当地政府决定实施"科梅格利安居民试点计划"（Progetto Pilota Comeglians），旨在对损毁和无人居住的房屋住宅进行翻新修建[2]。达尔莱拉教授作为"试点计划"工作组的一员，首次提出了分散式酒店的概念。最初这一想法类似于将乡村内的一部分废弃住宅进行翻新后出租给来当地旅游度假的游客，但是在概念提出伊始并没有重点提及对当地特有文化的融入，也没有建立一个独特原创的管理模式，以应对人口收缩的现实问题。

第一个完整定义并且施行分散式酒店概念的项目，出现在1989年意大利圣莱奥村（San Leo）

---

① 意大利全国划分为20个行政区（regione），包括15个普通大区，以及由于少数民族居多、历史沿革、地处边远地区等原因而设立的5个特别自治区，共有103个省、7904个市镇。

② 吉安卡洛·达尔莱拉是分散式酒店模式的提出者和推广者，同时也是意大利分散式酒店协会的创立者和首任主席。他长期担任意大利旅游局顾问，并且为许多乡村的分散式酒店模式开发提供策略方面的咨询，此外，他定期在德国、法国、美国、日本、英国、中国等国家举办关于文化遗产旅游市场的研讨会，致力于将分散式酒店模式在全世界范围内推广。

管理部门制定的有关发展计划中——明确当地"在不增建新建筑的基础上，通过更新和改善既有无人居住的历史建筑，提供具有本地文化特色的居住环境"[3]，并且首次提出"建筑的翻新需要保证真实（authentic）环境，其目的不仅是为了满足游客需求，更主要的是服务当地居民"等关键要求。在1994年撒丁岛的博萨村（Bosa）地区发展计划中，分散式酒店的理念得到了进一步的完善。例如，强调在建筑更新过程中，需要增加富有本地特色的可识别特征，特别是在住宅构件以及住宿设施上；明确需要增加公共区域空间，使得作为服务人员的本地居民可以更好地与旅客交流沟通；规定了分散酒店之间的最大距离，使游客身处室外有着互为"邻里街坊"的独特感受[4]。

通过梳理分散式酒店的发展历程可以发现，该模式并非单纯的旅游开发项目，而是为了解决日益严重的意大利乡村人口收缩问题，恢复更新既有的空置住房和基础设施，以提高当地村民的日常生活水平；同时，该模式挖掘乡村文化内涵，融合发展具有本地特色的旅游产业，带动就业和人口逐步增长，以促进可持续性的乡村复兴。截至2020年底，意大利已经有超过140个乡村采用分散式酒店模式作为复兴和可持续发展的策略，乡村就业率平均提高了25%～30%，常住人口小幅增长约5%[5]。这些数据说明了分散式酒店模式在应对乡村人口收缩问题上是科学可行的。

1.2 分散式酒店的组织逻辑和构成特点

分散式酒店作为以保护和复兴乡村为主导任务的旅游住宿发展模式，在应对乡村人口收缩问题时，其组织逻辑不同于传统酒店的"垂直化"布置方式，而是提出一种全新的"水平化"组织框架——由一个中心枢纽（hub centrale）作为接待处和游客服务中心，住宿的房间则分布于乡村中不同的民居内（图1），且距离中心枢纽的距离一般不超过规定的数值。这种组织逻辑有利于充分整合利用乡村中现有的空置资源，增加商业和手工业的总体布局数量，且距离中心枢纽的范围限制可以保证服务质量、吸引游客，进而形成可持续的人口增长和乡村复兴。

从分散式酒店发展过程中可以发现，该模式并不适用于所有的村落，而更适合拥有丰富历史文化、特色民居以及独特景观的"理想乡村"，这些乡村的构成特点能够与所实施的一系列应对人口收缩的措施具有直接联系。

（1）乡村本身具有丰富的历史和特色文

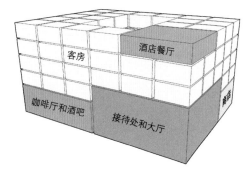

传统酒店的"垂直化"模式

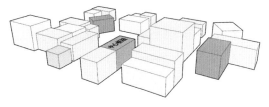

分散式酒店的"水平化"模式

图1 传统酒店模式与分散式酒店模式的区别

化，具备深入挖掘和开发利用的潜力，进而可衍生创作出具有当地特色的手工艺品和美食，还可定期举办推广本地特色文化相关活动。同时，乡村应具有较为完备或者可以提升的基础设施，并且与主要的旅游线路保持良好的可达性，便于为居民和游客提供基本的商业、文化和旅游服务。

（2）乡村中存在包含丰富历史和美学价值且无人居住的传统民居，这些民居之间应当彼此靠近，可以统一对其进行科学的保护和修复，并可在现有住宿容量的基础上进行更新和装修，以满足酒店接待的功能要求，如酒店前台、房间、公共区域、餐厅、办公室和仓库等。同时，应尽量减少新的建设和开发项目，防止进一步的房屋废弃和建设浪费。

（3）乡村中存在特色农业活动、农产品或者特色景观（包含农业类的文化景观），可结合有效恢复策略保证传统村落的农业特性获得延续和发展，并且通过增加远足、骑行、观光车等多种游览方式，做到景观的可持续利用。同时，可通过开展特色农业产品的品尝和销售，增加当地居民的就业机会，减少当地人口流失。

（4）乡村应有一定数量的常住人口，并且存在固有的社会关系，以保证一年中各时间段的旅游接待服务。鼓励当地居民参与经营生产，包括恢复和维护建筑与景观，制售当地特色产品等。此外，可邀请当地居民作为本地文化的"讲述人"，增加游客和当地真实文化的互动[6]。

1.3 分散式酒店的监管架构和条例规定

由于越来越多的意大利乡村采用分散式酒店模式，因此制定相关监管法规的需求日益突出。撒丁岛于1998年颁布了关于分散式酒店的具体法律，成为意大利最早颁布相关法律的大区。目前，意大利所有的大区和自治区都已经形成了有关分散式酒店模式的监管框架，各大区政府除了提出相关原则之外，更是根据本身大区内的不同社会和地理情况，对分散式酒店中的"最低住宿供应量""住宿到中心枢纽最大距离"等提出具体要求。这些监管框架规范了分散式酒店的规模和布局模式，有效保证了采用该模式的乡村在面对人口收缩和发展复兴问题时具有足够的发展潜力和科学的发展范式，以取得更加理想的应对效果（表1）。

在这些条例中，2011年颁布实施的坎帕尼亚（Campania）大区分散式酒店有关规定①最具代表性，达尔莱拉教授也全程参与了其编制工作。该条例共包含13项具体规定，全面涵盖了包括属地条件、居住单元、经营管理、开放时间、分类等级、质量标准、可达性能、监管机制、尺寸要求等方面的内容，并且对每项规定都作了详细说明，同时根据具体情况在某些条款上列出了详细数据。例如，为保证开设分散式酒店的乡村具有内在活力和宜居属性，该村落需要有至少10户以上的常住人口；又如，为保证旅游居住的优质体验，单床卧室的面积不得低于8m²，双床卧室面积不得低于14m²[7]。越来越细致的规定保证了分散式酒店模式在面对不同乡村人口收缩情况时的普遍适用性。

---

① 该条例全称为"Regdamento regionale in attuazione dell, art. 8 bis della legge regionale n. 17 del Regolamento albergo diffuso"。

意大利各大区对分散式酒店模式的部分指标规定 表1

大区名称	最低住宿供应量	住宿到中心枢纽最大距离	备注
阿布鲁佐大区（Abruzzo）	—	—	—
巴西利卡塔大区（Basilicata）	8间卧室	平均300m	—
卡拉布里亚大区（Calabria）	2栋独立建筑	直线距离300m 步行距离400m	—
坎帕尼亚大区（Campania）	2栋独立建筑	直线距离300m 步行距离400m	—
艾米利亚-罗马涅大区（Emilia-Romagna）	7个住宿单元	平均300m	—
弗留利-威尼斯朱利亚自治区（Friuli-Venezia Giulia）	80间卧室	根据各市域指标	分散式酒店模式可以跨市域联合开发执行
拉齐奥大区（Lazio）	7个住宿单元	—	—
利古里亚大区（Liguria）	30间卧室	平均250m	—
伦巴第大区（Lombardy）	7间卧室或公寓	平均400m	—
马尔凯大区（Marche）	7个住宿单元	平均500m	—
莫利塞大区（Molise）	—	—	第一个在广域乡间田园范围内运用分散式酒店模式的大区
皮埃蒙特大区（Piedmont）	15间卧室	平均1000m	分散式酒店模式可以跨市域联合开发执行
普利亚大区（Puglia）	30间卧室	直线距离300m 步行距离400m	—
撒丁大区（Sardinia）	—	平均200m	—
西西里大区（Sicily）	7个住宿单元	平均300m	—
托斯卡纳大区（Tuscany）	30间卧室	—	—
特伦蒂诺-上阿迪杰自治区（Trentino-Alto Adige）	4个住宿单元	平均200m	—
翁布里亚大区（Umbria）	—	—	—
瓦莱达奥斯塔大区（Valle d'Aosta）	—	—	—
威尼托大区（Veneto）	2个住宿单元	平均400m	—

2 典型应对案例塞萨尼奥村分散式酒店的特点分析

塞萨尼奥村（Santo Stefano di Sessanio）位于意大利拉奎拉市（Aquila）以东约30km处的大萨索山（Gran Sasso e dei Monti della Laga）国家公园内，地处海拔约1251.0m的山顶，是一座典型的欧洲中世纪城防村镇，具有意大利中部村镇的特有形态特征，并且整体型制一直得以保持，时至今日村内仍然保有大量的历史建筑和人文景观（图2）。如意大利国内的许多村庄一样，由于山区农业衰退和城市化进程的不断影响，塞萨尼奥村的本地人口一直在流失。数据显示，该村人口在1901年达到最多的1489名居民，在1951年仍有791名常住居民，但2000年人口已经急剧下降至

图2　塞萨尼奥的村落风貌与布局情况
（资料来源：左图来自http://www.gransassolagapark.it/fotoGallery/10172_141_PNGSL.jpeg；右图截取自https://www.youtube.com/watch?v=guVtvGVpzLw）

70人[8]，整个塞萨尼奥村处于被废弃边缘。

2001年，为了扭转人口收缩导致的衰败状况，当地政府积极引入社会资本，共同制定了以分散式酒店模式为基础的"价值规定"（Carta dei valori per S.Stefano di Sessanio）。在该"价值规定"中，首先明确了禁止新建房屋项目，必须在原有村落格局与历史文化风格的基础上对空置房屋进行修缮和再利用，同时围绕分散式酒店进行周边产业的衍生，从而达到乡村整体复兴的目标。经过近20年的逐步恢复和发展，现在的塞萨尼奥村分散式酒店项目已成为经典范例。于2020年统计的村内常住人口已经增长到115[9]，这得益于保护建筑遗产特色、培育本地特色产业产品、协同周边区域发展等多方面的成功应对举措。

2.1　空置建筑的修复更新与再利用

塞萨尼奥村内建筑整体属于中世纪晚期风格，墙身主体由石头建造而成，每栋建筑都包含庭院、露台、拱门、凉廊、壁炉、石檐等构件，具有十分重要的历史与建筑价值。然而，城市化和自然灾害等多重原因导致了其严重的人口收缩情况，使得村内废弃空置建筑一度多达50余栋（全村共有115栋）。2005年，瑞典裔意大利富商丹尼尔·基尔格伦（Daniele Kihlgren）参与塞萨尼奥村分散式酒店项目，并在当年首批买下村落中13栋空置房屋。出于对塞萨尼奥村的独特建筑风格和完整村落风貌的喜爱，他决定以修复更新现有空置建筑为基础，综合考虑具体空置建筑规模和区位，进而提出最为合理的再利用设计方案。

以该村分散式酒店"石窟"（图3）为例。这是一栋两层的历史建筑，在20世纪70年代曾经被作为旅馆使用，后来由于人口外迁导致废弃空置。在对其改造过程中，项目人员对整个村庄的建筑元素进行了广泛研究，以确保在更新过程中可以添加正确的历史时期构件，同时通过对比找到与建筑类型和风格最为兼容的材料。不仅对室内的壁炉、楼梯、门窗等进行了细致地修复，还在圆形的"石窟"空间中增加了现代化浴室设施，以满足旅客通常的居住需求。此外，项目人员还将空置房屋改造成住宿旅馆，并增加了包括餐厅、酒吧、会议室等多种功能的改造设计，很大程度满足了塞萨尼奥村居民和游客在生活、娱乐、工作上的新需求。

在建筑的室内布置方面，项目人员通过研究大量的当地历史照片和资料，再现了塞萨尼奥村落中最具特色的室内布置和配套设施。从木质家具到室内手工家私，从色彩到版型，都遵循最具当地特色的做法。

分散式酒店项目在塞萨尼奥村当地获得了巨大的支持，绝大多数居民对保护当地建筑文化、充分再利用现有空置建筑的做法表示认同，并且积极参与各项修复和更新项目。目前，塞萨尼奥村内的分散式酒店客房建筑已经达到32栋，餐厅、酒吧、会议室等其他功能建筑有8栋[10]，从根本上解决了由于村内人口收缩导致的建筑废弃空置问题（图4）。

2.2 本地特色产品与手工艺培育

分散式酒店项目针对本地特色产品与手工艺的培育也提出了多项举措。由于塞萨尼奥村地处山区地带，交通不便的现实情况反而有利于传统耕作方式的存续。在阿布鲁佐大区农业发展服务局（ARSSA della Regione Abruzzo）的指导下，项目组鼓励并引导当地居民组建农业种植协会，重点培育本地特色作物，特别是扁豆、莳萝、欧防风等农产品；又聘请本地居民将原材料加工成为特色美食产品，如当地特色的奶酪、肉

酒店位置图　　　　　酒店外观图

一层平面图

浴室布置图

二层平面图

卧室布置图

图3 "石窟"酒店建筑的修复更新效果
（资料来源：作者根据塞萨尼奥酒店宣传手册改绘 https://www.slideshare.net/Realitalia/brochure-st-stefano-di-sessanio-e-version）

图4 塞萨尼奥村中的分散式酒店分布情况示意
（资料来源：作者改绘自https://www.sextantio.it/santostefano/albergo-diffuso-hotel-abruzzo/）

类、葡萄酒等，借由餐厅、酒吧、商店等场地向游客销售。通过一系列本地产品的培育和增产，有效地恢复塞萨尼奥村的农牧业和餐饮业，为当地年轻人提供了更多留在本地发展的机会。

此外，传统面料手工艺品也是塞萨尼奥村的重要特色，是本地居民家庭用品的重要组成部分。为了更好地传承发展该技艺，分散式酒店项目邀请阿布鲁佐人民博物馆对塞萨尼奥村的传统面料制作工艺进行调查，设计开设了"传统手工艺工作坊"（Le Botteghe Artigianali）。该工作坊类似于传统意义上女性居家纺织的空间，配备具有百年历史的面料制作设备，并且聘请有经验的传统工匠进行指导。同时，工作坊还开设了编织体验课程、烹饪课程、肥皂制作课程、柳条编筐课程等，通过多种形式更好地将本地特色手工技艺传承推广出去。

2.3 区域景观与周边村镇协同发展

塞萨尼奥村周边蕴含大量的特色文化景观遗产，如梯田、牧场、特色乡土建筑等，都是重要的文化景观元素，也是人与自然和谐共存的最好例证。作为全面应对乡村人口收缩的有效策略，分散式酒店项目明确了保护和促进乡村特色自然景观与文化景观的必要举措。例如，鼓励和直接聘用当地居民参与恢复当地景观的工作；通过一系列有效措施连接各村落间的森林步道，以达到恢复当地特色景观的目的；根据旅客需求量身定制短途骑行"电动宽轮自行车"（e-FatBike）项目；聘请当地居民作为陪同导游，游览周边的"帝王台"（Campo Imperatore）和"大萨索"（Gran Sasso）山脉小径。这些举措不仅增加了本地居民的就业机会，更实现了对区域景观的可持续利用。

塞萨尼奥村的分散式酒店项目取得成功后，2006年拉奎拉市政府拨款50万欧元①，用于人口收缩问题较为严重的卡尔维肖（Calvisio）、卡拉西奥（Calascio）、卡拉佩拉（Carapelle）等五个乡村分散式酒店项目的开发。这五个乡村以塞萨尼奥村为中心，将邻近的村落连为整体[11]，通过增加各村落之间的通达性和联动性，共同开发出具有特色的文化景观共享项目。例如，"徒步旅行"（Trekking Tour）项目，是在当地导游的带领下在村际之间徒步旅行，不仅可以欣赏如阿特诺谷（Valle dell'Aterno）的自然风光和罗卡·卡拉西奥古堡（Rocca Calascio）等历史遗迹，还可以享受跨村住宿和行李代转等服务，真正实现了村际之间的协同发展与复兴。

3 分散式酒店对我国乡村应对人口收缩问题的启发

当前，我国乡村人口收缩带来的问题不断出现，《国家乡村振兴战略规划（2018—2022年）》多次提及目前乡村人口流失的严重情况。如何配合乡村振兴战略应对和解决这些问题，已经成为国内各界必须面对的宏大议题[12]。意大利分散式酒店模式和塞萨尼奥村典型案例，已经被证实特别适用于

---

① 拉奎拉市于2006年1月18日颁布"区域多期年度预算规定"（Disposizioni per la formazione del bilancio pluriennale ed annuale della Regione），在第8章节的第69～73条例对该项资金作了详细的描述和规定。

恢复和发展具有特色历史文化的乡村，并且作为应对乡村人口收缩问题的有效手段，已经在多个方面取得有目共睹的成效，这为人口收缩下的我国同类型乡村振兴提供了很多有益的思考和启示。

3.1 制定科学的空置废弃建筑更新利用措施

近年来我国城镇化速度的不断提升，导致进一步的乡村人口收缩现象，随之而来的是村内大量房屋的空置甚至废弃。与此同时，许多地区的乡村用地规模则在持续增长[13]。在《国家乡村振兴战略规划（2018—2022年）》中就特别强调，人口流失严重的村庄应当严格限制新建、扩建活动，通过多种手段盘活农村存量建设用地。因而我国乡村可以借鉴分散式酒店模式，以活化更新现有空置建筑为基础，结合当前各自的发展需求，提出多种合理的再利用方案。例如，村政府可以购买或租用空置房屋，用于兴办图书室、活动室等乡村公共文化事业；又如，制定优惠政策，鼓励和引导乡村企业购买或租赁闲置房屋，将其改造成生产加工车间；或者在尊重和保护农民合法权益的前提下，引导农民拆除空置房屋复垦成耕地等。

对于历史文化价值突出的特色乡村，更可以参考分散式酒店模式，优先选择具有本地建造特色的空置建筑进行活化利用，发展可以体验本地乡土文化的住宿和旅游产业，通过渐进式转化策略，逐步解决乡村既有空置建筑再利用问题。同时，严格限制把关新建项目，谨防旅游发展带来的盲目建设，协调统筹好保护、利用与发展的关系，形成特色资源保护与乡村发展的良性互促机制。对于本地的建筑改造更新，需要综合考虑村落内建筑特有工艺和材料，兼顾乡村特色的室内陈设，积极推进乡村建筑现代化设施的更新，以满足当地居民对现代化生活的要求。同时，更新改造需要遵循特色建筑保护方面的要求，切实保持原有乡村整体风貌格局、空间形态和环境。

3.2 推行完善的本地特色产业工艺培育策略

应对人口收缩问题的重要内源动力是乡村自身的特色，因此有必要大力推动乡村地区实施传统工艺振兴计划，培育形成具有民族和地域特色的传统工艺产业。《国家乡村振兴战略规划（2018—2022年）》中明确强调，需要"壮大乡村特色优势产业，以各地特有的资源禀赋和独特的历史文化为基础，有序开发优势特色资源，做大做强优势特色产业"[14]。然而，许多乡村企业对传统工艺掌握不精、选材把关不够，导致产品质量良莠不齐、同质化问题严重，无法保证传统特色工艺品质和传统产品特色。分散式酒店项目在深挖乡村传统特色产业工艺方面有着独特经验，真正形成了具有地方特色的自主产品，进而带动多源就业和人口回流，并最终实现了乡村整体复兴的目标。

在分散式酒店发展模式的启示下，我国乡村应该全面挖掘拓展本地特色农业与手工业，打造"一乡一业"的发展格局[15]。一方面，可以鼓励乡村开发特色鲜明且市场竞争力强的特色农产品，支持特色优势农产品建设标准化生产基地，形成特色农业产业集群，增加乡村人口的就业渠道；并将农业、畜牧业与食品业、餐饮业结合发展，扩大特色农产品的需求弹性，引导和带动游客消费热情。另一方面，可以深度培育具有本地特色的手工艺，以非物质文化遗产代表性项目名录为基础，对具有一定传承基础和发展前景且有助于带动当地就业的传统手工艺项目予以重点支持，力求形成以推广本地传统文化、带动乡村文化复兴为目标的复合型旅游创新发展策略。

3.3　提出全面的区域村镇景观协调发展政策

整合区域村镇景观协调发展是解决我国乡村人口收缩问题的重要手段[16]，与我国乡村振兴规划中提出的"推动镇村联动发展，建设生态宜居的美丽乡村"政策相匹配。在塞萨尼奥村的分散式酒店项目中，周边的几个村落与塞萨尼奥村连为整体，利用村落之间旅游资源的协调运作，增强相互之间文化遗产的吸引力，形成了可持续的旅游发展模式。其经验表明，只有区域村镇景观整合互补才能保证未来的良性发展[17]。而我国大多数乡村缺乏与周边区域的有效联系，已有的乡村复兴实践已经证明，仅靠单一乡村独自发展很难适应当前的发展格局，并且会导致景观同质化等负面问题出现，因而必须因地制宜地提出区域村镇景观协调发展的有关政策。

事实上，我国相邻的乡村之间都具有很强的互补性。将区域景观作为整体资源进行开发，不仅能缓解各村落内部由于旅游发展对环境造成的不良影响，更可促进形成特色互补的区域村镇景观发展模式。在区域村镇景观的协调发展过程中，应当明确乡村景观属性，防止乡村景观城市化，全面推进乡村绿化，建设具有乡村特色的自然和文化景观。对于特色乡村较为集中的区域，可以将多个村落作为整体共同保护和发展，增加相关附属行业的就业机会。因此，推行全面的区域村镇景观协调发展政策，是我国应对乡村人口收缩问题的必然选择，也是我国乡村振兴战略需要积极探索和调整的路径与政策。

4　总结

在人口收缩的大背景下，我国目前乡村发展振兴还存在诸多不足。意大利分散式酒店发展模式在处理空置建筑修复更新与再利用、本地特色产品与手工艺培育、区域景观与周边村镇协同发展等方面的成功经验，为我国乡村应对人口收缩问题提供了重要参考。在未来不断发展的过程中，各级村镇应围绕国家乡村振兴战略要求，在积极借鉴国际先进经验的同时，结合自身实际情况，提出更加切实可行的解决人口收缩问题的方法，并最终实现我国乡村全面振兴的目标。

参考文献

［1］　田秀琴，高金龙，陈雯，等. 乡村人口收缩背景下经济发达地区村庄用地演变：以江苏省常熟市为例［J］. 中国科学院大学学报，2018，35（5）：645-653.

［2］　GIANCARLO D. Albergo diffuso: un'Idea che piace［C］. La rivista del turismo, 2002: 36-40.

［3］　MARCO C. A typical italian phenomenon: the 'albergo diffuso'［J］. Tourism management, 2011, 32: 685-687.

［4］ ANDREA D M, VITTORIO S, ANTONIO L, et al. Recovery of rural centres and 'albergo diffuso' : a case study in Sardinia, Italy ［C］. Proceedings international conference of agricultural engineering. Zurich, 2014 (7): 1-7.

［5］ TERESA V, GIANCARLO D. Albergo diffuso as a model of original hospitality and sustainable development of small historical villages ［J］. Techne, 2015（10）: 169-178.

［6］ MARIA A, LUCA Z. The Italian model of albergo diffuso: a possible way to preserve the traditional heritage and to encourage the sustainable development of the Apuseni Nature Park ［J］. GeoJournal of tourism and geosites, 2012 (5): 32-42.

［7］ GIANCARLO D. Manuale dell'albergo diffuso: l'idea, la gestione, il marketing dell'ospitalita diffusa［M］. Franco Angeli, 2015.

［8］ ANJA R-S. The village as a hotel, tourism-oriented revitalisation of rural settlements: a good practice concept for European peripheries?［C］// European Rural Peripheries Revalued: Governance, Actors, Impacts. Germany, 2016: 198-228.

［9］ MARIA C G, SONIA P. Small historic centers: from abandonment to new ways of living ［C］// 3rd International Conference on Preservation Maintenance and Rehabilitation of Historical Buildings and Structures. Portugal, 2017 (6): 583-593.

［10］ CAROLINA D B. Small town in inland areas: shared landscapes ［C］// Conservation Reconstruction. Small Historic: Centers: Conservation in the Midst of Change. Belgium, 2015: 131-139.

［11］ ENRICO P, FLAVIA V. The albergo diffuso: an innovative model for tourism development and territorial enhancement ［C］// Proceeding of the 3rd International Conference with Exhibition S.ARCH. Budva, 2016: 23-34.

［12］ 周恺, 严妍, 赵群荟. 人口收缩情景下的规划政策应对: 基于湖南案例的探讨［J］. 北京规划建设, 2019（3）: 12-19.

［13］ 朱金, 李强, 王璐妍. 从被动衰退到精明收缩——论特大城市郊区小城镇的 "收缩型规划" 转型趋势及路径［J］. 城市规划, 2019, 43（3）: 34-40, 49.

［14］ 乡村振兴战略规划（2018—2022年)［M］. 北京: 人民出版社, 2018.

［15］ 严妍. 人口收缩情境下的中小城市规划战略研究［D］. 长沙: 湖南大学, 2018.

［16］ 李星星. 人口收缩背景下湖南省县域村镇公共服务设施规划研究［D］. 北京: 中国科学院大学, 2017.

［17］ 张颖, 陈祖展, 孙红凯, 等. 精准扶贫政策下湖南申家村空置住房整合利用影响因素调查与分析［J］. 南华大学学报（社会科学版), 2019, 20（6）: 109-114.

意大利传统村落再生与可持续发展实践之转变（1980~2020年）

The Transformation of Italian Traditional Village Regeneration and Sustainable Development Practices (1980–2020)

杜骞　吴佩微

Du Qian, Wu Peiwei

摘　要　人口流失和村落废弃是意大利自19世纪以来伴随社会经济与结构转型所产生的现象，自20世纪80年代起，意大利开始了对村落再生与复兴的实践。科莱塔、索罗梅奥、帕拉鲁普、瓦卡里佐是四个典型山地村落，先后展现了意大利40年来再生复兴模式的差异，其实践主体也从地产商、企业家转变为非营利性基金会以及商业培训机构引导下的社区。对这一历程的研究既是对主体身份转换的思考，也是对干预实施步骤的讨论，为我国当代人口收缩背景下村落的延续与可持续发展提供参考。

关键词　人口收缩；传统村落再生；主体；山地村落；意大利

Abstract　The loss of population and abandoned village are phenomena along with the social and economic transformation in Italy since the 19th century. The practices of village regeneration and revival have been commenced since the 1980s. Four typical mountain villages are studied: Colletta, Solomeo, Paraloup, Vaccarizzo, which show the differences in Italian regeneration and revival models over the past 40 years. The actors shift from real estate developers and entrepreneurs to no-profit foundations and business training institute guided communities. The study of such changing process is not only a reflection on actors but also a discussion on the procedure of the intervention, which can use for reference for the revitalization and continuation of villages under the current background of population shrinkage in China, especially for the traditional villages with certain historical values.

Keywords　population shrinkage; regeneration of traditional village; actors; mountain village; Italy

引言

　　意大利是欧洲传统的农业大国，从近代至今共出现过四次移民浪潮：1）1870年农业危机后，意大利北部向其他欧洲国家和拉丁美洲移民；2）伴随着20世纪初的工业化带来的农村废弃，意大利南部向欧洲大陆以外的国家移民；3）两次世界大战期间，移民现象依旧存在，但较之前一阶段有所缓解；4）二战后意大利经历了经济奇迹，经济增长延续至20世纪60年代末，带来意大利国内自南向北的大移民。人口的迁移带来传统农业景观的凋敝，山地零散分布的地块被弃耕，偏远村落因无人居住而走向衰败。

杜骞，博士，上海交通大学建筑学系助理研究员。
吴佩微，意大利都灵理工大学城市建筑研究生，Studio Bruno助理建筑师。

在人口迁移背景下，最为极端的是"幽灵村"（villaggio fantasma）现象，这是形容废弃村庄或居住区的专有名词。在意大利大约有1000个"幽灵村"，如果加上废弃的农业设施和牧场，这一数字将会激增到6000个[1]。正如之前所述，城市化是导致"幽灵村"的重要原因——人们为了工作或更好的生活条件而背井离乡；而自然灾害——地震、洪水、山体滑坡，也使这些区域变得危险而不宜居住。人们在这里奋斗了几个世纪，最终却放弃了自己的家园。

对废弃村落的关注，不乏社会团体、个人的兴趣，他们采用照片、文字和视频方式记录这些被遗弃的村庄和场所。例如，法比奥·迪·庇同托的"幽灵之地"（paesifantasma.it）网站①，塔拉·罗塔斯（Thara Rothas）协会和努托·雷维利基金会的"重回废弃之所"（Rete del Ritorno ai luoghi abbandonati）网站②，米兰理工大学研究团体创立的"村庄重启"（Borghi reloaded）网站③等。在政府层面，同样不乏政策上的支持，如欧盟农村发展基金下的"国家农村发展计划"（Programma di Sviluppo Rurale，PSRN），在2007～2013年度的322号行动措施中提出对复兴山区村落的项目提供经济上的支持。PSRN 于2014～2020年获拨20亿欧元[2]，以促进农业发展，保证自然资源的可持续发展，实现农村经济和社区的均衡发展。此外，各地纷纷出台价格低廉的房屋租售计划以缓解人口流失，鼓励年轻人定居村落。"一欧元买房"④看似荒诞，但已然成为广大偏远村落将人留住的最后一线希望。

然而，一个无法回避的问题是，当村落遭遇不同程度的人口流失后，谁是村落复兴的主体。针对这一问题，本文将采用质性研究法，通过对四个村庄即科莱塔（Colletta）、索罗梅奥（Solomeo）、帕拉鲁普（Paraloup）、瓦卡里佐（Vaccarizzo）的分析来寻找答案。它们的相似之处首先在于地理环境——都位于山区，地理上的边缘性无法逾越；其次，四个村落都不具备突出的美学和人类学价值，仅依靠传统旅游业难以维系，但它们都通过不同的干预模式获得延续的可能。四个案例对应不同的时空坐标，也展现了不同年代下意大利村落再生模式的差异。

1　科莱塔：地产开发商主导下的"绅士化"

在意大利第四次移民浪潮与经济奇迹的尾声，出现了开发商主导的村落复兴，其中最为人熟知的是利古里亚大区卡斯特尔比安科（Castelbianco）的科莱塔复兴，其成功源于商业策划与建筑修复的结合。科莱塔所在的山区，人口自19世纪中期起即增长放缓，1887年的地震直接导致村庄废弃。随着20世纪80年代最后一位居民的离开，科莱塔成了名副其实的"幽灵村"（图1、图2）。废弃的科莱塔吸引了附近城市开发商的注意，但并不打算将其作为度假村开发，因为它距离海滩较远，不及同

---

①　参见http://www.paesifantasma.it/.

②　参见http://retedelritorno.com.

③　参见http://borghi-reloaded.polimi-cooperation.org/index.html.

④　参见https://leurohouses.com.

区域的五渔村有吸引力；不过它可以成为自由职业者和喜爱独居人士的"世外桃源"——他们通常使用网络与外界保持联系[3]。这在现在看来稀松平常，在当时却是一个利基市场。开发商以200万美元总价买下了整座科莱塔，并游说意大利电信公司为村庄铺设了电缆[4]。

让科莱塔闻名于世的原因是著名建筑师吉安卡洛·德·卡洛（Giancarlo De Carlo）的设计——在保持建筑外立面的前提下，打破了既有建筑内部空间的划分，创造出适应现代生活的空间组织形式（图3），交通空间渗入居住空间，反之亦然，各方向都具备连接的可能，由此串联成新的居住单元。考虑当代人的居住需求，设计上增添了新的窗户采光，新旧门窗之间保持相同的比例与风格的统一，现代化设施隐藏于传统背后，融于环境。

图1　被遗弃的科莱塔
（资料来源：https://colletta.it/）

图2　20世纪80年代成为废墟的科莱塔
（资料来源：参考文献[5]）

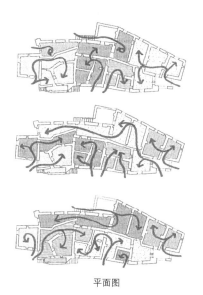

平面图

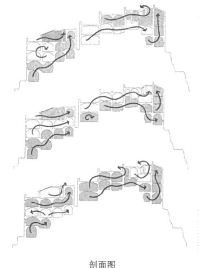

剖面图

注：建筑师基于相同的空间提出不同的解决方案，以证明空间组织形式的可变性与多样性。

图3　科莱塔建筑内部新的空间串联形式
（资料来源：参考文献[3]）

科莱塔的修复历经四年的建设审批和四年施工，共更新了75套公寓[6]，耗资5230674欧元①，被誉为意大利最美的中世纪远程通信村落（图4）。公寓售价从14万美元到33万美元不等，是邻近村落的2～3倍，买家多为高级知识分子、金融家、建筑师、外科医生、企业家、酿酒师和作家。获得商业成功后，科莱塔的非物质文化遗产和社区活动也得到了恢复。2003年，村落中断的传统节日——橄榄节再次启动，使科莱塔成为旅游目的地，目前75套公寓中有1/3作为度假屋由中介公司管理，另有居民自主出租的公寓。

图4　修复后的科莱塔
（资料来源：https://colletta.it/）

2　索罗梅奥：企业家介入下的村落转型

与科莱塔几乎处于同时期的复兴案例是翁布里亚大区的中世纪村庄索罗梅奥（图5），它的重生与意大利奢侈羊绒品牌库奇内利的创始人布鲁内洛·库奇内利（Brunello Cucinelli）的发家有不可分割的联系。1985年，库奇内利逆当时的城市化潮流而上，将工厂设在了索罗梅奥[7]。工厂创业初期只有3位创始人和78名员工，库奇内利买下村里建于14世纪的荒废城堡并将其修复、改建成了羊绒工厂[9]，员工与古老的壁画、木屋架为伴工作（图6）。库奇内利将俄国作家陀思妥耶夫斯基的名句"美可拯救世界"奉为圭臬，将文化和美作为企业的价值观[10]。随着企业壮大，库奇内利进一步修复了教堂、民居和广场，亲身参与村庄规划，参与方案讨论，监督修缮质量，以企业家之力重振了原本破败的村落。

2000年，为了满足市场日益增长的需求，库奇内利将羊绒工厂搬离索罗梅奥。为了避免产业迁移重新带来村落凋敝，2010年库奇内利决定将整个村落改造为对外开放的园区。这是索罗梅奥

---

① 数据来源于项目参与者AIR Architetti Ingegneri Riuniti，参见https://backoffice.gebconsulting.it/inc/common/fs/getFile.asp?nf=Q1YtQUlSLnBkZg&r=628.

图5 索罗梅奥的历史景象
（资料来源：/www.aboutcashmere.com/wp-content/uploads/2011/11/solomeo.jpg）

图6 创业之初的库奇内利和员工
（资料来源：参考文献［8］）

的第二次转型：从工业村落转型为以第三产业为主导的村落。项目占地约有100hm²，历时8年完工，包含了工业园区（即公司的新总部）、面向青少年的教育体育休闲设施和园林。之前被改建为羊绒工厂的城堡这次被改造成对外开放的工艺美术学校（图7），成为企业文化对外输出的窗口。学校的使命是恢复古老手工艺行业，并向年轻一代灌输工匠精神。年轻人参加学校的课程培训，每月领取工资，将村落的复兴与古老手工艺的复兴结合在了一起。

3 帕拉鲁普：基金会引导下的村落更新

自欧洲债务危机后意大利经济紧缩，以大规模资本注入的村落修复更新越来越难以实现，可

图7 原有的工厂被改造为艺术学校和作坊
（资料来源：http://www.solomeo.it/）

持续发展成为重要议题。同时，对地域文化、景观的发掘和重塑成为村落复兴必要的考量。帕拉鲁普展现了一个以基金会为主导的小微更新模式。该村落位于阿尔卑斯山南麓皮埃蒙特大区，海拔1360.000m。帕拉鲁普在当地方言中的意思是"防御狼群"，可见其自然条件之恶劣。由于战略上的重要性，帕拉鲁普曾作为意大利抵抗运动的根据地之一，见证了1943年"正义与自由"游击队的

诞生和随后的战役（图8），却也因战争而遭受破坏，战后经历了人口流失[12]。几十年来，帕拉鲁普和其他高山村落一样被人所遗忘（图9），存留了16座建筑，大多只剩残垣断壁，保存之差较科莱塔有过之而无不及[13]。

图8　抵抗运动组织在帕拉鲁普（1944年3月18日）
（资料来源：参考文献［11］）

帕拉鲁普的重生与意大利作家努托·雷维利（1919~2004年）联系在了一起，他曾经是1944年帕拉鲁普的游击队指挥官。2006年，努托·雷维利基金会（非政府组织）在皮埃蒙特大区、圣保罗银行、库内奥储蓄银行（CRC）基金会和都灵储蓄银行（CRT）基金会的支持下，提出修复帕拉鲁普的计划。具体目标包括：1）恢复村落的原有特征，提升其历史文化遗产的旅游潜力；2）促进该地区的文化和社会发展；3）再现历史记忆，加强这一地区的文化认同；4）促进新的建筑修复模式[14]。

基于上述目标，帕拉鲁普将被改造成一个储存记忆的"容器"，汇集两段记忆：一是反法西斯运动期间对"正义与自由"游击队的记忆，二是山区农民生活的记忆——作为山区生活的缩影。修复工程包括三个阶段：1）改造3处遗迹，用作博物馆、作坊、会议室和用于戏剧表演与音乐会的室外大剧场；2）改造4栋民居，用作接待楼、住宿楼、酒吧餐厅、共用厨房和小木屋，以接待访客；3）修缮其余建筑，供管理和日常维护工作人员使用。此外，在村域内新增农牧业活动场所，恢复传统养殖业。

图9　修复前的帕拉鲁普
（资料来源：www.societadeiterritorialisti.it）

努托·雷维利基金会作为该项目的发起者和联合赞助人直接负责项目运营，可持续的经济模型成为重点。在项目的前期测算中，基本运营费用为每年36000欧元。由于该村地处偏僻山区，适合"慢旅游"模式，每年游客人数最少能有5700人。这个数字相当于0.5%的省内游客加上生活在这片山谷中附近市镇5%的居民。预计70%的游客将消费平均成本5欧元，年收入将达到19950欧元；此外，预计20%的游客将消费平均金额为16欧元的餐食，年收入将为18240欧元。上述两项总计年平均收入预计为38190欧元，可以涵盖管理成本[14]。

村落建筑的修复项目被委托给了都灵的建筑师团队，修复方法的选择是基于切萨雷·布兰迪所倡导的理论：新旧可识别、可逆性和最小化干预——加固石墙，阻止其倒塌，并保留废墟的轮廓；采用新材料和新技术增加建筑面积。新墙体采用自承重系统，在既有的建筑内部支起金属框架，采用栗木板、隔热材料和木板或石膏板作为新的墙体材料。新旧部分彼此区别又和谐统一（图10、图11）。由于帕拉鲁普地处高海拔区域，项目也将建筑节能纳入考量，尽量减少对原有环境的影响——利用可再生能源和当地资源，如公共区域的地热系统、太阳能电池板和建筑物墙壁的高效保温隔热层，小村庄可以实现能源的自给自足。同时，高速互联网的安装使小村庄能够与外界保持联系。总体而言，修复工程的第一阶段花费了358181欧元，其中包括修复工程267826欧元，电气系统50500欧元，机械、液压费用39855欧元①。

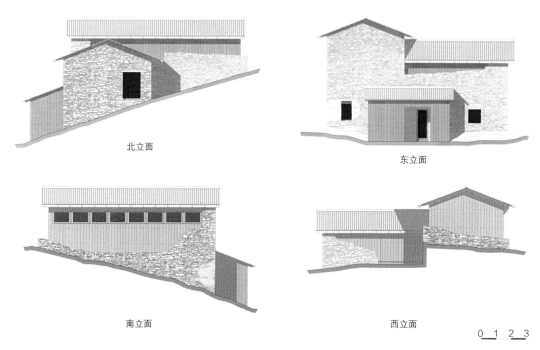

北立面

东立面

南立面

西立面

0　1　2　3

图10　修复方案
（资料来源：参考文献［11］）

---

① 数据源于项目主要参与者Daniele Regis教授提供。

图11　修复后的建筑
[资料来源：Vanni P. "I luoghi dell'abbandono" Ipotesi per la riscrittura architettonica di parti degli antichi nuclei urbani, quale strategia di rivitalizzazione dei centri minori irpini del Partenio e della bassa Valle del Sabato: il caso studio Altavilla Irpina (Av).]

图12　帕拉鲁普博物馆
（资料来源：http://www.valeriacottino.it/progetti/architetturaalpina/borgata-paraloup/）

自2012年第一期工程完工以来，帕拉鲁普获得了国际上的普遍关注（图12），不仅因为其新颖、低成本的建筑修复方案，还因为它对当地经济的贡献以及为周边居民提供的工作岗位。帕拉鲁普还组织了面向青少年的户外活动和实验教学活动，设置了如摄影、传统手工艺、户外生存技能等课程，近年来每年有3万人次的来访量[1]，远超之前5700人的预期。

4　瓦卡里佐：U型理论启发下的社区实践

前面所述的三个案例大多不涉及村民的参与，既缘于本身村落人口流失的严重性，也有村落经济产业特殊性的因素。当涉及多重利益相关者合作项目时，复杂程度增加，其难点即在于协调利益诉求，形成统一行动方案。本文最后重点介绍的瓦卡里佐是在U型理论的引导下以社区为主体开展的一次行动，虽然仍在实践中，但已展现了一定潜力，其价值既是理论上的，也在于实施过程中的方法步骤。

瓦卡里佐位于意大利南部卡拉布里亚大区（图13），其历史可上溯至14世纪[15]，现有居民496人，多数为老年人。村落现有197座建筑，其中36座处于闲置废弃状态[16]。整个村落犹如孤岛，缺少提供日常生活服务的场所与服务设施，交通不便一度使居民萌生搬离村落的念头[17]。

4.1　U型理论简介

U型理论由麻省理工学院斯隆管理学院高级讲师奥托・夏莫（Otto Scharmer）提出，同名著作出版于2009年，中译版于2011年面世。其理论可溯源至学习型组织鼻祖彼得・圣吉（Peter M.

---

① 参见https://www.laguida.it/2019/03/07/alla-scoperta-di-paraloup-passeggiate-e-laboratori-fra-natura-e-storia/.

图13 瓦卡里佐村落景观
（资料来源：https://www.famedisud.it/il-borgo-calabrese-di-vaccarizzo-scelto-dal-mit-di-boston-per-un-progetto-contro-lo-spopolamento/）

Senge），通常运用于经济与管理领域，在医疗体系、社区治理、跨机构合作等领域也不乏案例。该理论主张向正在生成中的未来学习，目标在于使组织、团体、社会群体等能够在未来最高可能性的指引下采取行动应对变化，而不至于陷入对过去经验模式的复制中。以"U"命名该理论，对应达成这一目标的不同阶段（图14）：下行阶段需要团队成员暂悬习惯性评价，并用全新的角度观察世界，从整体的角度参与到情境当中；进而联结到最深层次的源头，从源头展望未来；上行阶段团队成员从想要生成的未来设想新生的创造，就周围的实际情况来建立原型，将创新融入共同进化的系统中，成就集体创造过程[18]。

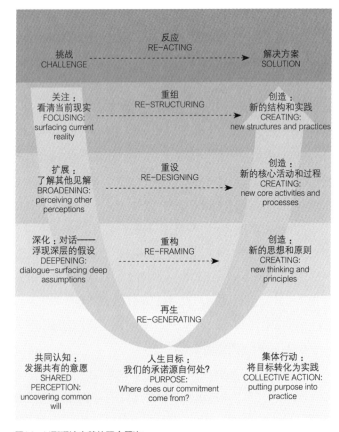

图14 U型理论变革的五个层次
（资料来源：参考文献[18]）

4.2 U型理论下瓦卡里佐村落的复兴实践

U型理论并非是对集体创造过程纸上谈兵，而是将理论转化为可操作的方法，指引团队完成目标。这一过程通常需要由专业机构介入，在瓦卡里佐案例中，此角色由商业再生概念培训机构（Business Rigenerazione Ideazione Training，BRIT）扮演，这是一个由建筑师、企业家和技能培训师组成的团队，致力于村落人口复兴与废弃房屋再利用。BRIT在项目开始前就组织了村落复兴项目的招募，选择具有一定特征的村落进行实践，其评选指标包括：1）实际存在人口减少的现象；2）社区依旧存在，可以投入到村落复兴的试点项目；3）有积极参与项目实验的领导者；4）有一定的商业活动；5）有一定的历史价值；6）有可开发的资源；7）人口结构多样；8）能够得到当地政府支持；9）曾进行过减缓村落人口流失的尝试。招募发出后，BRIT收到了多个村落的申请，经筛选后选择了在瓦卡里佐村落进行实践[19]。

4.2.1 共同开启——构建多元化核心团队，激发共同未来愿景

在瓦卡里佐村落复兴的实践中，共同开启过程的关键在于构建一个能够相护支持、共同前进的团队，核心团队人员的选择包括：赞助商与主要决策者（有意开发正处于人口衰减中的村落的企业家或业主），核心群体的活动分子（当地的协会、文化机构等），未享有发言权的村民（年轻人、失业者、学生、家庭主妇等）以及关键技术知识的提供者（建筑师、城市规划师、地质学家、视觉艺术设计师、编辑、商业培训教练）[18]。

在BRIT的引导下，各团队成员相互配合、共同前进，抛弃旧的经验，暂悬评判，共同观察并认知村落空间，这一过程主要借助创建三维地图来实现。团队从四个方向（北为目标，南为现实情况和活动，西为未来展望，东为感受与联系）入手创建三维地图，展示村落的现状与未来发展的景象。在共同构建的未来愿景中，主要展示了两项诉求：1）建立村落与外部的联系；2）建立村落内部各资源之间的联系，关注场所、村民和村民之间的社交关系。由于参与成员来自不同大区，各成员通过线上合作的方式来完成3D图景，运用符号、图片和emoji表情代替实物，建立三维地图（图15）。

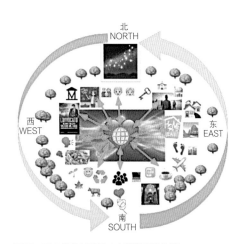

图15 瓦卡里佐村落的未来愿景三维地图
（资料来源：https://www.mundobrit.com/2019/05/07/percorso-per-ripopolamento-di-vaccarizzo-e-iniziato/）

4.2.2 共同感知——展开村落探索，与利益相关者对话

在共同感知环节，团队成员前往最具潜力的场所，以开放的思维和心灵去聆听，将人们的情境与思想联结起来，实现从"观察"到"感知"场域的转换。其中，"聆听"主要通过三个不同层次进

行：聆听自己、聆听他人、聆听共同点[19]。在具体实践上，一是通过组织团队成员进行感知旅行（sensing journeys），共同探索村落，亲身体验现存环境，发掘三类空间资源——生态资源、生产资源、生活资源，思索如何通过资源整合发展其优势，促进村落的复兴与发展；二是通过利益相关者访谈聆听村民对村落的感受，采用了线上问卷调查、线上会议、村落居民实地走访的方式，了解村民的切实需求。

4.2.3 自然流现——社区转型，生成理想原型

U型理论的核心步骤在于"自然流现"（presencing，源于"presence"和"sensing"的结合），即接近意识行为深层次的源头，寻找指引行为意识的根源，再在源头引领下展开行动[18]。在瓦卡里佐的实验中，运用了真人秀电影（current reality movies）和四维地图创建（4D mapping）的方式（图16），使团队成员通过对利益相关者的角色扮演，用身体姿态与声音描述演艺出在共同感知运动中所观察到的信息与经历，并共同为村落构建一个可视化的"生态系统"，以一个新的视角去观察村落。其中，利益相关者的扮演者包括当地医生、居民、客栈老板、儿童、教师、耕种者、手工匠、当地节日组织者、协会主席等。

通过对"生态系统"中各利益相关者之间的内部动态关联的观察与反思，对比其在现状与未来愿景中所出现的转变。团队成员对现状与未来的四维地图进行深度反思，试图构建可供实施的复兴策略原型：1）提升山地景观——合理开发利用山地景观以实现可持续发展；2）增进社区成员间的社交——联结更多的资源，提供完善的基础服务设施与娱乐空间场所；3）品尝瓦卡里佐——以本土文化为核心开展组织当地传统美食品尝、传统文化体验等活动，进而促进村落与乡村旅游结合的进一步发展[20]。

图16 村民参与真人秀电影（左）与四维地图（右）的过程
（资料来源：参考文献[20]）

4.2.4 共同创造——启动并实施理想原型，在行动中探索未来

在共同创造中团队成员需要启动并实施三个复兴策略原型，并基于利益相关者的反馈进行细化调整。针对策略1）提升山地景观，组织生态徒步活动，共同清理山地的环境垃圾，恢复原始生态环境。针对策略2）增进社区成员间的社交，团队与当地居民组成社区合作社，在ULULE线上平台发起众筹，资金用于日常基础服务设施的建设（如建立食品超市等），满足村民的基础生活需求；此外，社区合作社招募不同创业者和企业家，评估其创业项目与村落所提供资源的匹配度及其发展的可持续性，选择并实施适合于村落发展的创业项目，从而为村落创造更多的工作机会，构建一个生产多样化的生态系统。针对策略3）品尝瓦卡里佐，利用多媒体进行宣传，创建瓦卡里佐村脸书主页与播客，对外界实时更新村落的动态消息。

另外，社区合作社组织了周期性、季节性的集体活动，尤其是基于本地村落的传统习俗和文化的活动与创新性的社区活动，为村民提供互相交流共享的平台，并通过公共机构与私有企业相互合作的方式，将村落里的旧学校建筑改造为多功能的社区综合体，其中包括教学空间、村民文娱交流活动空间、创意回收空间和共享办公空间。在复兴策略原型的实践中，收获了来自利益相关者的积极的反馈，以及来自银行、协助企业家创业的公司和当地建筑材料供应商等的社会资金援助。

4.2.5 共同进化——根据需求进行调整，实现原型自我更迭

周遭环境与市场需求总是在不断变化着，为应对变化，通过自然流现所构建出来的原型需要在新构成的"生态系统"中观察、行动、调整、进化[18]。在实践中社会合作社通过组织培养年轻创业人员，为村落注入新的活力。针对村落里废弃的房屋，社区合作社制定出建筑修复标准进行改造，使废弃的房屋能够突出村落特色，而建筑修复项目本身也为村落增加了工作机会。应村民的需求，建立了新的邮局办公点；村落里的咖啡吧由三个年轻人接管，重新恢复运转，日常服务逐步完善。鉴于新冠肺炎疫情严峻，村落新建的超市为村民提供线上购物服务，一些线下的聚集文化活动也转为线上，如在脸书上开展社区性的周会议，召集村民共同参与讨论分享有关本地村落发展的新项目和新想法[21]。

5　讨论与展望

回到本文开篇的疑问——人口流失村落再生的实施主体问题。这些处于地理、政治、经济边缘的村落，在最后一个居民离去后本要走向衰败，但因不同力量的介入而迎来了转机。科莱塔代表了典型的由地产投机者推动的更新模式，以投资额度大、获利可观为特点。索罗梅奥的转型依赖库奇内利，后者身份类似于村庄的赞助人，村落对企业有强烈依附性，虽然没有详细的经济报告，但依旧可以推测其不菲的村落修缮与维护开销。前两个案例都代表了经济较为乐观状况下以外部资本注入为主要特点的发展模式。

相较而言，帕拉鲁普和瓦卡里佐更呼应当前经济紧缩的背景。帕拉鲁普以村落历史与文化为切入点，采用了基金会和政府共同推动的"永续旅游"模式，可取之处在于其自给自足的、环境友好的经济模型。同时，在村落规划与设计上紧扣能源主题，以先锋的建筑改造来重启村落，这与我国当下方兴未艾的建筑师乡建异曲同工，不失为可推广的模式。而瓦卡里佐跳出了以往在村落再生中的由专家、外来者所主导的模式，联合利益相关人重构基层自治体系。

具体来看，瓦卡里佐这一案例可理解为我国当下社区营造的一种形式，相较于通常物质层面的社区营造，它的着力点在于村落集体行动方案形成的过程，可视为当代管理学在村落治理中的运用。村民在反复多次地聆听、交谈、换位思考与自省过后，共同勾画出村落的未来发展图景。这一过程的意义不仅是获得一份满足最大公约数的行动路线，更是村民个体与村落共同体关系的重建与确认。其实施过程触发了社区的自我觉醒，村落发展的内驱力也开始显现。当众人集思广益，又朝着统一的行动目标前进时，其潜力不可小视，社区营造将由精神层面反作用于物质层面。

最后需要指出的是，前文所述的四种模式之间并不存在优劣之别，而是不同的宏观经济背景和人口资源条件下不同的适用性。很难想象对一个完全废弃村落去提议社区营造；相反，当村落人口依然还有大部分驻留之时，外力的介入也更需格外审慎。本文所论述的四种模式或许不足以涵盖意大利村落复兴的所有类型——前三个案例实践稍早，文献相对丰富；而最后一个案例更多是基于网络信息的整理，并结合《U型理论》一书分析，后期仍有在学理层面提升的空间，其成效也有待时间的检验。尽管如此，这四个意大利村落的再生对比研究仍可以提供一个新的学术视角：在这个快速变化的社会中，理解村落的意义以及不同主体在其中所扮演的角色。

参考文献

［1］ BARATA L. Nel Paese delle città fantasma［Z］. 2015-04-04.

［2］ Il Programma di Sviluppo Rurale Nazionale (PSRN)［EB/OL］.［2021-12-21］. https://www. politicheagricole.it/flex/cm/pages/ServeBLOB.php/L/IT/IDPagina/11903.

［3］ DE CARLO G. Colletta di Castelbianco［J］. Places, 2004, 16 (2): 4-12.

［4］ WYLIE I. La Dolce Vita, Internet Style［J/OL］. Fast company, 2002,［2002-07-31］https://www. fastcompany.com/45213/la-dolce-vita-internet-style.

［5］ DE CARLO G. Colletta di Castelbianco［J］. The architectural review, 1995 (6): 83.

［6］ Habitarea Partecipazioni S.p.a. Castelbianco, borgo medievale［EB/OL］.［2021-12-21］. http://www. habitareapartecipazioni.it/single-work.php?show=1.

［7］ Brunello Cucinelli SpA. Hamlet of Cashmere and Harmony［EB/OL］.［2021-12-21］. https://www. brunellocucinelli.com/en/hamlet-of-the-spirit.html

［8］ LAGGIA A. Pietre di lana［N/OL］. Famiglia Cristiana, 1998, 43: 118-121［1998-11-01］. http://press. brunellocucinelli.com/yep-content/media/19981101_Famiglia_Cristiana2.pdf.

［9］ NALDINI M. In 17 anni e' diventato il re del cashere［N］. La nazione, 1997-03-04.

［10］ Brunello Cucinelli SpA. My Life［EB/OL］.［2021-12-21］. https://www.brunellocucinelli.com/en/my-life.html.

［11］ REGIS D, COTTINO V, CASTELLINO D, et al. Costruire nel paesaggio rurale alpino. Il recupero di Paralup, luogo simbolo della Resistenza, Quaderni di Paralup, No.0 ［M］. Cuneo: Fondazione Nuto Revelli, 2007.

［12］ FOPPIANO A. Il cuore batte ancora a Paralup ［J］. Abitare, 2010, 7 (503): 80-85.

［13］ REGIS D. Atlante dei Borghi Rurali Alpini: il caso Paraloup ［M］. Cuneo: Fondazione Nuto Revelli, 2012.

［14］ Comune di Cuneo. Il polo agroalimentare e agroindustriale di qualità. Riqualificazione della borgata storica di Paraloup nel Comune di Rittana ［EB/OL］. ［2021-12-21］. https://www.comune.cuneo.it/uploads/media/10_tut_6_pp.pdf.

［15］ STUPPELLO F. Scopri vaccarizzo di montalto: la guida online ［EB/OL］. ［2021-12-21］. https://www.calabriaportal.com/vaccarizzo-montalto-uffugo/1620-vaccarizzo-montalto-uffugo.html.

［16］ Reti e Sistemi S.r.l. La Frazione di Vaccarizzo ［EB/OL］. ［2021-12-21］. http://italia.indettaglio.it/ita/calabria/cosenza_montaltouffugo_vaccarizzo.html#dati_istat.

［17］ MARRAZZO D. Tesori di Calabria, come rinasce il borgo di Vaccarizzo ［N/OL］. Il sole 24, 2020-03-09 ［2021-12-21］. https://www.ilsole24ore.com/art/tesori-calabria-come-rinasce-borgo-vaccarizzo-ADjXTg.

［18］ 奥托・夏莫. U型理论 ［M］. 邱昭良，王庆娟，陈秋佳，译. 杭州：浙江人民出版社，2013.

［19］ BENATTI F. La grande sfida del ripopolamento dei borghi storici italiani. La ricetta di BRIT che passa dal MIT e approda in un piccolo borgo della Calabria ［EB/OL］. (2019-04-30) ［2021-12-21］. https://www.mundobrit.com/2019/04/30/la-grande-sfida-del-ripopolamento-dei-borghi-storici-italiani/.

［20］ BRIT. Tag: vaccarizzo ［EB/OL］. ［2021-12-21］. https://www.mundobrit.com/tag/vaccarizzo/.

［21］ Ripopolamento e valorizzazione dei borghi delle aree interne ［Z］. 2020-09-25.

人口收缩背景下明尼苏达州乡村可持续发展路径对我国东北地区的启示

Enlightenment of Minnesota's Rural Sustainable Development Path to Northeast China Under the Background of Population Shrinkage

董慰　周楚颜　夏雷

Dong Wei, Zhou Chuyan, Xia Lei

摘　要　随着城镇化和全球化的推进，国内外对乡村人口变化问题的关注度不断提升。人口收缩带来的老龄化、"空心化"造成了乡村经济、社会、文化和环境的巨大改变，使乡村发展陷入动力不足的困境，亟待结合多方经验探索人口收缩背景下的乡村可持续发展之路。美国乡村转型开始较早，目前已经形成了较为完善的发展体系。本文梳理了美国明尼苏达州乡村人口收缩与发展历程，总结人口减少背景下其在经济、社会、环境领域实现乡村可持续发展的行动路径，并基于其乡村可持续发展经验，结合中国东北地区现状提出推动区域思维下的乡村产业转型，挖掘重塑乡村价值的新兴人员动力，建立延续乡土特征的资源保护体系三方面的乡村可持续发展启示。

Abstract　With the advancement of urbanization and globalization, the world's attention to the issue of rural population changes has continued to increase. The aging and hollowing brought about by population shrinkage have caused great changes in rural economy, society, culture and environment, and put rural development into a predicament of insufficient power. It is urgent to combine multiple experiences to explore sustainable rural development in the context of population shrinkage. The rural transformation in the United States started earlier, and a relatively complete development system has now been formed. This paper combs the population shrinkage and development process of rural Minnesota in the United States, and summarizes the economic, social, and environmental aspects of Minnesota's sustainable rural development under the declining population. Based on the experience of sustainable rural development in Minnesota, combined with the current situation in Northeast China, it proposes three aspects of rural sustainable development enlightenment: promoting the transformation of rural industries under regional thinking, digging out the emerging human power to reshape rural values, and establishing a resource protection system that continues rural characteristics.

关键词　明尼苏达州；人口收缩；可持续发展；中国东北地区；乡村振兴

Keywords　Minnesota; population shrinkage; sustainable development; Northeastern China; rural revitalization

教育部新农科研究与改革实践项目"'共同缔造'导向下高校服务乡村振兴新模式研究"。本文发表于《国际城市规划》2022年第3期。

董慰，博士，哈尔滨工业大学建筑学院，自然资源部寒地国土空间规划与生态保护修复重点实验室，教授，博士生导师。

周楚颜，哈尔滨工业大学建筑学院，自然资源部寒地国土空间规划与生态保护修复重点实验室，硕士研究生。

夏雷，博士，哈尔滨工业大学建筑学院，自然资源部寒地国土空间规划与生态保护修复重点实验室，师资博士后（讲师）。

引言

工业革命带来的农村剩余劳动力转移是城市化的主要动力之一，在全球城市化过程中，乡村发展都不可避免地面临着人口收缩困境。英国、美国等发达国家均出现过由于农村人口大量向城市迁移所导致的城乡结构失衡问题。在我国，伴随着工业化、信息化和农业现代化的快速发展，城乡地域在空间、社会、产业等方面也发生了巨大改变[1]。与西方国家相比，中国更加快速的城镇化历程加剧了城市的扩张和农村的衰落；长期以来的"城市主义"倾向，也使我国城乡分离和对立的矛盾更加突出[2]。2000~2010年全国19822个乡镇街道办事处出现人口密度下降[3]、乡村人口外流，而青壮年流失加深了乡村老龄化、"空心化"程度，使乡村发展停滞、活力丧失[1]。与此同时，大量的人口外流加剧了乡村地域发展的不稳定性和脆弱性[4]，乡村亟待提升应对外界环境变化与扰动的能力[5]，推进可持续发展转型。乡村可持续概念从农业可持续开始，早期关注农业生产的环境友好，随后逐渐延伸为包含经济、环境、政治、社会等多个层面的综合性概念[6-7]，可将其概括为乡村在发展中不断改变目标，寻求出路，维护自然环境系统健康，塑造有吸引力的乡村的过程[8]。

东北地区是中国重要的粮食主产区和粮食储备基地，在保障国家粮食安全与农产品供需平衡中占有重要的战略地位[9]。近60年来，我国东北地区乡村人口经历了由扩张到收缩的变化过程（图1、图2），现阶段出现了乡村"空心化"严重、人居环境破败等现象[10]。参照国际经验，乡村是决定国家现代化进程的关键因素，须从根本上解决乡村衰退问题[11]，其中，美国明尼苏达州因与我国东北地区气候特征和产业发展路径类似，其乡村发展一定程度上可以为我国东北地区的乡村发展实践提供参考。本文通过梳理明尼苏达州应对乡村人口流失现象的发展历程和应对路径，总结其高度城市化后的乡村可持续发展经验，为我国东北地区乡村在人口收缩背景下制定发展策略提供借鉴。

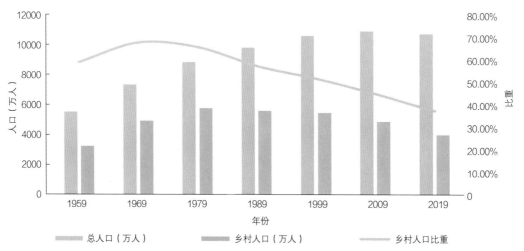

图1 我国东北地区人口变化趋势（1959~2019年）
（资料来源：作者根据《中国统计年鉴》数据绘制）

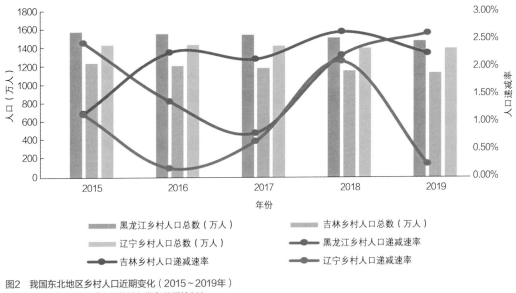

图2 我国东北地区乡村人口近期变化（2015～2019年）
（资料来源：作者根据《中国统计年鉴》数据绘制）

1 明尼苏达州乡村人口收缩与发展历程

与我国东北地区相似，明尼苏达州最初的农业人口由大量移民构成。19世纪早期，因适宜作物生产的气候和土壤条件，明尼苏达州吸引了加拿大、德国、瑞典等国家的农业移民，是美国主要的农业地区之一。19世纪中期以来，明尼苏达州已经成为农业研究、生产和商业活动的中心[12]，至20世纪初，全州约有2/3的人口生活在乡村地区。但到了21世纪初，明尼苏达州的城乡格局和人口结构发生巨大改变，全州生活在乡村地区的人口已经下降至29%，农业人口占全州人口的比例从1900年的49%下降至2000年的3%[13]。根据人口收缩与发展历程，可将明尼苏达州乡村发展历程分为四个阶段：1）20世纪20年代前的农业繁荣时期；2）20～60年代的农业转型时期；3）60～90年代的农村萧条时期；4）90年代至今的平稳发展时期（图3）。其中，乡村人口收缩主要出现在后三个阶段。

1.1 技术进步导致劳动力需求降低的农业转型时期（20世纪20～60年代）

一战后，明尼苏达州农业发展陷入低迷，表现为农业产能过剩、农产品价格下跌[14]。在美国政府推进农业机械化和为农民提供农产品价格支持等农业支持项目的背景下，乡村开始采用机械化手段，推进农业生产力的科学提高[15]。二战后，明尼苏达州农业生产力得到大幅度提高，农场平均规模不断上升。一些管理良好、拥有土地和机械资本的农民经营的面积越来越大，农村地区贫富差距也越来越大[15]，迫使一部分贫困农民外流到城镇寻求提升收入的工作机会。由于二战为城市创造了数以千计的工作机会，城市对农村人口的吸引力初现，生活在乡村的年轻人渴望在城市工作、生活，使得农村耕作的村民平均年龄越来越大。

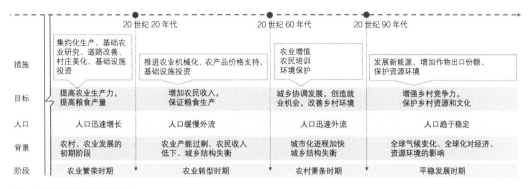

图3 明尼苏达州乡村发展历程
（资料来源：作者根据参考文献［12-14］绘制）

1.2 城乡结构失衡导致人口流失的农村萧条时期（20世纪60～90年代）

至20世纪60年代，明尼苏达州农业已经完成了从劳动密集型到资本密集型产业的转变[15]，农民采用机械、化肥等代替人力劳动，农业经济占比开始下降。城市化的迅速推进和工业化的发展使国民经济对农业、采矿业的依赖程度降低，农村就业机会减少，乡村人口大量转移到就业岗位更多的城市地区。同一时期，明尼苏达州大都市地区发展迅速繁荣，城乡差距进一步加大，农村地区的人口出生率降低，素质提升困难。面对城乡结构失衡导致的乡村人口流失，政府意识到乡村问题并不是单一的农业问题，乡村发展的目标不只是维持农村居民的最低生活水平，而是需要为人们提供更高的收入，创造更好的生活环境[14]，为此政府开始积极开展农民培训、农业增值和环境保护等行动。

1.3 低人口密度下乡村效能激发的平稳发展时期（20世纪90年代至今）

20世纪90年代以来，美国的乡村发展与经济整体状况对政策补贴的影响息息相关，全球化进程给农作物出口市场带来了新的挑战[12]。快速城市化过后，乡村整体上人口密度低。为减少乡村建设对政府补贴的依赖，明尼苏达州开始通过培育乡村的自我发展能力引导乡村可持续发展[14]。经济发展上推进农业生产与新兴产业相结合，提高农民收入；环境保护上使乡村资源利用在满足农业生产和粮食供应需要的基础上，减缓因人类活动导致的气候变化。目前，明尼苏达州乡村的自然环境良好、就业机会丰富、配套设施完善，吸引了城市居民到此旅游和定居。

2 人口收缩下明尼苏达州乡村的可持续发展路径

明尼苏达州将"乡村可持续发展"定义为塑造乡村环境，提供一个人类社区和动植物产品之间的综合系统，在满足当前人类自身经济和环境方面需求的同时不损害未来子孙后代的利益[16]。面对人口收缩，明尼苏达州所关注的问题包括但不限于：乡村如何采取措施在低人口密度下推动经济社会发展；与城市相比，乡村自身的价值和竞争力体现在哪些方面；乡村如何适应全球气候变化带来的生态环境改变等。总体上看，明尼苏达州乡村在经济、社会、环境三方面进行了可持续发展转型。

2.1 经济可持续：以区域为单元，推进乡村经济增值转型

2.1.1 建立跨越行政边界的乡村复合体

随着乡村人口减少，单个乡村的经济发展动力非常有限，明尼苏达州将乡村视作区域网络中互动共生的一部分[17]，在更大的范围内统筹资源调配。明尼苏达州南部倡议基金会（明尼苏达州建立的六个用于促进区域思维和经济发展的基金会之一）确定了区域发展的五个关键目标：1）提升多样性，涵盖更为广泛的人群，包括不同的年龄、生活方式、种族和社会经济地位；2）营销与包装，创建一个区域市场实体，以引导区域的研究、推广和经济发展；3）阻止人口外迁，通过设立奖学金、免除贷款等方式吸引年轻人留下；4）教育，开展能够引领区域就业和生活方式的行动，消除区域间的竞争和隔阂；5）建立一个协作式的区域数据库，提供便利设施和职位空缺信息[16]。

在发展区域的划分上，明尼苏达州经济学教授斯廷森等（Stinson et al.）提出经济发展领域的区域划分需要超越行政边界，如今乡村发达的交通和便利的通信设施使得乡村网络超越了行政边界的限制，而长期存在的共同点使乡村之间产生了联系[17]。应通过气候、地质、产业模式等有助于确定相同经济活动类型的因素划分，使每个"乡村复合体"成为有相邻县界和共同经济特征的潜在合作区域。

2.1.2 产业链延伸优化

为缓解农业生产效率提升未能有效转换为农民收入的困境，明尼苏达州延伸农业产业链，促进第一二三产业融合发展，使农业相关行业收入稳步上升（图4）。起初，明尼苏达州的经济发展战略侧重于为乡村区域创造就业机会，通过低价格的土地、多机构支持和税收减免政策吸引企业迁移至农村，使农业生产与第二产业加工相结合，将农产品用于乙醇、生物柴油、生物药品加工等其他新兴产业，增加产业附加值。后续延伸至将产业发展与人员吸引紧密结合，将乡村旅游、乡村体验等第三产业视作乡村人口增长的动力之一，通过打造乡村旅游产业使外来人群不只是短暂停留，而是长期在乡村居住或工作（图5）。

2.1.3 引导农业经济增值

自2001年以来，明尼苏达州大多数地区的农业相关工资一直在稳步增长（图6）。为促进州内农业转型和增值，政府制定了两个发展计划。一是农业增长、研究和创新（Agricultural Growth, Research and Innovation，AGRI）计划，旨在促进农业增值，支持乡村就业，提高农业生产力，协助农产品的发展（表1）；二是农业研究、教育、推广和技术转让补助计划（Agriculture Research, Education, Extension, and Technology Transfer Grant Program），目的是提供投资，通过改善基础设施，提出远景设想和建立责任制度，有效实现农业生产力的长期提高。

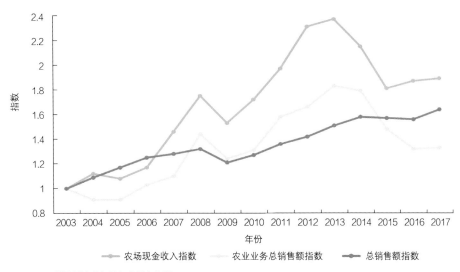

图4　明尼苏达州农业相关行业收入指数

（资料来源：https://www.ruralmn.org/impact-on-minnesotas-farm-economy-on-greater-minnesota/）

图5　明尼苏达州经济发展战略的演变

（资料来源：https://www.ruralmn.org/finding-work-or-finding-workers-pt-2/）

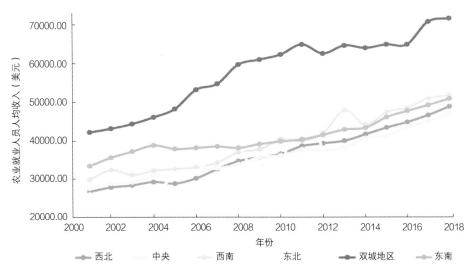

图6　明尼苏达州各地区农业从业人员年均收入（2001~2018年）

（资料来源：数据来自https://www.ruralmn.org/impact-on-minnesotas-farm-economy-on-greater-minnesota/）

实践项目案例	实践项目内容
清洁能源激励计划	鼓励企业规模化生产先进生物燃料、可再生化学品和生物质热能，降低环境污染
农作物研究补助金	提高农产品的质量、数量和价值
AGRI农场企业管理奖学金	为符合条件的农民提供奖学金，学习商业管理战略，以帮助农业经营，提高收入
新市场成本共享计划	帮助农场或品牌作物或公司通过电子商务、签约网上销售和现场展销流入市场
明尼苏达展销计划	为在批发贸易展上参展的中小型明尼苏达州食品和饮料公司提供财务、促销和物流支持
都市农业赠款	鼓励城市青年在城市或城郊地区开展农业教育和发展都市农业
农业可持续示范赠款	支持创新的农业研究和示范，探索可持续的农业技术，提高资源利用率

资料来源：https://www.mda.state.mn.us/grants/agri.

2.2　社会可持续：以"人兴"为目标，提升乡村吸引力

2.2.1　塑造有吸引力的乡村

相关数据表明，2000～2010年，明尼苏达州除少数农村县外，其他所有县25～29岁年轻人群均出现外迁现象。然而，30～34岁年龄组的人群出现了向乡村迁移的现象。该年龄组移民人数并不总是超过年轻人的外移人数，但有效缓解了乡村人口外流（图7）。此外，这部分人口通常受过良好的教育，拥有专业的工作技能，为乡村发展带来更多的资金，调查表明，在2009～2010年，这一组人群平均为该区域的经济活动贡献了92000美元[18]。

这种人口变化趋势改变了长期以来关于乡村必须留住年轻人的思路，明尼苏达州积极探索人口流动的过程中哪些因素可为村庄带来人口回迁的机遇。其农村与政策发展中心（Center for Rural Policy and Development）在分析了乡村发展历程后，指出商业合作、工资待遇、交通、育儿政策等都是一个乡村社区是否具有竞争力的关键（图8）。另外，一些城市家庭迁居乡村的原因不在于乡

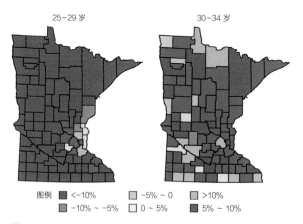

图7　2000～2010年明尼苏达州各年龄段人口变化率
（资料来源：https://www.ruralmn.org/finding-work-or-finding-workers-pt-2/）

图8　重塑乡村竞争力需考虑的多方面因素
（资料来源：https://www.ruralmn.org/addressing-the-coming-workforce-squeeze/）

村的工作机会，而在于乡村的生活方式。在此基础上，明尼苏达州提出围绕"发展"和"参与"两大理念重塑乡村竞争力，打造具有乡村特色的生活方式，努力使乡村地区与城市居民家庭建立联系，将明尼苏达州乡村塑造为居住、创业的理想地。

2.2.2 挖掘乡村建设的隐形人才力量

为重塑乡村发展的人口活力，明尼苏达州重点挖掘为乡村发展提供新思路的"隐形人才库"。州农业部组织了新兴农民工作小组（Emerging Farmers' Working Group），帮助有意愿在乡村发展的人群，包括年青一代、退休人群以及其他对农村生活有兴趣的城市居民成为"新兴农民"（图9）。州农业部为新农民提供农场资源平台、农场企业管理教育、农民小额信贷计划和多种形式的赠款与贷款，降低新农民从事农业生产的困难与障碍，使不同知识背景、有热情投入乡村建设的人都可以获取有效帮助。

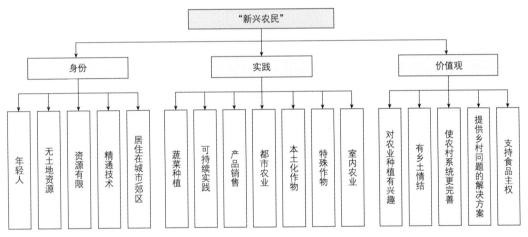

图9 新兴农民定义与特征
（资料来源：https://www.mda.state.mn.us/emerging-farmers）

2.2.3 强化农民主体地位

面对人口减少导致的乡村衰退，明尼苏达州促进村民与不同团队的外部联结，为各种政策的开展与实施提供"黏合剂"。1984年以来，州农业部组织开展农村倡导者计划（Minnesota Farm Advocates），对面临自然灾害或财政问题的明尼苏达州农民提供一对一援助，在农业贷款实践、调解、贷款人谈判、农业方案等领域提供社会服务或法律支持，以减缓村民流失（图10）。

此外，明尼苏达州乡村在规划过程中强化农民主体地位，充分调动村民参与乡村建设的积极性。例如，明尼苏达大学乡村设计中心团队在制定明尼苏达州斯科特县乡村发展战略时举行公众研讨会，通过图像偏好调查的方式了解居民对乡村的定义、乡村环境特征的感知（图11），以便未来将乡村特征转换为适宜的开发模式。

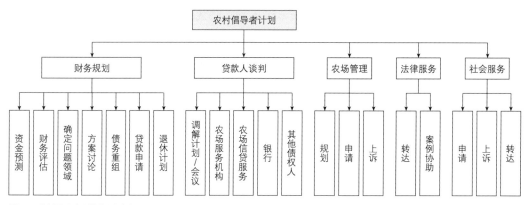

图10 农村倡导者计划援助内容

（资料来源：https://www.mda.state.mn.us/about/commissionersoffice/farmadvocates）

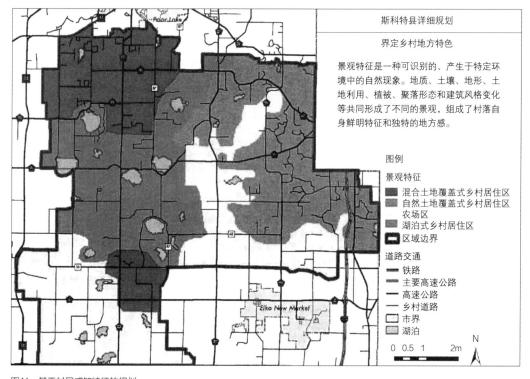

图11 基于村民感知特征的规划

（资料来源：参考文献［16］）

2.3 环境可持续：以保护为基础，延续体现乡村特征的环境资源

2.3.1 立法保护耕地资源

明尼苏达州丰富的农田资源和农业遗产使其成为食品和农业的顶级生产地与主要出口地。州政府制定了一套法律和计划以保护明尼苏达州农业用地（表2）：州政府承诺保护农业用地长期用于生产

粮食和其他农产品并进行严格的审查，避免土地用途改变；下属县、镇、乡等有权制定分区条例，限制与农业经营不相容的发展（如住房、商业等），土地所有者可获得财产税抵免、技术支持等福利。此外，明尼苏达州还设有"明尼苏达州绿色英亩计划"，为符合条件的农田提供财产税减免；《农场权法》保护农场和牧场免受公共和私人滋扰行动；"发展权转让计划"将计划开发用地指标从农业区转移到计划开发地区等项目，旨在为子孙后代保护耕地，鼓励城乡土地利用有序发展。

明尼苏达州农业用地保护法律体系　　　　　　　　　　　　　　　　表2

行政级别	政策名称		政策内容
州政府	明尼苏达农用地保护政策		（1）保护农业用地和某些空地不转为其他用途；（2）养护和加强水土资源，以确保其长期质量和生产力；（3）鼓励城乡有计划地增长和发展，确保最有效地利用农业土地、资源和资本；（4）保证农民拥有和经营农业用地
地方政府	农业土地保护计划	大都会农业保护计划（双城区）	通过地方和区域规划过程，对指定用于长期农业用途的大都市区土地以公平的方式征税，并给予符合要求的生产性农场经营所需的额外保护
		明尼苏达州农用地土地保护计划（双城区以外）	（1）公众意识培养：提高公众对农田保护和养护的必要性的意识；了解资源退化的后果，影响农业土地使用的自然、环境和社会因素。（2）财政和技术援助计划：为地区内农业土地保护和养护活动提供技术与财政援助，并协助各县市编制农业土地保护计划和管理办法

资料来源：https://www.mda.state.mn.us/environment-sustainability/farmland-protection-tools.

2.3.2 修复治理自然资源

明尼苏达州实现环境可持续的一个成功之处在于自然资源的保护。首先，明尼苏达州保护区计划和保护安全计划恢复了自然湿地，改善了河流和湖泊的质量。自然资源恢复帮助乡村建立了乡村狩猎和乡村捕鱼业，使运动员和环保主义者成为农民的"盟友"，为农村地区带来外部收入。此外，水资源是乡村生产、生活、生态的基础性资源。为保护水资源使用的可持续，州政府发起清洁水基金活动，利用资金拨款支持区域内的水资源保护方案和项目（表3），引导水资源合理使用，降低农村发展对环境的影响。

明尼苏达州水资源保护项目　　　　　　　　　　　　　　　　表3

实践项目案例	实践项目内容
农业水质认证计划（Minnesota Agricultural Water Quality Certification Program，MAWQCP）	农民和农业土地所有者自愿实施保护水资源的实践机会
灌溉水质保护	聘请明尼苏达大学专家，开发、展示和保护地下水资源的工具与技术
根河流域合作伙伴关系（Root River Field to Stream Partnership，RRFSP）	在农田边缘和溪流内进行强化水质监测，以了解农业生产如何影响水质
水研究数字图书馆	建立用户友好、可搜索的与明尼苏达相关的水研究清单

资料来源：https://www.mda.state.mn.us/protecting/cleanwaterfund/allcwflist.

2.3.3 延续乡村景观

乡村景观反映了每个乡村独特的环境特征，定居此处人群的经历和传统，以及农民们如何进行乡村开发的过程。对乡村景观资源的保护有助于延续乡村价值，实现资源到资产的转换，为乡村可持续发展提供动力。

首先，明尼苏达州在乡村规划中注意对乡村景观资源的识别，将乡村景观作为调动地方和区域资源有效利用的关键[16]，制定适合不同景观特征的规划策略。明尼苏达大学乡村设计中心从三个层面定义乡村景观特征：1）区域单元，包含相似的历史发展阶段和人类活动特征，如河流、农田、林地；2）环境单元，区域单元的子单元，指人们在使用时产生不同感受的地点，如农庄、草地等；3）特征单元，在环境单元中可识别的特殊场所，如农业建筑群等[16]。

其次，明尼苏达州的乡村建筑设计大多符合所在地的历史和气候，使其可以延续本地的景观特征。例如，在部分乡村农业建筑的设计中，建筑师采用传统的拱架结构，重现了本地农场畜禽舍的历史面貌，结合畜牧业科普参观和牲畜养殖加工功能，将乡村生产型建筑与明尼苏达州寒地景观特征融为一体。

3 对我国东北地区乡村可持续发展的启示

我国东北地区乡村人口的收缩原因与明尼苏达州类似。一方面，农业机械化发展使乡村第一产业劳动力趋于饱和，而大部分东北地区乡村的第二、第三产业发展缓慢，难以承接多余的劳动人口；此外，农业在市场经济中长期处于弱势地位，农业收入往往较低，乡村居民在生计的压力下选择前往城市寻找工作机会，以提高收入，乡村出现劳动力"空心化"现象。另一方面，乡村基础设施和公共服务设施短板也导致乡村的精英群体流向城市，乡村人口正呈现出老龄化、低层次的特征[10]。

人口流失正在为东北地区乡村发展带来多方面影响：在经济发展层面，人口收缩延缓了农业现代化的进程，农业发展表现为农民科技水平较低、农村产业化水平较低、农业可持续发展困难的"两低一难"现状[19]；在社会治理层面，乡村精英群体的流失使村民自治弱化，村庄建设依赖政府投入严重，缺乏社会资金的介入，乡土文化也面临后继乏人的困境；在环境保护层面，人口减少使大量农房闲置，乡村土地经营粗放化，村民缺乏资源保护意识，寒地黑土地长期处于超负荷利用状态[10]。由人口收缩衍生出的村庄发展问题往往加剧了收缩本身，产生由于人口减少导致的循环累积效应（图12）。

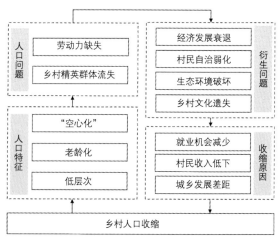

图12 乡村人口收缩引发的乡村发展问题

与美国相比，我国工业化进程开始较晚，乡村发展存在滞后性。东北地区乡村的现状与明尼苏达州20世纪七八十年代的情况类似，目前还处于转型的起步阶段（图13）。要破除人口收缩带来的乡村发展问题，亟待结合实际，建立符合地方特征的可持续发展路径。

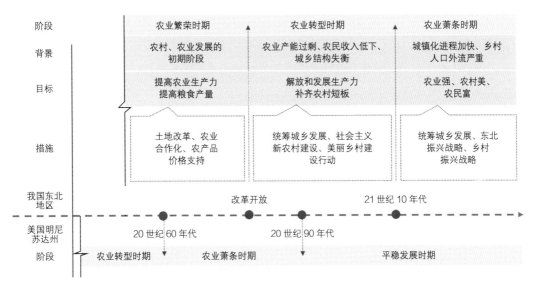

图13　我国东北地区与美国明尼苏达州的乡村发展阶段对比
（资料来源：作者根据参考文献［20-22］绘制）

3.1　推动区域思维下的乡村产业转型

现状东北地区乡村"空心化"现象严重。若对所有村庄进行统一标准的振兴，会浪费资金投入，使村庄发展面临同质化竞争。在新时代城乡融合、区域协同的背景下，乡村可以适当打破传统规划中以行政村为单位的思路，统筹考虑地理、产业、文化、设施等空间要素对乡村建设的影响[23]。

与明尼苏达州相似，农业是东北地区最具优势和竞争力的产业之一，与中国其他地区相比，东北地区乡村人口密度低，人均耕地面积大，适合发展规模化农业。黑龙江省曾在2020年发布的《黑龙江"十四五"规划和2035年远景目标建议》中明确指出要实现农业现代化，推动农村一二三产业融合发展，丰富乡村经济业态。但总体上看，现状东北地区乡村产业转型仍处在起步阶段，乡村工业规模较小，服务业项目类型单一。因此，东北地区乡村应因地制宜地制定区域化、特色化的产业转型策略，增强乡村产业与资源环境的匹配度，可借鉴明尼苏达州思路，根据乡村发展需要划分适合不同产业转型策略的"乡村复合体"，实现资源统筹和合理化建设投资。在保证粮食生产的前提下，促进资源禀赋、产业发展模式相似或互补的村庄间合作关系，建立"区域数据库"，实现区域间就业岗位和教育资源的信息共享。随着城镇化进程继续推进，为消化农村剩余劳动力，东北地区应优化城乡间要素流动，增强乡村与城市的产业联系，培育乡村旅游产业，利用互联网助力乡村产业发展，促进体验型、智慧型等乡村新型业态与传统农业种植的结合，拓宽农产品流通渠道。此外，乡村产业转型应充分平衡经济发展和环境保护，可根据不同地区土壤条件、作物类型开展提升农业绿色化水平的尝试，有关部门可效仿明尼苏达州的农业创新计划设立专项资金补助，选择部分试点进行农业增值、绿色技术的探索实践，促进农业可持续转型（图14）。

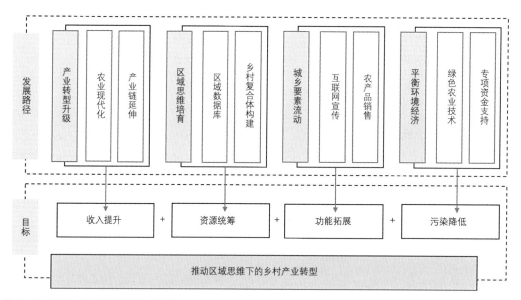

图14　东北地区乡村产业转型发展技术路线

3.2　挖掘重塑乡村价值的新兴人员动力

乡村价值是自然资源、文化资源和社会资源的合集，是乡村自身区别于城市的竞争力所在[22]。为缓解现状东北地区乡村发展的"空心化"困境，应积极吸纳社会各领域的力量，建立一个多方联合的网络体系，整合有利于乡村可持续发展的现状资源，以激发乡村发展内部动力。

与我国东北地区相比，明尼苏达州农民帮扶政策的制定多以农场主提高产值为目标，强调个人产量通过技术优化而提高。我国乡村人口基数大，实现对村民的一对一技术援助统筹困难，可在明尼苏达州经验的基础上，结合实际需要以村庄或合作社为单位为乡村发展提供外部支持。首先，为缓解现状东北地区乡村精英流失导致的治理能力弱化，有关政府部门可联合地方大学、企业、规划师、研究机构等，引入广泛的社会参与，组织有助于乡村资源挖掘、乡村凝聚力提升的活动和实践尝试，如明尼苏达州开展的乡村特征感知讨论，加深村民对乡村价值的理解和认识。其次，东北地区乡村可将冰雪旅游作为突破口，打造品牌效应，通过网络直播平台推广等手段宣传地方美食文化、老工业文化和农业文化，增强对外来人群的吸引力，激发城市居民对乡村生活与农业种植的兴趣。在此基础上，东北地区可根据乡村自身的发展条件，提供项目支持"新兴农民"落地，充分发挥乡村发展的能人带动效应，在本地培养一批热爱乡村、具备乡村知识、具有国际视野的"新兴农民"，为乡村的可持续发展带来更多的社会资源。

最后，东北地区可借鉴明尼苏达州思路，挖掘本地"隐性人才库"：一方面，推动本地企业、学校和社会组织开展合作吸引年轻人，结合农产品加工等产业发展需要开展定向课程培训，并为毕业生提供就业机会；另一方面，东北地区可效仿明尼苏达州，为40~60岁的返乡人群提供其所需要的生活环境，包括乡村慢节奏的生活方式、原生态的自然景观等，从多角度强化乡村发展的人力资源支撑。

3.3　建立延续乡土特征的资源保护体系

体现地域特色的乡土景观是乡村发展的资源保障和文化基础。新时代乡村发展不应以传统三产的产值计算乡村生态资源的价值[24]，乡村的自然景观和人工景观不只创造了经济价值，同时也是乡村功能承载、形象树立和活力塑造的重要场景，需要考虑农业生产、生态环境、旅游休憩、居住的需要，进行综合统筹[25]。

冷湿环境使东北地区拥有大面积针叶林、针阔混交林和草甸草原、沼泽等自然景观，如大小兴安岭—长白山林区的乡村生态资源丰富，可以参照明尼苏达州经验，将保护恢复生态环境与乡土特征传承相结合，实现乡村环境可持续发展。在资源保护体系构建上，与明尼苏达州立法保护耕地资源的思路一致，东北地区现已制定了《基本农田保护条例》《黑土地保护条例》等，对耕地资源进行特殊保护，稳定耕地面积。在保护耕地的基础上，明尼苏达州还加强了通过农业知识普及强化农民的环保意识部分，可为我国东北地区资源保护政策制定提供参考。此外，为保护如三江平原、松嫩平原等稀缺的黑土地资源，东北地区需完善耕地生态保护补偿机制，通过补偿激励调动地方各级政府和耕地经营者参与耕地保护的积极性。可在国土空间规划编制的契机下，将乡村的资源保护和环境治理体系建构从同一标准转向同一性与地方性充分结合[26]，建立"总体规范+分地区指引"的两级保护框架。在乡村特征延续上，需综合考虑经济、美学和文化的多元需求，应对全球气候变化带来的濒危环境保护和乡村多元经济支持的需要。可通过乡村景观的地域性营造强化东北地区的乡村意象，如寒地气候资源带来的冰雪景观，水稻、大豆等地方作物的大规模机械化种植场景，特色朝鲜族、赫哲族、鄂伦春族传统居住形式等，以强化村民地方感，传承乡村文化。

4　结语

东北地区乡村发展未来将呈现大疏大密空间格局，条件适宜地区的村庄通过大规模机械化生产，支持村镇高密度聚集，一些不适宜人类居住的地区，乡村的人口将持续退出[27]。从全球城乡发展进程看，工业化以来城市的蓬勃发展和乡村的日渐式微是市场规律作用的自然结果[28]，一些资源禀赋不足的村庄若没有特殊的发展契机，会不可避免地走向消亡。我国东北地区在乡村可持续发展的探索中应充分认识到，人口收缩背景下的乡村发展不是简单地通过政策手段把人留在农村，健康的乡村发展路径需要统筹农业生产、自然资源、乡土文化和社会支持，利用创新的策略来平衡和解决乡村发展中面临的多元问题。

参考文献

［1］ 刘彦随，严镔，王艳飞．新时期中国城乡发展的主要问题与转型对策［J］．经济地理，2016，36（7）：1-8.

［2］ 李泉．中外城乡关系问题研究综述［J］．甘肃社会科学，2005（4）：207-212.

［3］ 龙瀛，吴康，王江浩．中国收缩城市及其研究框架［J］．现代城市研究，2015（9）：14-19.

［4］ LIU Y S, LI Y H. Revitalize the world's countryside［J］．Nature, 2017, 548: 275-277.

［5］ 李玉恒，阎佳玉，刘彦随．基于乡村弹性的乡村振兴理论认知与路径研究［J］．地理学报，2019，74（10）：2001-2010.

［6］ 贺艳华，邬建国，周国华，等．论乡村可持续性与乡村可持续性科学［J］．地理学报，2020，75（4）：736-752.

［7］ SMIT B, BRKLACICH M. Sustainable development and the analysis of rural systems［J］．Journal of rural studies, 1989, 5 (4): 405-414.

［8］ BRYANT C, GRANJON D. Rural sustainability［J］．Human settlement development, 2009 (2): 158-167.

［9］ 程叶青，张平宇．东北地区农业可持续发展问题探讨［J］．经济地理，2006（2）：300-303，317.

［10］ 赵勤．东北地区乡村产业空心化及应对策略［J］．智库理论与实践，2019，4（6）：30-36.

［11］ 张海鹏，郜亮亮，闫坤．乡村振兴战略思想的理论渊源、主要创新和实现路径［J］．中国农村经济，2018（11）：2-16.

［12］ RUNGE C F. Minnesota agriculture in the new millenium［R］．University of Minnesota, Center for International Food and Agricultural Policy, 2005.

［13］ GILLASPY R T. The demographics of ruralplexes［J］．Rural Minnesota journal, 2006, 1 (1): 33-40.

［14］ 胡月，田志宏．如何实现乡村的振兴？——基于美国乡村发展政策演变的经验借鉴［J］．中国农村经济，2019（3）：128-144.

［15］ GRANGER S, KELLY S. Historic context study of Minnesota farms, 1820-1960［R］．St. Paul: Minnesota State Historic Preservation Office, 2005.

［16］ THORBECK D. Rural design: a new design discipline［M］．Routledge, 2013.

［17］ STINSON T F, GILLASPY R T. Spatially separated neighborhoods and ruralplexes or rural Minnesota is not Lake Wobegon!［J］．Rural Minnesota journal, 2006, 507: 11-18.

［18］ Winchester B. Economic Impact of New Residents［R］．University of Minnesota Extension, 2011［2021］．https://conservancy.umn.edu/bitstream/handle/11299/197928/2011-NewcomerHH-BEI-overview.pdf?sequence=1&isAllowed=y.

［19］ 孙文静．乡村振兴战略视野下东北地区农业经济发展问题及对策［J］．农村经济与科技，2019，30（9）：202-203，205.

［20］ 孙弘．东北地区城乡经济协调发展问题研究［D］．长春：东北师范大学，2009.

［21］ 衣保中．东北地区农业发展的历史线索［J］．中国农史，1994（1）：66-71.

［22］ 杨亚妮．我国乡村建设实践的价值反思与路径优化［J］．城市规划学刊，2021（4）：112-118.

［23］ 朱静怡，陈华臻，薛刚，等．国土空间规划背景下乡村地理单元划分探究——以杭州市富阳区为例［J］．城市发展研究，2021，28（4）：28-36.

［24］ 鲍梓婷，周剑云，周游．英国乡村区域可持续发展的景观方法与工具［J］．风景园林，2020，27（4）：74-80.

［25］ 段进，殷铭，陶岸君，等．"在地性"保护：特色村镇保护与改造的认知转向、实施路径和制度建议［J］．城市规划学刊，2021（2）：25-32.

［26］ 叶红，唐双，彭月洋，等．城乡等值：新时代背景下的乡村发展新路径［J］．城市规划学刊，2021（3）：44-49.

［27］ 杨保军，曹璐．未来乡村的八个图景［J］．小城镇建设，2021，39（7）：10-15.

［28］ 陈友华，苗国．乡村振兴：认识误区、比较优势与制度变革［J］．江苏行政学院学报，2020（2）：62-68.